练好口才的

第一本书 ②

The Guide
Book to
ELOQUENCE ②

殷亚敏 著

北京联合出版公司
Beijing United Publishing Co.,Ltd.

目 录　CONTENTS

CONTENTS

CONTENTS

第一章

学演讲要有
大道至简思维

当众讲话的目的是什么?

就是你的话要让观众听明白。

怎样让他们听明白呢?

保持语言的简单精练,

让听者一听就懂,

也让你的讲话能广泛传播。

如何能做到简单精练?

首先遵循大道至简的思维原则。

>>>>>>>>>>>>>>>>

什么叫大道至简？就是抓住事物本质，一句话说清楚。

世间万物的规律极其简单，只是很多人没有找到；找不到规律，就抓不住重点；抓不住重点，就无法一句话说清楚。

找到规律，一句顶一万句

一位学员在微信练习群中发了他的耳语练习《人一之》的视频，我看后给他点评：

看了你的练习视频，需要注意的问题就是：专注。你的眼神飘忽，一会儿看左，一会儿看右，没有目视前方，更没有专注在内容上，感觉你手里做的、嘴里说的和心里想的不是一个东西。有形而无神。

怎样做才叫专注？

就是要四合一：嘴里说的、眼里看的、手里做的、心里想的，都是一个东西，"人一之，我十之；人十之，我百之。百折不挠，滴水穿石"。手势要有力，双唇要有力，心里想的也是这四句话，眼神自然就不乱飘了。

◎ 学习＋练习

来看 BOSS 商学院重庆学员班一位听我授课的学员李丽山分享的学习心得：

我用一个字总结两天的学习心得，就是"习"。一共两"习"：**学习＋练习**。

第一习：学习。跟着殷老师学，通过学习"稀奇""人一之""停三秒""引""芝麻""速度、力量、激情""三乐""春"，掌握了一些演讲方法，边学边体会微笑、肢体语言的感染力。

第二习：练习。"学而时习之，不亦乐乎"，知道了方法，要想将其变成自己的还要多练习，把简单练到极致就是绝招。天才就是不断重复的人，我会时时练、处处练。首先从每天在班级群里打卡开始做，坚持 21 天。

上第一节课时，每位学员都要登台用一句话介绍自己。我第一个上台，非常紧张，又不懂舞台礼仪。

第二天的最后一节课，我再次上台演讲。仅仅两天的学习和练习，我就有了"三变"，变得更自信，变得更稳重，变得更有力量和激情。

演讲最后，我改编了老师教学中的"稀奇"，变为"神奇"。

神奇神奇真神奇，两天学习真有益，"三定"稳胆"停三秒"，微笑"引"来感染力。

◎ 让学员动起来

大学总裁班课程，一般是利用周末上两天。学员上课打瞌睡，是一个非常普遍的问题。

这是谁的问题？

表面看，是学员的问题。本质上，是老师讲课方法的问题。讲课深入浅出、生动形象者，学员绝不会打瞌睡；而讲课深奥难懂、语调平平者，学员一定会打瞌睡。

学员打瞌睡的"根"在老师。只要老师讲课能吸引人，就可以解决这个问题。我的两天演讲课，学员从不打瞌睡，就是因为我找到了吸引学生注意力的极简方法。

曾同学：

我最怕下午上课，容易打瞌睡。今天是我有生以来上的最生动活泼的一节课，老师用丰富的肢体语言和夸张的表情，给我们打开了朗诵之门，神秘的朗诵之路变得简单易行，增强了我学习朗诵的信心。

在某大学总裁班上完两天的演讲课后，班长告诉我，他们班上有位学员，在其他老师的课上不仅打瞌睡，还会鼾声四起，奇怪的是在我的课上从不打瞌睡。

我让学员不打瞌睡的方法是什么？

大道至简，就是一个字：动。

让学员动起来。我在课上每隔十分钟，就让他们站起来练习一次。此方法屡试不爽，从未失手。

真传一句话，假传万卷书。假专家的方法是简单变复杂，真专家的是复杂变简单。

著名自然语音处理专家、作家、硅谷投资人吴军说过："只有那些靠政府经费糊口混日子的研究人员，才会夸大自己技术的重要性，并且把简单的问题讲得很复杂。"

因此，衡量一个专家水平最可靠的方法，就是看他们是将复杂的问题简单化，让每一个人都能理解，还是故作高深。

厦门工学院一位老师听完我半天的演讲训练讲座后，说他最大的感受是：简和练。

简——听殷老师讲课的感受很多，对我而言，最深刻的就是他组织内容的简洁。如他把全部内容都精简为四个字：定、耳、舞、诀。分别从练胆、练声、练情、练识四个方面，完整地阐述了讲话的艺术。

练——殷老师强调练习。课上，殷老师讲到"定耳舞诀"四点，他为每一点都配以充分的练习——"引"字练习、耳语练习、手势练习等，课堂上的练习为我在课下提升讲话水平提供了很好的范本。

找到大道至简的路径

牵牛要牵牛鼻子。任何复杂问题都有其本质特征和内在规律，抓住了问题本质，按照客观规律办事，再复杂的问题都能迎刃而解。

1. 切中问题的关键

汉朝人桓谭在《新论》中说："举网以纲，千目皆张；振裘持领，万毛自整。"打鱼时，抓住网上的大绳，网眼就张开了；整理皮裘时，抓住领口一抖，毛就理顺了。处理复杂问题时，抓住了其本质，就等于抓住了问题的关键，就像打鱼时抓住了网上的大绳，整理皮裘时抓住了领口。

◎ 快始于慢

被誉为"中国钢琴教育的灵魂"的周广仁先生，生前在分享她的教学经验时这样说："不许错。你可以弹慢，弹慢十倍我都可以理解，但是不许错，就这一个要求。"

"不许错""弹慢十倍都可以"，为什么？练琴其实是训练大脑，你弹什么音，大脑就记什么音。

每个人刚开始练琴都会出错。若一错再错，就形成了错误记忆，再去纠正则非常难！所以，记住"不弹错"这个练琴的黄金定律，练琴效率就会大大提高。

隔行如隔山，隔行不隔理。我生出同感：慢练，同样适用于朗读和播音练习。

我曾在深圳大学为播音专业的学生上了三年专业课，也辅导过两个艺考生。我发现，他们在练习新闻播音时，总是读错，不流畅。为什么？语速过快。他们总觉得，新闻就是要明快，明快就是语速快。语速一快，脑子跟不上嘴皮子，结果从第一遍练习就开始出错，之后便形成了一个错误记忆，第二遍、第三遍……读错便无法避免。

我给出的方法就两个字：放慢。慢到什么程度？**稳定在每分钟100字左右**。当语速慢下来，每个字词就能看清楚了，每句话的意思也都理解了，读的时候自然就知道哪里需要重音和强调，哪里应该轻轻带过，一遍遍地熟读后，水到渠成，轻重缓急就读出来了，也流畅了。

◎ 课件不是用来读的

很多人做课件，热衷于把每一页都填满文字，字多了当然会小，仅仅方便了演讲者读，而不是台下观众看。

在清华研究院总裁演讲班第 26 期的演讲练习课上，一位学员将她的演讲内容全都放在课件上，演讲时自始至终盯着课件读。

我的点评是：课件不是用来读的，因为读课件时人就无法和观众交流。

对于演讲者，课件相当于提纲、备忘录，不是让他照着一字一句读的。什么叫演讲？顾名思义，既要演又要讲，讲者要始终面对观众，而不是屏幕上的文字。

我在总裁班的演讲训练课为期两天。两天的课程，光靠大脑记忆，很难记住每一个环节。所以就需要用课件提纲做辅助，提示我按部就班地完成各个环节。例如，提纲讲话有五个环节：写稿件、读稿件、背稿件、缩提纲、彩排。课上，我要不断地看课件，保证所有环节都一个不落地完成。

对于台下观众，课件的功能是让他们了解讲者的观点，明晰脉络。

例如，我按顺序讲完"提纲讲话五个环节"后，还要把这五个环节打在课件上，这样学员边读边记，分散的记忆就聚集起来了，也强化了理解。

我的学员，清华演讲班第 23 期学员，深圳玮衡律所的主任黄书敏律师在结业演讲时，所用课件只有五页，演讲用时五分钟。

这个课件最大的优点是简明，从而易记忆，很经典。

简明，体现在用字少，字号大。课件只有五页，字数最多的一页有 33 个字，最少的 8 个字。台下听众一目了然，清清楚楚。

◎ 朗诵须加手势

我为深圳荔园小学一年级的四位班主任，就诗歌《拓荒园岭 花满荔园》做了朗诵辅导。

我先让四位老师把诗歌朗诵一遍，听听有什么问题。听到第三段我便叫停了。

平淡，读出来的文字没有感情。

为什么？因为他们朗诵时都没加手势。我便要求他们把手势带上。

第一句："我们来了，带着荔园重托，来了！"一位老师指着其他三位说"我们来了"，第二句"带着荔园重托"，这位老师便双手做托起来的动作。动作加上了，她的表情和语言马上变得生动活泼，人也完全放松了。

有了好示范，其他三位老师也照着学，带上手势朗诵，抑扬顿挫全有了。

为什么这四位老师一经我提醒"加动作"，就能马上做出来？一问，原来她们都是一年级的班主任，给低年级学生讲课时就有加手势的习惯，这对她们来说不难，只不过她们并不知道这种方法能用在朗诵中。

看来，对低年级老师来说，朗诵加手势的问题，就是一层窗户纸。

2. 奥卡姆剃刀定律

"简单有效原理"是中世纪逻辑学家奥卡姆提出的一个思考原则，后人也称之为奥卡姆剃刀定律。

奥卡姆在《箴言书注》2卷15题中说："切勿浪费较多东西去做，用较少的东西，同样可以做好的事情。"意即"如无必要，勿增实体"。

人们总是不自觉地将自己拖入复杂中。厘清庞杂的信息，保留什么，去除什么，善用有限的时间和精力，是保持事物简单化的有效方式。

我从教学经验中总结的"简"，符合"三个一"的特点：一听就懂，一学就会，一用就灵。比如，我发明的耳语练声法，就符合这三点，学生用说悄悄话的方式学习耳语练声，能轻松掌握。

而传统的练气练声方法——胸腹式联合呼吸法，既复杂又难以消化，它虽是国内外公认的科学用气发声方法，学的人却听不懂、学不会，一用不灵。

先说"听不懂"。

教科书上是这样表述胸腹式联合呼吸法的：

深呼吸，迫使膈下压，扩展胸腔，把膈作为气息的支撑点，使整个发声有根基，使声音有立体感。

这种方法是胸腔、膈、腹肌联合控制气息。这种呼吸活动范围大、伸缩性强。它有操纵和支持声音的能力，为气息均衡、平稳地呼出提供了条件。

胸在哪儿？腹在哪儿？膈在哪儿？谁也看不见。过多的专业术语，让人一片茫然，难以听懂。

再说说"学不会"。

气沉丹田就是一听就懂，但是学不会。科学地用气发声，核心就是要学会气沉丹田。"气沉丹田"这四个字，只要是中国人，没有不知道的。怎样让自己的气沉到丹田，却有 95% 的人不知道。为什么呢？因为"气沉丹田"只是告诉了你丹田在肚脐下三寸的位置，却没有告诉你怎样找到气沉丹田的肌肉感觉。

所以大家能说出"气沉丹田"四个字，却学不会"气沉丹田"的方法。

徐小平老师是新东方的创始人之一，也是真格天使投资基金的创始人。我曾经在复旦大学听过徐老师的演讲。每次演讲，徐老师穿西装打领带，着装得体、优雅，自始至终面带招牌式的微笑，充满自信和亲和力；随着讲话内容手舞足蹈，全情投入，极具感染力。

但是作为一名优秀的演讲家，徐老师缺的是什么呢？就是声。徐老师一开口，嘶哑的声音让人感到美中不足。徐老师在新东方的同事王强说："一个人嗓子嘶哑一次并不难，难的是嘶哑一辈子，并且用这个嘶哑声形成了自己的风格。这就是小平的风格……"

徐老师毕业于中央音乐学院，一定非常希望自己的声音变得悦耳动听，可是声音"嘶哑了一辈子"，这只能说明"胸腹式联合呼吸法"太难学了，如果容易学，恐怕徐老师早就到他的母校去拜师了。

一门技能的学习，陷入既无法听懂也难以学会的被动状态，灵活运用就更无从说起了。

是这门技能太难吗？在我看来，因为要掌握的"点"过多，从而让初学者感到复杂混乱，而我所做的，就是将这些看似深奥的概念简化，更易于掌握。

这便是我发明耳语练声法的初衷。

3. 遵循道法自然

◎ 拴绳法

来看一个例子。

一次，地质考察队在大山里发现了一处罕见的山洞。洞内的地形非常曲折复杂，大洞套小洞，小洞又连着大洞，变化无穷，还有深潭和危险的峭壁。此事一经曝光便引起无数探险者强烈的征服欲。

每隔一段时间便有慕名而来的探险者，但是进洞后安全返回的少之又少，很多人都是半途而废，更没有人探到过它的尽头。于是人们便为该洞取名为"死亡谷"，渐渐地，前来探险的人少了，并留下一些恐怖的传说。

正当此事就要归于平静时，一位从未上过学也没探过险的当地农民却深入"死亡谷"18天，终于找到了洞的尽头并安全返回洞口。人们为之震惊，一时间议论纷纷，更有许多人对此嗤之以鼻，不敢相信。

媒体记者采访这位农民时，他说了一个很简单的办法："我只是找了一根长而结实的绳子，把它的一头牢牢地拴在裤带上，另一头拴在洞口一棵树的树干上，然后带上些食物，不慌不忙地探寻。返回时顺着这根绳子，很快就走出来了。"

拴绳法是中国农村从古至今日常生活中常用的一种办法，再简单不过。比如淘水井中的淤泥、下深涧采药，都要在腰间系一根绳子。这位农民就是把简单的办法用在了山洞探险上，把众人望而却步的大难题给解决啦！

◎ 生活经验转化为教学方法

我的演讲教学理论和方法，也都是受生活的启发而创造的。

耳语练声法，是我从生活中说悄悄话受到的启发。

有学生经常会问，老师，我怎么找不到说悄悄话肚子累的感觉呀？我就说，道法自然，生活中悄悄话怎么说，你就怎么练。回家后，对着你太太的耳朵说悄悄话，就是最正确的方法。

"双人舞"练情法，也是生活带给我的灵感。

怎样让讲话富有感情呢？按照停连、重音、语气、节奏的传统教学法，教起来很复杂，学生也学不会。后来，我在餐桌上观察到我的一位好朋友，每次聚餐他都是中心人物。原因就是他讲话时手舞足蹈，眉飞色舞，逗得全桌人哈哈大笑，极富感染力。我受到启发，从手势入手，以此带动学生讲话时的感情。一试验，很灵。后来就总结出了"双人舞"练情法的理论。

走出思维困境

人人都知道简单比复杂好，可是工作和生活中，为什么多数人做不到？因为人们总是被困在既有思维里面，以至不敢想，也不愿做。

爱因斯坦说："如果你不能改变旧有的思维方式，你也就不能改变自己当前的生活状况。"

1. 改变，至关重要

大多数人都是这样的：书上怎么说，我就怎么做；别人怎么做，我就怎么做，不敢越雷池一步。

其实，任何问题，一定有至少十个解决的办法。可如果你不敢想，不敢试，就一个办法也没有。

怎么改变？找新方法、优方法、倒推法。

（1）新方法

书上的话可以听，别人的方法可以用，但是当你用老办法无法解决新问题时，就要寻找新思路，而不是墨守成规。

赞美和微笑是解决人际沟通中出现的问题的有效方法。这个方法在很多沟通类的书里都提到过，但是很少有人对这两种方法做过系统的研究和实际的检验，没有总结出赞美和微笑的训练方法。而我在演讲口才的教学实践中，经过反复实践和验证，发现训练方法其实大道至简，非常好用，甚至可以写成书，让更多的读者受益。于是我就另辟蹊径，根据自己的教学实践写出了《练好口才的第一本书》，用22万字系统总结出"好脸好话好沟通"的好处和方法，从2015年出版至今，一直是演讲口才类的畅销书和长销书。

◎ 粉笔加香烟

在某大学的一个科研室里，很多研究人员正在为了弄清一台机器的内部结构而着急。这台机器里有一个由100根弯管组成的密封部分，想要弄清其内部结构，就必须弄清每一根弯管的入口与出口。大家想尽一切办法，甚至动用一些仪器探测机器的结构，但效果都不理想。

后来，一位在学校工作的老花匠，提出了一个简单的方法，很快就将问题解决了。出人意料的是，老花匠所用的工具只有两支粉笔和几支香烟。

他的做法是：点燃香烟，吸上一口，然后往其中一根管子里喷，在喷的时候，在这根管子的入口处写上"1"。这时，让另一个人站在管子的另一头，见烟从哪一根管子冒出来，便立即写上"1"。按照这个方法，工作人员不到两个小时便把100根弯管的入口和出口全都弄清了。

"粉笔加香烟"作为一个新方法，就是敢想的结果。敢想，敢试，就成功了。

（2）优方法

新方法不一定就是优方法，只有实践证明有效的新方法才是优方法。优方法是从众多新方法中筛选出的最优的。

◎ **方法与方法的"竞争"**

《意志力》一书中讲过一个试验。

为了培养意志力，作者用一个月的时间，同时进行三组试验。

第一组，只需要天天保持自己坐直就可以了；第二组，要记录下每天每顿饭的菜单；第三组，凡是遇到自己心情不好时，就自己调整心情，增加正能量。

试验了一个月，哪组对培养意志力的效果最好呢？作者给出的结论是：第一组，天天保持坐直的。

"天天坐直"这个方法最简单，也是最优的。

（3）倒推法

从结果入手检查方法是否有用，而不看方法是否合乎书本理论。

◎ **唯实践不唯书本**

书本是什么？是对实践经验的总结。实践在前，书本在后。当在实践中遇到新的问题，而书本还没有进行总结时，怎么办？我的做法是，自己勇于研究问题，在实践中找出解决办法。

演讲和游泳、弹钢琴一样，都是技能，只有持之以恒地练习，才能掌握。所以，学习演讲，最重要的是要有恒心，坚持练习，才能成为演讲高手。

我在教学中经常会遇到学员提问："老师，耳语练声法非常好，可是我就是没有恒心坚持练习，怎么办？"

怎么回答这个问题？书本上没答案，我只有从实践中找方法。

来看个例子。

在长沙讲课，一个学员问我："老师，我缺乏毅力，您让我们坚持课后21天练习，我怕坚持不下来，怎样才能有坚持练习的动力？"

我先问："你有没有孩子？"

回答："有两个。"

我接着说："你坚持的最大动力，就是为孩子！"

为什么？

第一，为什么"为孩子"是动力？

我在演讲课教学中发现一个规律，不管学员是企业的董事长，还是普通员工，无论从事什么职业，只要是为人父母，无一例外，都希望一代更比一代强，这是人性。

当我发现了这个规律，并在课堂上给学员讲清楚这个道理以后，很多没有恒心的学员，马上行动，回家以后就为了孩子而坚持了21天练习。我想你也一定有"希望孩子超越自己"这种愿望。

第二，为什么要在"坚持"这件事上给孩子树立榜样？

因为坚持是让孩子成才成长的核心方法，是让孩子"一代更比一代强"的核心秘诀。

以我自己为例，最高学历只是函授本科。我今天能在顶尖大学教总裁班，靠的不是学历，而是"坚持"。无论是在话筒前自己讲话，还是在课堂上教别人讲话，或是写出教别人讲话的书，我这一生其实都在坚持做一件事：讲话。

你要想让一代更比一代强，不要送金钱、房产、知识，就送给孩子"坚持"二字。只要孩子有了恒心，具备了坚持的品质，无论学业、事业，都会成功。

怎样把"坚持"有效地送给孩子呢？靠身教，做给孩子看。说得再多，也没有效果。加入"21天练习"群，每天在孩子面前练习耳语《人一之》。你做，让孩子帮你打卡，就是最好的身教方法，带动孩子跟着你一起练习，你能坚持多少天，孩子就能坚持多少天。这已经被我教过的学员反复验证过了。

听我说完这两点，这位学员说："老师，我明白了，我找到了克服惰性、坚持练习最好的理由！"

2. 勤于"烧"脑

做什么事得过且过，不求上进，这就是思想上的懒惰。

比如，许多人抱着手机不停地"刷"，甚至到了痴迷的地步。因为有趣、轻松，不必绞尽脑汁，潜意识里当然乐意这样打发时间。

而要找到大道至简的方法，就没这么舒服省劲，需要经过深入甚至是痛苦的思考。正如我在写这本书的过程中，既"烧"心又"烧"脑，经受了无数折磨。

◎ 想不出办法很痛苦

大道至简的思维会遇到什么样的障碍呢？我在写这本书时思考这个问题，可谓穷尽心思。

不会大道至简的思维方式，到底有什么障碍？我因此四五天写不下去，概括不出到底有哪些常见的误区。想不出，但还是要想，搞得我吃饭不香、睡觉不甜，很痛苦。

直到有一天早上四五点钟假寐时，我突然想到"本本主义"，一切按书本上的去做，是属于"不敢"。顺着这个"不"的思路往下想，又想到了"不愿""不见""不全"，心中不禁一喜。

一喜没过，我又想到，灵感不记录，一会儿就会忘，又是一惊。于是我马上翻身下床，把这"四不"观点记录下来，并趁热打铁，为这"四不"观点找例子，折腾了一个小时，思路顺了，心里的石头才算落了地。

你看，这中间的过程是不是很痛苦？人对懒惰有偏爱，谁愿意自讨苦吃呢？

◎ 一个人一辈子一本书？不

对一个老师来说，懒的表现就是：教科书上怎么说，我就怎么教。

很多人教了一辈子书，还是照本宣科，一本书教了一辈子。

我在大学教课期间，下课后经常会在走廊里溜达，透过门上的窗户，看看别的老师是怎么教课的。看到80%的老师都在照本宣科。老师照本宣科，学生自然不买账：有的交头接耳，有的看手机，有的看别的书，有的写其他科目作业……

懒的实质是什么？是没有责任心。什么叫没有责任心？就是心中没有人。没有什么人？就是老师心中没有学生。

我觉得这是当老师的耻辱。看到这种情形、这样的老师，我暗暗告诫自己：一定要对每一个学生负责，让每一个学生都愿意全神贯注上我的课，真正掌握演讲技能。

怎样做到呢？方法很多，核心还是大道至简。

◎ 我的教学只追求一个字：简

我的第一本书《21天掌握当众讲话诀窍》出版时，面对新浪网记者关于"大道至简"的提问，我是这样回答的：

大道至简主要体现在两个方面：一是简单，二是简易。

先说简单。这本书的最大特点是，对当众讲话技能进行点状突破。我在前言里概括出学习当众讲话的难点是四个字：胆、声、情、识。全书针对这四个难点，总结出了一套通俗易懂、快速见效的四字方法：定、耳、舞、诀。

当众讲话的四个训练方法，每个方法都是一个字，读者把书看完了，这四个观点也记住了，不会觉得长篇大论，难懂难学。

网友"在水一方"说："这本书给了我很大的启发，原来当众发言可以这么简单？茅塞顿开。"

有一位网友这样评价本书："现在图书市场充斥着许多'标题党'的书，

内容空洞，实质乏善可陈，理论多于实践，缺乏可操作性，而殷亚敏老师推出的这本书，简单明了，对我们年轻人掌握讲话诀窍具有极强的指导意义！强烈推荐！"

再说简易。就是书中提供的当众讲话训练方法，简便易学，一看就懂，一学就会，一用就灵。

比如练习当众讲话胆量的"三定"法（笑定、眼定、站定），微笑怎么练，眼神怎么练，停顿怎么练，都有一套量化训练方法。

一位网友在新浪读书上看了这本书后，按书中所讲方法坚持练习了十天，然后留言说："我按照书上的要求，讲话之前，先站稳，停三秒，再开口，想清楚了再说，不论是向领导汇报工作，还是接客户电话，我都这样去做。讲话慌张毛躁的毛病大有改观。"

简，既是我写书的特点，也是我讲课的特点，二者一脉相承。追求大道至简的原动力，来源于教书育人的责任心。这份责任心离不开勤奋，包括思想的勤奋和行动的勤奋，勤奋之下，我才能发现这个简单、简易的教学方法。

我的职业生涯没跑偏

我这一辈子，都坚守在演讲教学的单行道上，能干还能干好的也只有这么一件事。我也从中尝到了"从一而终"的甜头。

我曾经有过一段职业跑偏的故事。

做主持人做得好好的。听人说，做拍卖师好赚钱，就心头一热，要做拍卖主持人，还专门到广州参加了一个拍卖师培训班。后来幸亏自己冷静下来，及时刹车，才没有在"多元化"的道路上狂奔。

以后，每有跑偏的苗头，我都有意识地将自己拉回演讲与口才教学的单行道上。50岁以后的18年中，我渐渐尝到了守"一"的甜头。

我在大道至简的实践中始终坚持着守住"一"、死磕精神和起步从繁。

1.守住"一"

为什么要守"一"？因为只有守得住"一"，才能心无旁骛；心无旁骛，才能找到事物的极简规律和方法。

非零自然数中，最小的是"1"。1，就是简单，就是不要复杂。

做事业，凡是守得住"一"的，都能长久，凡是贪二、贪三、贪多的，多以失败告终。

心无旁骛，我守住了演讲培训这件事，才能找到学员、学生学习演讲的痛点，找到解决痛点简单有效的方法。

在大学教书，我给学生上的是演讲这门课；为华为等企事业单位做培训，也是上演讲这门课；在清华大学等一流学府的总裁班讲课，为"马云乡村校长计划"做公益课，还是上演讲这门课。

◎ 把豆腐磨好

做企业要守"一"，个人做事业也要守"一"。

任正非曾经讲过：

一个人一辈子能做成一件事已经很不简单了。为什么？中国 13 亿人民，我们这几个把豆腐磨好，磨成好豆腐，你那几个企业好好去发豆芽，把豆芽做好，我们 13 亿人每个人做好一件事，拼起来就是伟大祖国。

这段话引起我深深的共鸣。

其实我这 18 年坚持讲好一门演讲课的职业实践，体现的就是"把豆腐磨好"的精神。

白岩松如何守"一"的？

◎ 只做一个好主持人

白岩松进入《东方时空》时，先做主持人，后来又兼任《时空连线》栏目制片人。2003 年，《时空连线》又创造出《中国周刊》和《新闻会客厅》两个新栏目。他一下子成了三个栏目的制片人，可他发现："坐在制片人的位子上，思考就不独立了。"

2003 年 8 月，白岩松自我"削权"，连辞三个栏目的制片人工作，只做主持人。他这样说："好制片人多，好主持人不多。"

主持人＋制片人，对白岩松而言，这样分心。他选择了做减法，只做主持人。敢于舍，坚持"守"，使他成为一位杰出的新闻节目主持人。

2. 死磕精神

◎ 韧劲要足够

学员练声时使用的耳语法，是我在教学中一点点摸索出来的，行之有效。可为什么有的学员练习了耳语法后，声音嘶哑的现象还是存在？

我很纳闷，就问一位声音嘶哑的学员：做到天天坚持练习了吗？

答：练了。

问：每天练多长时间？

答：十分钟。

这就是声音没有改变的原因，练习时间太短。有的只是为打卡而练上一两遍，当然没有效果。

怎么办？

我强调：**每天最少要保证 30 分钟以上的练习时间**，效果才会逐渐显现。

如何解决演讲时语言不干净不流畅的难题？"嗯""啊""这个""然后"等等，这些让观众听起来着急、自己也难受的字词，经常会出现在演讲过程中。这是什么原因？原因就是临时想词想句子，又无法想完整，只好靠这些语气助词拖时间，临阵遣词造句。

怎样才能让脱口的句子流畅准确，消除这些令人尴尬的语气词？我给出两件一定要做的事：写稿子和背稿子。

通过写让自己深思熟虑，让讲话内容条理清晰、用词准确、语句完整。再把写下来的文字背得滚瓜烂熟，上台就能做到将写下的内容脱口而出，不用临时想词组句。

踏石留印，抓铁有痕，韧劲足够，那些在演讲台上的坏毛病才会随之而去。

◎ 完善演讲，把例子装进去

演讲不会举例子，是学员的一个普遍难点。怎样攻克？我用的办法也是死磕。

我最早采用的教学法是口头讲故事，因为举例子才有说服力。我曾在课上讲过上甘岭战役中师长崔建功的事迹。

军长秦基伟在电话中给崔建功下命令：守不住阵地，你就别回来见我。崔建功当即表示：剩下一个连，我当连长；剩下一个班，我当班长；我牺牲了，副师长是第一代理人。什么是英雄主义？崔建功的这句话，就是英雄主义。

下课后我琢磨，讲得再生动，也达不到视频的说服力。我就将自己口头讲改为放视频。课堂上，我放了一段视频：习近平总书记在纪念红军长征胜利80周年大会上讲的《半条被子》的故事。

长征时，在湖南汝城县沙洲村，三名女红军借宿徐解秀老人家中，临走时，把自己仅有的一床被子剪下一半留给了老人。老人说，什么是共产党？共产党就是自己有一条被子，也要剪下半条给老百姓的人。

视频很短，但是因为有画面、音乐和声音，比我的口头表达更生动具体。学员通过看视频，明白了举例子的重要，但是怎样才能让讲的故事鲜活起来呢？学员并不知道从哪儿下手。

我又琢磨，总结出讲故事的"五何"要素——一个故事中要有何时、何地、何人、何言、何事。

怎样让学员把"五何"观点和视频中的故事联系起来呢？我继续动脑筋。有一天半夜我想到了"一句一问"法，就是第二遍放视频时，放一句，停一下，问一个问题。

放"长征时，在湖南汝城县沙洲村"，问：这是讲的哪个"何"？学员答：何时，何地。

再放"三名女红军借宿徐解秀老人家中"，问：这是讲的哪个"何"？学员答：何人。

再放"临走时，把自己仅有的一床被子剪下一半留给了老人"，问：这是什么"何"？学员答：何事。

最后放"老人说，什么是共产党？共产党就是自己有一条被子，也要剪下半条给老百姓的人"，不等我问，学员异口同声回答：何言。

到这里，学员算是真正理解了怎样才能让讲的故事鲜活。但是理解不等于会用。我的钻研还不算完，接下来我要布置现场的写作练习：

写自己两天演讲课的收获。三个要求：要有一个字的观点，要有"比如说"三个字，要有"五何"要素。

我的要求很具体，容易模仿，依葫芦画瓢，学员就很容易做到了。

来看一位学员的现场作业。

笑

笑练习很有用！比如说，我过去站在台上是面无表情，眼睛不敢看观众。今天在清华大学深圳研究院上了殷亚敏教授的"总裁魅力演讲"课程，殷教授的"笑定"练胆法让我收获很大。现在我站在台上就开始微笑，感觉台下40多位同学也都对我微笑，感觉整个人就定下来了，终于找到了"欢喜"的感觉！

历经四年，我靠着不达目的不罢休的死磕精神，终于将演讲中怎样举例子的难题彻底攻下了。

3. 起步从繁

为什么提倡起步从繁，先复杂后简单呢？因为通过量的积累，达到质的飞跃。只有先想出十个办法，才能从十个办法中优选出最简单的。

我在1992年写的新闻专稿《梁市长的雅号与珠海市的超前建设》，开始用发散思维写的火花有一万多字，搜集的剪报、卡片有100多张。这是繁。确定主题后，紧紧围绕着梁广大市长的雅号来写他勇于改革、超前思维的五件事情，全篇只用了不到3000字。这是简。

这篇作品，获得了当年中国广播新闻评选的一等奖。评委给出的评价是："主题重大，角度新颖，小中见大。"

◎ 压缩内容

演讲课堂上的练习，也要经历先繁后简。

为了练出生动形象的手势，我选择了朱自清的散文《春》。开始是让学生加手势练习整篇文章，共737个字。文章太长，一节课都读不流畅，更别说边背边加手势了。

后来我将全文压缩到只练习开头的四段内容，共119个字。

盼望着，盼望着，东风来了，春天的脚步近了。

一切都像刚睡醒的样子，欣欣然张开了眼。山朗润起来了，水涨起来了，太阳的脸红起来了。

小草偷偷地从土地里钻出来，嫩嫩的，绿绿的。园子里，田野里，瞧去，一大片一大片满是的。坐着，躺着，打两个滚，踢几脚球，赛几趟跑，捉几回迷藏。风轻悄悄的，草软绵绵的。

练习一段时间后，我感觉内容还是长，无法反复练习，无法精益求精。

再狠心压缩，只保留两句，31个字。

坐着，躺着，打两个滚，踢几脚球，赛几趟跑，捉几回迷藏。风轻悄悄的，草软绵绵的。

动作好做。学员一看，自己就能加上动作，不需要我教。

文字好记。动作一加，两遍就背会了。

熟能生巧。文字少，可以腾出大量时间在课堂上反复练习。两人对练，小组练习，上台展示。学员越练越自信，越自信越欢喜。

很多学员通过课上练习，记住了，回家后，就把这一小段教给孩子，孩子的语文朗读水平也有了明显提高。

一位深圳南山的学员就把这个练习小段教给了六岁半的女儿，在某重点小学面试时，女儿手舞足蹈地表演了这一段，被顺利录取了。

讲话简单上口并不难

我们经常看到，有的人在台上演讲时，用词干净，语句通顺，没有废话，特别是前后衔接得当，有层次有逻辑，再加上富有表现力，收放自如，气场强大，一下就抓住了大家的魂儿。

怎样练就一段让听者觉得简单又好记的演讲呢？

1. 当众演讲常用的极简方法

我总结了当众演讲常用的七条极简方法。

（1）"一、二、三"，这样组织讲话有条有理

讲话的"条"，就是将讲话内容化整为零，将讲话的观点切分成一条一条的形态，不能将几个观点混在一起，分不出个子丑寅卯。

讲话的"理"，是梳理，就是将讲话的条条也就是小观点按照逻辑关系排列出先后顺序，说白了，就是排成"一、二、三"，自然条理清晰、层次分明，不会出现逻辑混乱。

◎ 为家长支着儿

有一次，我去参加深圳平安私人银行的客户活动"校长下午茶"讲座，嘉宾是深圳明德实验学校总校长程红卫。讲座主题是全球化下的教育新理念。最后提问环节，唯一的一次提问机会给了我。下面是问答实录：

程校长好！今天听了您的讲座，受益匪浅，尤其是"家长好好学习，孩子才能天天向上"这句话，让我深受触动。我想问的问题是：家长如何好好学习？您能不能给我们支个两三着儿。

程校长回答：一是身教，二是陪伴，三是尊重。

第一是身教。

我在上海时，不光是中学校长，还负责教高中毕业班语文课，工作、上课很忙。但是回到家，每天晚上都会看书学习到 11 点，耳濡目染，我的女儿自然就养成了爱看书的习惯。我女儿上了大学后，还经常会问我：老爸，你最近在看什么书。我们会共同读一本书，然后分享各自的感受，很开心的。

第二是陪伴。

我女儿上高中后，尤其是到了高三的后半学期，很容易焦虑。

我就做了一件事情，就是每天晚上回家后的第一件事情就是陪孩子散步。走上一小时、半小时，边散步边听她倾诉。听了之后，偶尔给她点拨一下，说说我的看法是什么。就在这种轻松的父女散步中，她的紧张情绪立刻就放松了。我们有的父母是这样陪伴的：你看我天天给你变着花样做好吃的，我为你付出这么多，你要是考不好，你对得起谁呀。

第三是尊重。

我女儿高考成绩高出清华录取分十几分，但是她偏要上复旦。我们问她为什么？她给我们讲出来"一，二，三"，我们觉得有道理，就尊重她的选择，最后她上了复旦。可能有的父母就不理解孩子，你放着中国排名前二的学校不去，那怎么行，就坚决不同意，不尊重孩子的选择。

程校长回答问题，一开口就是三条：一是身教，二是陪伴，三是尊重。

按照"一、二、三"的顺序，娓娓道来，逻辑清晰，井井有条。

怎样进行"一、二、三"的训练呢？就是"口讲"加"手做"一、二、三。

口讲。就是每次讲话都要强制自己把观点分成第一点、第二点、第三点，让观众从听觉上感受到条理。

手做。就是学会用手势比画"一、二、三"，让观众在视觉上感受到条理。

◎ 看得明白，记得清楚

讲课时，我会做一个"三乐说"的现场演示。

幸福快乐的人生要做到"三乐"，什么是"三乐"呢？第一乐叫自得其乐，第二乐叫知足常乐，第三乐叫助人为乐。

讲到"幸福快乐的人生要做到三乐"，我伸出来三根手指：讲"第一乐"，我伸出一根手指；讲"第二乐"，我伸出两根手指；讲"第三乐"，伸出三根手指。

讲完后，我问：我刚才讲了几乐？

台下回答：三乐。

我：大家从哪儿知道我讲了三乐？

台下回答：通过手势看到的。

通过用手势比画"第一，第二，第三"，观众就将我讲话的条理看得明明白白，记得清清楚楚。所以，要想讲话讲出条理来，就要学会口讲"一、二、三"，手势比画"一、二、三"。

（2）"三个一"法，好记又好传

讲话最好用一个字、一个词、一句话表达单个观点，做到极简。

一字一观点。

比如表述中国传统道德观的仁、义、礼、智、信，佛教中对治贪、嗔、痴"三毒"的戒、定、慧，就是因高度简练才能代代流传。

◎ 望闻问切

中医治病有哪四种方法?

我的学员会不约而同脱口而出:"望闻问切。"

我马上问:"你们都是中医学院毕业的吗?"

大家马上大笑。

我说:"你看,为什么我们这些外行人都能够对'望闻问切'脱口而出?就是因为高度浓缩,压缩成四个字,所以我们记得住、说得出。"

◎ 大内高手

这里的"大内高手"四个字,可不是皇宫内负责警卫的武功高强之人,是我让学员把观点压缩成一个字的课堂训练成果。

我让每个小组分别用四个字概括我的演讲课特点。有一个小组这样总结:

我们组总结殷老师课的特点是:大内高手。

大,是学员变化大;

内,是耳语内练一口气;

高,学员学习热情高;

手,是手舞足蹈加手势练习。

以上就是我们组总结出的"大内高手"。

"大内高手"四个字,就分别代表四个观点。

◎ 摘到长生果

2021年6月的一个周末,我在成都BOSS商学院授课。其中一位小组代表用三个字为我的授课做了总结。

我们组总结殷老师演讲课的特点是:长生果。

长,就是要长期坚持。例如,微笑练习,一个"引"字,要每天练习100遍,坚持一个月才能养成微笑的习惯。

生，熟能生巧。例如，悄悄话说得多了，自然就会气沉丹田。

果，就是成果。要想让殷老师教的"定耳舞诀"法在自己身上结出硕果，必须持之以恒地练习。

◎ 台全道

许多学员总结我上课的特点是"台全道"。台，是反复上台演练；全，是一个都不能少，都要站起来练习；道，是在讲技能时还要讲做人的道理。他们用了"跆拳道"的谐音，非常好记。

一词一观点。

白岩松在一次播音主持技艺提高班上讲课，通篇就围绕着三个关键词展开。

他说：

做主持人什么是最重要的？对我来说最重要的就是几个关键词：第一是人，第二是细节，第三是表达。

开宗明义，亮出三个关键词，观点特别鲜明简练。然后对三个关键词一一展开论述。

著名经济学家李稻葵在一次金融论坛上做演讲，现场就把标题给改了：

今天主办单位给我定的这个题目比较冗长——《后危机时代的改革与开放》，实际上我想用一个简单的题目《新形势　新改革　新开放》。这也是我今天演讲的三个小标题。

标题这么一改，简洁明了，深入浅出，马上变生涩为通俗，便于大家理解和记忆。

李稻葵不愧是演讲高手。

◎ 上瘾　神奇　感恩

2017 年，我获得中华诵读联合会颁发的"第二届全国十大诵读艺术家"

称号，在北京参加颁奖典礼。

大会要求获奖者发表获奖感言，并现场朗诵一首诗。我选的是《相信未来》。获奖词怎样讲？我讲了三点，每个观点都是两个字。下面就是我的获奖感言。

我的获奖感言是三个词：上瘾、神奇、感恩。

上瘾。《为你诵读》这款 App 让我上瘾。每天睁开眼的第一件事就是打开《为你诵读》，看看自己朗诵的诗歌有多少诵友关注；每晚临睡前的最后一件事，就是朗诵一首诗歌发到《为你诵读》的平台上。上了《为你诵读》的瘾，精神更愉悦，声音更洪亮，身体更健康，那可是比烟瘾、酒瘾爽多了！

神奇。《为你诵读》的客户端很神奇。你想找什么诗就有什么诗，想配什么乐就有什么乐，想什么时候诵读就什么时候诵读，想拜谁为师就拜谁为师。诵读者想到的、没想到的，《为你诵读》这个平台都做到了。

感恩。感恩给我荣誉的《为你诵读》6000 万良师益友！感恩打造出《为你诵读》神奇平台的团队英雄！感恩让我们讴歌诵读的伟大时代！

三个关键词，好听好记。从台上下来之后，熟识的观众都对我伸出了大拇指。

一句一观点。

也就是我们常说的演讲金句。

在亚马逊内部，贝索斯利用谚语来让整个公司目标一致的做法是个传奇。

贝索斯总是能够用言简意赅、容易记忆的短句把自己关于亚马逊应该如何工作的想法表达出来——"每天都是第一天""过程代替结果""高速决策"等。

这样一来，他的想法不仅得到传播，还成为影响亚马逊内部行为的重要因素。

我在教学中也总结出了很多好听易记的金句观点：

（我的演讲课是）一人学习，全家受益；

手打开，心就打开（通过外在的动作放开，克服内心的拘谨胆怯）；

动起来，更精彩（通过手势，让演讲和朗诵更生动形象）；

手生景，景生情，情生气，气生声（手势和声音的逻辑关系）；

"双人舞"反复练，讲话手势成习惯；

要想出口成章，先要出手成章（写得好，是讲得好的前提）。

讲话内容分为三个阶段：

初级阶段——有条理

中级阶段——有条理＋好听

高级阶段——有条理＋好听＋好记

这些演讲课堂上的金句，学员喜欢听，记得住，后来很多都变成了学员的口头禅。

（3）分论点少，符合记忆规律

怎样让观众记住一篇讲话稿中的分论点呢？

方法有两个：一是分论点不过三，二是口诀化表述分论点。

分论点不过三。

讲话和看书不同。书可以反复看，哪里记不住，还可以回头再看。比如我写书，每一章的分论点经常会超过三个。像《练好口才的第一本书》，其中第二章"好话的十二种讲法"，第六章"讲好话要遵循的九条原则"，第八章"变批评为夸奖的九种方法"，观点都超过了三个。观点多没关系，记不住可以反复翻看。

听讲话则不同，它有即时性。如果你没记住前面说的，再回过头去看前边的笔记，想前边的内容，就顾不上听后边讲的了。所以讲话者必须遵循演讲的线性传播规律，让听众听一遍就能记住你讲的内容。

怎样才能做到呢？

除了每个观点用字要少外，总观点数量也不能超过三个。从人的大脑记忆规律讲，超过三点就记不住了。

◎ 三个"yi"

有一次在深圳清华大学研究院第十三期总裁演讲班开班仪式上，我代表授课老师有一个三分钟致辞讲话。我的讲话是三个"yi"：易、一、一。

第一是：易。就是容易，参加清华演讲班，让演讲变容易。做企业难，学习演讲更难，因为你无法掌握方法要领。而加入了清华演讲班，就让难变容易。为什么？因为有专业的老师可以大道至简，用最简单的方法让你学会演讲。

比如，气沉丹田，你没掌握方法，可能一辈子也学不会。但是，我教你耳语法，你一学就会。

第二是：一。就是上课是一，课后练习是九十九。学会演讲的方法很容易，但这只是百分之一，因为没有持之以恒的课后练习，课堂上所学的东西，就会全部还给老师。课堂学习很重要，课后练习更重要。所以说，师傅领进门，修行在个人。关键是课后要坚持练习，才能将方法变成习惯，自然而然地再运用在演讲中。

第三还是：一。强调了课后练习要坚持到底，一以贯之。如耳语法的练习，每天坚持 30 分钟，天天如此，坚持 21 天就会有明显的效果。坚持三个月就会变成习惯，一开口说话，就能气沉丹田，声音洪亮。

第二天上午在讲"一简二活三口诀"时，我问学员：

"昨天我的致辞观点是哪三个字？"

学员脱口而出：

"易、一、一。"

为什么学员记得牢？就是因为掌握了小观点不过三的方法。

口诀化表述分论点。

我给口诀化的定义是：将两个以上的小观点用一个常用词巧妙穿起来。

就像一根竹扦，它将一颗颗散落的山楂果穿在一起，就成了一根冰糖葫芦，方便我们一抓一串。一颗颗山楂果是小观点；口诀，就是穿起小观点的竹扦。

口诀简单易学，观点用口诀，是古人和今人写作、讲话的经验总结。我们可将它引入写作与演讲中，多加运用。

口诀是古代圣贤早就掌握的让观点好记忆的方法。比如，孟子说人性中生来就有四心：恻隐之心、羞恶之心、辞让之心和是非之心。翻译成白话就是：同情心、羞耻心、谦让心、是非心。

孔子曰："益者三友，损者三友。友直，友谅，友多闻，益矣。友便辟，友善柔，友便佞，损矣。"翻译成白话就是：有益的朋友有三种，有害的朋友有三种。结交正直诚信的朋友、恕人大度的朋友、知识广博的朋友，是有益的；结交谄媚逢迎的人，结交表面奉承而背后诽谤的人，结交善于花言巧语的人，是有害的。

今天，口诀仍然频繁出现在中国人的语言表达中。

◎ 快短命

中国现代小说家、散文家郁达夫曾应邀去做专题演讲。

他走上讲台，在黑板上写了"快短命"三个大字。台下的听众都瞪大了眼睛，不知这是什么意思。

郁达夫转过身来，说："我今天要讲的题目是《文艺创作的基本概念》，黑板上的三个字是要诀。'快'就是痛快，'短'就是精简扼要，'命'就是不要离命题。名人演讲和作文一样，也不可以说得天花乱坠，离题太远。完了。"

郁达夫用口诀带来了悬念，他从在黑板上写字到演讲结束，用了不到两分钟，可谓"快短命"。就是这三个字，让观众莫名其妙，好奇心顿生，忍不住想往下听。听到最后，就把郁达夫的演讲观点牢牢记住了。用口诀化表达观点，目的是好记，所以我现在做教学、写文章都常用口诀来表达观点。

◎ 做到"三听"

2020 年 4 月，我写了一篇微博文章：

沟通，主要是通过两话：一是讲话，二是听话。今天就重点说说听话的沟通。听话中要怎样沟通呢？

就是对方讲话，你要专注地倾听。专注倾听，对方就会感受到极大的尊重，自然就会以友善回馈你。

怎样叫专注的倾听呢？要做到三听：身听、眼听、心听。

身听。就是用身体语言表达倾听。具体表现就是：

1）身体要前倾，而不是后仰。

2）听到赞同的地方，要不住地点头。

眼听。就是眼睛要专注地看着对方。不能东张西望，不能老是看手机。

我的一位学生在"一字悟"的作业里写道：我和同学讲话，她老是看手机，我就觉得不舒服。反思自己，听别人讲话时，也有这种情况，要改一下啦！

心听。就是顺着对方的意思，发表赞同的意见。赞同的意见主要有两种：一是对方说例子，你来提炼观点；二是对方说观点，你来补充例子。具体的例子可以看拙作《练好口才的第一本书》中"一简二活"训练法。

"三听"这个口诀中每个观点都有个"听"字，所以容易记忆，一想到"听"字，就将"身听、眼听、心听"这三个观点都记住了。

（4）用深入浅出的语言

演讲要想吸引人，内容和表达就一定要深入浅出。

深入，就是你讲话的思想要深刻，观点要新颖独到。

浅出，就是表达观点的方式要通俗易懂。

使讲话通俗易懂的常用方法有三种：大白话、打比方、举例子。

大白话就是老百姓的日常话，既不深奥也不难懂。

◎ 用大白话说学术

在《环球人物》记者对北大教授唐晓峰的专访中，有一段话给我留下了深刻的印象。

什么是历史地理学？专业的说法是：研究历史时期的地理问题，就是历史地理学。从历史的角度认识脚下的大地，从上古到当代，从自然到人文，看上去驳杂涣漫，一望无边。圈子里的专家们术语来术语去，不亦乐乎；外行们懵懵懂懂，敬而远之。

研究历史地理 40 年的唐晓峰当然是资深专家，但无论写书还是谈话，都没有拐弯抹角、咬文嚼字。

几句大白话，他就把历史地理的思想方法勾勒出了大概轮廓。

"能用简单的话把事情说清楚，就别用复杂的。"他对《环球人物》记者说，"如果离开术语就活不了，不会用普通的语言把知识、思想讲明白，那我怀疑你不是真明白。"

唐教授讲什么叫历史地理学，就很通俗易懂。

"什么是历史地理学？专业的说法是：研究历史时期的地理问题，就是历史地理学。"

他怕外行人听不懂，就不用这个专业术语，而是举了个例子。

"卫青北征匈奴，这是历史；朔方郡、阴山山脉，这些是地理。把它们加在一起，形成了一个题目：卫青大将军北征的路线。"

这些都是大白话。

能用大众化的语言把专业的事情说明白，这就是通俗易懂。

我在给自己的演讲理论命名时，用的也都是大白话，也是走从俗不从雅的路子，"定耳舞决"四字演讲法分别取名："三定"练胆法、耳语练声法、"双人舞"练情法、"一简二活三口诀"练识法。

我给当众讲话下的定义：一人对多人，口、手、脸共同参与的多媒体表达。

耳语练声法的定义：就是用悄悄话形式，快速掌握用气发声的练习方法。

"双人舞"练情法的定义：手舞足蹈、眉飞色舞，使讲话生动形象的训练方法。

....

打比方就是用一个通俗的事物来比喻难懂的事物。

◎ "胆"和"识"

对于讲课当中比较难懂的地方，我也是用打比方的方法，学员和读者马上就明白了。

在《领导干部21天提升当众讲话魅力》一书中，我这样讲演讲中"胆"和"识"的关系。

"胆"像什么？就像房间里的电源开关。

"识"像什么？就是房间里的精美装修。

电源一关，房间一片漆黑，再精美的装修你也看不见；打开电源，灯亮了，才能看到屋子里漂亮的装修。我们上台讲话也是如此，上台前背得滚瓜烂熟，可是因为没胆，往台上一站，脑子一片空白，把词忘得一干二净；因为有胆，到台上才能超水平发挥。

举例子让讲话生动形象、易懂易记。

常言说：摆事实，讲道理。"道理"是什么？就是观点。"事实"是什么？就是例子。亮出观点，马上举例，就是"摆事实，讲道理"。

平常我们说，这个人讲话太空洞，干巴巴，就是因为不会举例子。这样的讲话往往解释不清观点，而例子一举，听众马上就能明白。

◎ 加入例子，观点站稳

来看我的一篇博文。

职业和事业的区别是什么?

我一直觉得三两句话说不清楚。最近,一听一看,两个故事,突然觉得可以说清了。

二者区别在哪儿? 就是"两后":下班后,退休后。

先说下班后。如果你上班做这件事,下了班就不想、不做了,这是职业;下班后,你仍然在想、在做这件事,这叫事业。

金一南为什么能成为党史和军史研究中首屈一指的专家? 就是他在下班后还在做这件事。

在一档视频节目中,有位熟悉金一南的国防大学同事说:"我们每天下班后,坐学校班车回家。而金一南下班之后去吃饭、游泳,然后回到办公室伏案工作到十点,坐最后一班车回家。天天如此。我们十分佩服,还有谁能做到? "

再说退休后。如果你退休了,那份工作就终止了,这就是职业。如果你退休了,那份工作还在进行中,就叫事业。

我在《环球人物》杂志上看到,2008 年北京奥运会颁奖礼服设计者、巴黎高定工会唯一中国受邀会员郭培,在接受记者采访时说过一段话:

"干到五六十岁就不再干的是工作,而你永远放弃不了的才是事业。我从没想过自己什么时候退休,对我而言,人生最快乐、最幸福的就是把这份事业做下去。"

记者写道:"入行 33 年,仍无倦怠感。在她看来,真正热爱的事业,不是人生的某一个阶段,而是一生的追求。"

一个人要想有所成,就需要全身心投入。什么叫全身心投入?"下班后,退休后"还在干,就叫全身心投入!

讲了"下班后",我马上举金一南的例子;讲了"退休后",我举了郭培的例子。两个例子一举,博友就明白了"两后"的意思。

（5）演讲环环相扣靠结构

演讲结构分为横向结构和纵向结构。

横向结构即"四说"结构，指分论点为并列关系的结构方法。

开头总说，是为了开门见山；

分说，是为了条理清晰；

细说，是为了用事例说明小观点，让观点更具有说服力；

再总说，是为了让听众记住演讲者讲了哪些观点。

◎ **"说三遍"的效果**

在我的两天演讲课程里，"四说"结构是学员学习演讲稿写作的一个重点，每位学员都要按照"四说"结构写出演讲稿并上台演讲。通过学习"四说"结构，学员学会了讲话内容条理清晰、好听、好记的方法。下面是一位律师学员的"四说"演讲稿。

大家好！我是李刚，在大成律师事务所深圳办公室担任合伙人律师。

自 2001 年进入律师行业以来，我在这个行业已经默默耕耘了 20 年。目前，我的主要执业方向为投资并购、不动产能源与建设工程、争议解决。

我认为我本人带领的团队最大的特点是：一诚二专。

第一，诚。

诚信是为人之本，这四个字看似简单，做起来却非常不容易，特别是在律师行业里。

我们接受客户的咨询时，还没有正式委托，就会帮助客户审核大量的资料，如实告知客户案件可能的结果。每年都有案件因为事先就告知客户无法胜诉，客户不再委托给我们。但是从长远来看，我们赢得了客户的长期信赖，赢得了口碑。我们的客户，很多是合作 10 年以上的老客户。就在上个月，有个 10 年没有联系的客户找到我，希望我能为他们代理建筑工程方面的案件，并且说，这是他们公司老总特别交代的。

第二，专。

服务内容专。我们团队只提供民事、商事的法律服务，对于刑事、行政、劳动等法律项目，我们一般不接。在非诉方面，2017年，我们代表深圳地铁集团，为深圳地铁受让恒大集团持有的万科价值300亿股票，提供全程法律服务，为万宝之争画上了完美的句号。

正是凭着一诚二专这两点，20年来，我和我的律师团队与客户保持了长期的合作，并不断地共同成长。

来分析一下李刚同学演讲的"四说"结构：

第一步，总说。"我认为我本人带领的团队最大的特点是：一诚二专。"开门见山亮出两个观点，给观众说清楚。如果不先亮出两个观点，观众心中难免疑惑：今天到底要讲什么呀？

第二步，分说。按照先后顺序，讲了"诚——诚信为本""专——服务内容专"两个观点，让观众听起来有条有理，逻辑清晰。

第三步，细说。就是在每个小观点后，都举出具体例子来说明。比如，什么是"专"呢？说完这个小观点，马上就举了"为深圳地铁受让万科股票提供法律服务"的例子，就能很好地理解"专"的概念。

第四步，总说。就是在演讲结束之前，把"一诚二专"再重复一遍，目的是帮助观众把脑子里分散的小观点再次总结，强化对演讲内容的记忆。

微信上有句流行语："重要的事情说三遍。""总分细总"的演讲结构就达到了"说三遍"的效果。你看，开头的总说是第一遍，分说、细说观点是第二遍，最后再总说是第三遍。通过说三遍，就可以让演讲观点达到好记的目的。

纵向结构是"三么"结构。

"三么"指：是什么？为什么？怎么办？这是围绕着一个问题进行深入分析，并给出解决办法的一种最佳演讲结构。

例如，我在讲笑定练胆时，用的就是"三么"结构。

先说"笑定"是什么。

放两个视频。一个是上台演讲表情僵硬的视频，一个是乔布斯自始至终面带微笑发布苹果手机演讲的视频。通过这两个视频，就回答了"笑定"就是演讲时自始至终面带微笑。

再说为什么要"笑定"。

可以通过"四好"来回答为什么要"笑定"。"四好"就是微笑对声音好，微笑对身体好，微笑对心情好，微笑让命运好。

最后说怎么办。

教学员练习一个字：引。通过这一个字的练习，就可以让八颗牙齿露出来，让人眉开眼笑。每天100遍"引"字练习，坚持21天，微笑就变成习惯了。

（6）比较，让事物间的边界清晰

什么是对？两个放在一起，叫一对；什么是比？就是进行比较。对比法，就是把两件性质、特点相反的事物放在一起进行比对的说理方法。

常言说：不比不知道，一比就明了。通过对比，不必啰唆，观众便可以快速明白一些深奥难懂的道理。

我常用的对比方法有：听觉法、视觉法、手势法、数据法。

听觉对比法。

◎ 声音不同，情感不同

演讲要声情并茂。那么，什么是"声情并茂"的"情"呢？

"情"这个字，左边是一个竖心旁，说明情在心里。演讲者心里的情，看不见，摸不着，怎么传递给观众呢？

要通过四个字：抑、扬、顿、挫。抑，就是讲话声调要低；扬，是讲话声调要高；顿，是会停顿；挫，是会转折。

然后我就引用中国宋代大儒张载的四句话进行声音的对比："为天地立心，为生民立命，为往圣继绝学，为万世开太平。"

第一遍，声音一平到底，没有抑扬顿挫地读。就像小学生读书一样，没有起伏，字与字的距离完全一样，听来就没有情，让人想打瞌睡。

第二遍，声音有高低快慢、轻重缓急的变化，尤其"为万世开太平"的"平"字，声调昂扬，达到高潮。

我在现场用不同的声音做演示对比，学员一下子理解了看不见摸不着的"情"的各异。

视觉对比法。

通过对人或物静态和动态的观察，找到两个事物的不同点。

◎ 演讲看人，朗诵看景

怎么区别朗诵和演讲？当有学员提出这个问题时，开始我也不太清楚，后来我通过对比法理解了。我是这样告诉学员的：

演讲看人，朗诵看景。

我用海子的一句诗"从明天起，做一个幸福的人。喂马，劈柴，周游世界"来进行对比演示。

演讲时说这句话，我的眼睛看着观众；朗诵时说这句话，我的眼睛始终不看观众，看着诗中的形象。说"喂马"，手捧着饲料做喂马的动作，眼睛看着"在吃草的马"；说"劈柴"，则做左手拿柴、右手拿刀劈柴的动作，眼睛看着左手的"木柴"。

两相对比，学员一下子明白了演讲和朗诵的区别。

为了说明微笑讲话有魅力的观点，我放了董卿的两张照片。一张眉头紧蹙，表情严肃；一张嘴角翘起，眼含笑意，满面春风。学员一看，马上齐声说道："微笑有魅力。"

为了说明手势带动感情的观点，我先放一个老师讲课没有手势的视频，再放一个马云在培训时手舞足蹈的视频。学员看到没手势的视频让人昏昏欲睡，有手势的视频让人兴趣盎然，马上就接受了手势带动感情的观点，开始跟着我加手势练习演讲了。

我在讲课中更喜欢用视频，视频的效果好于图片。在讲"定耳舞诀"四个观点时，全都用视频对比法来说明观点。

手势对比法。

就是通过两个不同的手势进行对比练习。这个方法是我自己在教学实践中总结出来的，对解决普通话发音不准有立竿见影的效果。

◎ 发音难题的解决

在演讲课的互动环节，几乎每次都有学员问："老师，我们普通话发音不标准怎么办？"我给出的解决方法就是手势对比法。

手势对比法分为两种：

一是手触法，就是用手指指着发音部位进行对比练习。

前后鼻音（an-ang、en-eng）发不好，怎么解决？

先用一根手指指着鼻尖，发前鼻音"an"；再用同一根手指指着后槽牙，发后鼻音"ang"。这样加手势反复进行对比练习，就能将前后鼻音区别开了。

鼻音和边音（n-l）发不好，怎么解决？

先用一根手指指着鼻子尖，发鼻音"n"；再用同一根手指指着嘴角发边音"l"。这样加手势反复进行对比练习，就能将鼻音和边音区别开了。

二是手动法，就是用手掌代表发音部位进行对比练习。

平翘舌不分，就用手动法。

先把手掌伸平，发平舌音"s"；再把手掌卷起来发翘舌音"sh"。（z-zh、c-ch也是如此）这样加手势反复进行对比练习，就能将平翘舌分清楚了。

不比不知道，一比就明了。通过手势对比法，就可以解决发音不准的老大难问题了。

耳听为虚，眼见为实。手势对比法的好处在于，把看不见、摸不着的语音矫正法变为看得见、摸得着的方法。因为很多人发不准前后鼻音，光听老师讲发音位置，却看不见老师的唇舌动作，就很难模仿。而一加手势，看见了，触到了，就容易发准了。

用手势对比法练习时，要注意两点：一是要微笑着练，这样能让口舌放松，更容易发音准确。二是一定要对比着发音。发一个平舌音，发一个翘舌音；发一个前鼻音，发一个后鼻音。"不比不知道，一比就明了"，通过对比，就能找到二者的区别。

◎ 如何阐释"多快好省"

数据对比法。

数据对比，是增加演讲说服力的一个重要方法。

从清华大学国际研究生院工信部领军人才班的邢练军同学的两次演讲稿中，能看到数据在演讲中起到的作用。

AICarer 爱护者无创健康筛查和管理系统的产品特点是："多快好省"。

一是"多"。全面筛查人体健康指标数量多。健康筛查包括血红蛋白、红细胞计数、白细胞计数、血小板计数、总蛋白、总胆固醇等 132 项人体生态指标，全面呵护身体。

二是"快"。健康筛查和管理过程便捷无创。健康筛查零排队，3~12 分钟完成健康数据采集，健康风险评估报告零等待。

三是"好"。健康筛查精准专业。空军总医院临床报告准确率 91.34%，中国航天中心 89%。在近期 600 个案例中，筛查出来身体部位健康隐患问题的有效性在 95%。

四是"省"。健康筛查和管理的费用大幅降低。健康筛查每次费用仅为传统机构的百分之一，同时提供独有、专业的健康预测系统。

以上是爱护者无创健康筛查和管理系统的产品特点"多快好省"，谢谢大家的聆听。

听了他的演讲后，我说："这一稿写得已经很好了，没有上演讲课前就已经会熟练地运用'一简二活三诀四说'写作法了。很难得！还有一点不足：

缺乏对比说明。例如，你的产品检查项目'多'，只说了你的产品检查项目有 132 项，没有说传统检查方法有多少项，给观众的印象就不深刻。'不比不知道，一比吓一跳'，通过数据对比，才能更有说服力。"

听了我的意见后，他又用数据对比法将"多快好省"四个特点做了修改。

来看第二篇修改后的稿子。

AICarer 爱护者无创健康筛查和管理系统的产品特点是："多快好省"。

一是"多"。全面筛查人体健康指标数量多。健康筛查包括血红蛋白、白细胞计数等 132 项人体健康指标，而目前无创仪器最多包含心率、血氧、血压等 10 项左右的指标。

二是"快"。健康筛查和管理过程便捷无创。健康筛查零排队，健康筛查 3~12 分钟，报告零等待，而传统体检不低于 1 小时，报告需要 3 天以上。

三是"好"。健康筛查精准专业。空军总医院临床报告准确率 91.34%，中国航天中心 89%。而法国鹰眼技术是 80% 的准确率。

四是"省"。健康筛查和管理的费用低。目前，体检机构费用在 600 元以上，爱护者只需要 6 元 / 次，同时提供独有、专业的健康预测系统。

以上就是爱护者系统的产品特点"多快好省"，谢谢大家的聆听。

（7）紧张就默数"一、二、三"

十个紧张九个快。上台讲话紧张的人，都有一个通病：语速快。想赶快讲完赶快下台。可是这一快，问题就来了：思维混乱，脑子空白，上气不接下气，唾沫星子乱飞。

通过每句话默数"一、二、三"，来克服讲话语速快的毛病，起到稳场、稳胆、稳速的作用。

稳场。讲话者一上台不急着开口说话，能让全场安静下来。

稳胆。人的大脑在一个时间点上只能想一件事。当心里总有杂念，老是想"我讲不好，我好害怕"时，用转移法稳住自己，专心地数"一、二、三"，也就忘记紧张了。

稳速。通过默数"一、二、三",可以快速克服语速快的毛病。所谓语速快,就是句与句之间没有停顿。而通过默数"一、二、三",自然就能在每一句后强行停顿。反复练习,语速快的毛病就克服了。

语速慢下来后,大脑就可以在停顿时进行思考,让你的用词更精准;通过组织语句,让你的语言更流畅;同时,可以利用停顿的三秒从容换气。这样讲一个上午,都不会觉得气不够用。而语速快的人,常会因为来不及换气,气越用越短,讲到最后就没气了。

我自己做主持人的体会是,主持大型活动,上台一定要面带微笑,上台后先不说话,等待观众安静,人越多停顿的时间越长。结果是此处无声胜有声,你不立刻开口讲话,观众反而更期待,他就会竖起耳朵来听,自然就会安静下来。如果你一上台就急急忙忙讲话,下面还未安静,听众就听不清。一听不清,就会交头接耳,现场更混乱,形成恶性循环。

所以上场站定不开口,停顿三秒钟,是稳场的一个法宝。

◎ 语速要慢下来

充分换气,还有一个好处,就是不会让你唾沫星子乱飞。来看我和学员小瑜的微信交流。

小瑜:老师,为什么我读文章时,读着读着感觉唾沫分泌,特别怕口水流出来,唾沫横飞。

我回答:我估计原因是你的语速太快。语速快了以后,换气不充分,唾沫没有时间往下咽,在口腔里积得多了,就会控制不住地喷出来。

解决的办法很简单:

读慢。读文章的时候将语速放慢一倍。放慢一倍,自然就有了充分的换气时间,换气时不自觉地就趁势把唾沫咽下去了。

说慢。讲话时练习每一句停三秒。"一、二、三,各位领导,一、二、三,各位同事,一、二、三,大家好!"每一句停三秒,讲话的语速自然就慢了下来,口水也就咽下去了。

方法简单，贵在坚持！

看了我的回复后，小瑜回复：

哈哈，老师说对了，我就是说话快。我马上按照老师的办法进行练习，坚持练习，把放慢语速变成新习惯。

从听众的角度讲，停三秒，才能真正消化吸收演讲者说的内容。

学员邱晨对"停三秒"做了这样的总结。

通过一天的学习，我的收获是：一、二、三，定。

比如，之前我说话的语速很快，基本上没有标点符号的体现，这让听我说话的人，还没有来得及消化上一句话的意思，就被迫去接受我的下一句话。想让对方了解的事情往往达不到预期的效果。

通过今天的学习，让我知道每句话停顿的短短三秒钟是多么重要，对我的表达和对方的理解、消化，有非常有效的帮助！原来会说话的我，竟然也要学习说话！

数"一、二、三"，是一种克服语速快的训练方法。当你通过数"一、二、三"的练习学会停顿后，你自然就会根据演讲需求进行灵活的停顿，而不是机械地每句话都停三秒了。

2. "三好"沟通法

谈话，指一对一的语言沟通交流。好脸、好话、好问，可以让沟通快速有效。

好脸，就是要学会微笑。微笑可以说是人生幸福的一个核心密码。微笑，让身体好；微笑，让人际关系好；微笑，让人有好命运；微笑，让人有好声音。

◎"微笑"让学生"面善"

来看陈同学对好脸的描述。

殷老师的脸上永远都挂着微笑，让人觉得和蔼可亲。殷老师的课上，气氛总是十分轻松、愉快。人们总说笑容可以拉近彼此的距离。殷老师那充满感染力的笑容，带给了大家一个学期愉快的回忆。

一般在路上遇到学校选修课见过的同学，都会装不认识。但我惊奇地发现，在路上见到同上演讲课的同学时，我会微笑着向对方打招呼。而这些人，我大多都不知道他们的名字。这点让我很欣喜。每次和大家见面打过招呼后，我不知道为何会觉得心情变得更好了。殷老师用他的行动教会了我们"面善"。

怎样练习微笑？一个字：引。每天用耳语练习100遍，坚持21天，微笑就成了习惯。

好话，就是学会夸奖对方。夸奖对方，可以拉近关系，增加感情。

怎样学会讲好话呢？我在教学中行之有效的方法就是《夸三人》作业。

◎ 夸完还要用笔记

具体说就是，夸奖三个人，记下过程，写下感受。

来看刘同学的作业。

夸三人

这周我选择了舍友、爸爸以及同学作为赞美的对象。首先是周二晚放学后回到宿舍与舍友的对话。

【第一位 舍友】

我："嗨，今天怎么这么漂亮呀？"

舍友："真的吗？也许是因为我昨天敷的面膜吧，哈哈！对了，你要不要试试，这是我刚买的，效果挺不错呢。"

我："好啊，实在太谢谢你了。"

舍友："不客气，咱俩谁跟谁呀！"

感悟：平时我和舍友相处都不太会刻意去表扬、赞美对方，关系也比较平淡。没想到一个赞美让我们敞开了心扉，也更加融洽了。

【第二位 爸爸】

周末我给爸爸打了电话，在电话里我尝试去听他现在的心情，也第一次试着去表扬爸爸。

我："老爸，在忙什么呀？"

爸爸："晚上来你叔叔家吃饭，现在还在喝酒呢。"

我："哈哈，难怪听你这么高兴，声音听起来都年轻了好几岁！等会儿还有什么'节目'没？要不要我来电话连线唱首歌呀？"

爸爸："哈哈哈哈哈哈（这里真的是笑出来六声'哈'）！算了吧，你这个五音不全的家伙，好了改天再聊啊。"

我："好，那爸爸你们玩得开心点呀！老爸拜拜！"

感悟：一直以来爸爸在我心中都是一个比较严肃的形象。没想到这次通过电话里鼓起勇气的一句赞美，让老爸开怀大笑，声音里都能听出浓浓的笑意，看来以后我得多夸夸爸爸。

【第三位 同学】

这位同学和我是一个学习小组的，我俩需要合作完成一个公益广告。我负责剧本和拍摄，她负责美编和剪辑。在后期剪辑的过程中，我们展开了这样的对话：

我："哇，晨晨！这个人物设计和特效做得实在是太可爱了，你真有一手！"

同学："那是，我的技术有保障。看着啊，我后面会加一个更好玩儿的特效，你就等着吧！"

我："好，嘿嘿，看来我们这次作业会挺不错的呀。"

同学："剪辑什么的你就放心吧，都交给我啦！"

感悟：在视频作业进行到后期时，我们两个都已经熬了多个通宵，很累了。我突然想到殷老师布置的夸赞别人的作业，就运用到了这里。晨晨在听了对她剪辑能力的夸奖之后更有动力了。

通过这种先实践后总结的方法，可以让你张得开嘴，夸得出口，信心大增，习惯慢慢养成。

如果想更多了解好脸好话的方法，可以看我的这本书《练好口才的第一本书》，里面有更详细的分析介绍，这里就不展开了。

好问，这里的"好"要读第四声，是喜欢的意思。就是不要指责，而要问为什么。这个方法对与青春期孩子沟通尤为有效。

◎ 父母多问，是尊重孩子

"问为什么"，这个方法是著名犯罪心理学家、青少年心理研究专家李玫瑾教授的经验。

比如，自己的孩子在外面结交了一些不好的朋友。在大人看来，孩子结交的朋友不咋的，但孩子与这类朋友的来往又特别多。

一般家长就会说：你少跟他来往，这孩子一看就不行。这些都是指责性的话。孩子跟他来往一定有原因，父母这样指责孩子，孩子就会悄悄地跟他来往，不再跟你说了。这就是很多父母对孩子失去控制的原因。

遇到孩子结交了不好的朋友，不要指责，而要问为什么。

父母："我发现你和××很要好，你俩为什么这样好呀？他这人怎么样啊？"

孩子："他帮过我，因为他，别人就不敢欺负我了。"

父母："这孩子挺仗义的，但我看他总爱说脏话，你觉得呢？"

孩子："我知道。"

父母："你知道就好。你们可以做好朋友，但不能受他的影响，你还要想办法影响他，让他变成你这样的好人！"

通过父母的问，体现出对孩子的尊重。这样孩子听起来觉得舒服，就愿意和父母说，也愿意听父母的意见。

问"为什么"，分为三步。

第一步，问。"你俩为什么这么好啊？"

第二步，夸。"这孩子挺仗义的。"

第三步，引。"你还要想办法影响他。"

躲不掉的笨功夫

在教学实践中，我把内容编成第一步、第二步、第三步，再按顺序指导学员。要求学员老老实实地下笨功夫，做分步练习。

1. 分成三步，难渐变易

◎ 化解讲话难点

在克服讲话训练难点上，我用的也是三步练习法：第一步，分解；第二步，定格；第三步，重复练习。它的好处是：步骤清晰，好操作，从易到难，从少到多，循序渐进，学员有自信。

练习微笑的方法，就是练一个字：引。很多学员在练习"引"字时，动作和表情就是不到位。手的动作应该从左肩膀起，往下到丹田，再从丹田往上挑，到头顶结束，一个完整的打钩动作。

可是学员做的打钩动作太小，没有拉开，结果就是脸上的表情不够夸张，眉毛没有上扬，眼睛没有笑，嘴咧得不够大。我在看学员课后练习的视频时发现了这个问题。

大概有一年时间吧，我一直强调手势动作要大，但都没有效果。

这是为什么呢？有一天，我上课练"引"字时突然想到，我只让学员一遍遍连续做动作，但是没有进行分解练习。所以学员只看到我在比画动作，却不了解动作的细节要求是什么。

于是，解决的办法就跳了出来：分解、定格、重复三次。

分解。分成三个动作：1）手放在左肩处；2）手从左肩往下划，到丹田处；3）手从丹田处往右上方挑，到头顶的位置。

定格。这三个分解动作，每做一个，都叫停、定格。然后我再检查每一位学员的动作，看是否标准，不标准的马上纠正。

重复三次。每个动作重复三次，再综合练习三次。这样绝大多数学员练"引"字的动作都到位了。接下来，双人练习，小组练习"引"字时，学员都可以当老师了，发现哪个学员的动作不到位，当场纠正。

这样的三步练习法，有如下好处：

分解的好处：清晰精准。每个动作分解后，高度、长度，学员看得一清二楚，跟着模仿就能做得准确。过去我只综合，不分解，动作太快，我对动作很熟悉，但学员是陌生的，学起来顾此失彼，很吃力，只能照葫芦画瓢，粗枝大叶。

定格的好处：好检查。比如，从左肩膀下到丹田的动作，定格之后，全班 50 位学员，我一一检查，哪位学员的动作没有到位，马上纠正。其他学员听了，也是提醒。

重复的好处：记得牢。三次重复，符合记忆规律，通过三次重复，就能比较牢固地记住动作要领，便于课后练习，真正记住了动作要领。

通过分解、定格、重复三次，"引"字的动作不标准的问题迎刃而解。

2. 练上 N 遍，方法落地

每一项内容至少要练习三遍，不要小看这"练三遍"。常言说："一回生，二回熟，三回就能做师傅。"

◎ 胆子是练大的

在演讲教学中，我经常使用三遍练习法，有意想不到的效果。

为了让学员练习上台的胆量，我让全班学员排好顺序，轮流登台，人人都要登台三次；将笑定、眼定、站定的要求综合运用，上台进行实战演练。我将其称为三次练习法。

朱同学：

学校广场进行练胆，让我感触良多。所谓无胆是当众说话的拦路虎，果真如此。很开心有这样一个机会可以让我们尝试打败这只"拦路虎"。

"各位老师，各位同学，大家好，我的'一字悟'是'胆'。"短短的一句话，但要当着全校上下课走来走去的同学面，声情并茂地讲出来，的确很有难度。深吸一口气，按照老师之前的要求，"行如风"地走上原本觉得并不高的 F 区舞台，忽然觉得这条路很漫长。

在舞台中间站定，保持微笑。听着下面同学们的轻轻计数，"一、二、三……"然后把那句话说出来。作为第一个上台的人，开始时很是忐忑，但看着台下同学们鼓励的神情，根据习惯就把这句话演绎出来了。第二次，第三次，一次比一次好。我开始享受在台上的感觉，还嫌每次轮到我上台时，经过的同学不是很多呢。

这次练胆活动很有意义，让我感受到"三定"的神奇，也有了征服"拦路虎"的经验。相信我在当众讲话中可以越来越有胆、越来越自如。

三次练胆法的神奇之处，体现在以下两个方面：

第一，逼上梁山。因为是集体练习，人人有份，个个都要上台，你就没有逃遁的理由，硬着头皮也得上。如果是抽选上台，有的上台练，有的台下看，练的人往往就怕出丑，被台下人看笑话。

一位学员写道：

都要上台去，突然就觉得安心了很多。在这里我只要尽力就好，没有嘲笑，有的只是理解与鼓励，慢慢地就变得有胆了，不再那么害怕了。

第二，实践出真知。人与人的区别不大，就在于肯不肯实践，肯不肯反复实践。只要反复练习，"打一仗，进一步"，三次就会无胆变有胆，产生质的飞跃。

因为学员第一次上台，没有经验，做起笑定、眼定、站定会顾此失彼，肯定是缺点多过优点，如果这个时候停下来，不再接着训练，脑子里就会留下失败的阴影，时间越长，心理阴影越大。如果趁热打铁，连续三次上台，上台一次，总结一次，进步一次，缺点减少了，优点增加了，自信心会越来越强，对登台也就能轻松裕如了。

◎ 怎么在台上不颤抖

一位参加了"三定"综合训练的百货店店长写道：

上午的"三定"训练，我们每个人都要上台。第一次上台的我，双手发抖，连嘴唇都控制不了。第二次上台的我，学会了站直、微笑，勉强能控制自己的音量与举动了。第三次，眼睛敢于看观众了，声音也洪亮了，真没想到三次上台这么神奇，收获这么大！

人都是要面子的，如果连续三次上台都没一点进步，自己都会觉得不好意思，所以，每次从台上下来以后，学员都不用扬鞭自奋蹄，在台下认真观察、揣摩、总结，反复练习，让自己每一次上台都有所进步。

分三步练习法和三遍练习法是什么关系呢？

先分三步，后练三遍。先分三步，是为了变难为易；后练三遍，是为了让方法落地，熟练掌握。

上面介绍的大道至简的练习方法，都是巧方法，简单、有效。要做到熟练运用，只有下笨功夫。

比如，如果用胸腹式联合呼吸法练声，是笨办法；而用耳语法练声，就是巧办法。方法再巧再简单，也要下笨功夫，少了 N 遍的重复练习，这个方法就和你没有一毛钱关系。

第二章

学演讲要有
点状突破思维

三百六十行，行行出状元，

要做讲话的"状元"，

须用点状突破的思维方法，

靠点状突破思维脱颖而出。

>>>>>>>>>>>>

什么是点状突破？

就是将目标聚焦在一个点上，集中资源并持之以恒发力，以点带面，从而取得成功的思维方法。

机会太多，只抓一个

曾有人说："看见十只兔子，你到底抓哪一只？有些人一会儿抓这只兔子，一会儿抓那只兔子，最后可能一只也抓不住。首席执行官的主要任务不是寻找机会，而是对机会说不。机会太多，只能抓一个。我只能抓一只兔子，抓多了，什么都会丢掉。"

这就是点状突破思维，它带来的效果是不言而喻的。

1. 通往卓越

用点状突破能做到最好，做到卓越。

假如给你三年练书法，有两种练法：一是上午练草书，下午练行书，练上三年；二是这三年只潜心于一种书法。哪种更见效？一定是后者突破更快，成绩更大。当时间和精力分散使用，虽然啥都练了，但啥也没练到家。

在我演讲课的课后练习中，我也反复对学员强调：不要贪多，要对症下药，点状突破。初学演讲者，都是问题一堆。要先找准当前最大的一个难点，用老师给出的对症药方，重复练习，咬定青山不放松，练出了效果，一个难点解决了，再解决下一个。

如果声音嘶哑是难点，那么就每天用耳语法说上二百遍"百炼成钢"，坚持三个月。三个月后，自然会气沉丹田，声音悦耳。如果上台精神紧张，面部表情僵硬，那么每天练一百遍"引"字，三个月后，肌肉记忆形成，微笑成习惯。

◎ 人生聚焦在"话"上

回顾我的职业生涯，如果说取得了一点点成绩，也是靠点状突破。

12年前，《21天掌握当众讲话诀窍》出版后，新浪网围绕着"话"这个点对我做了采访。

新浪：首先想请问您，怎么会想到写这样一本书？也就是写作的初衷是什么？

我：是"话缘"诞生了这本书。

我的人生一直围绕着"讲话"二字：在话筒前自己讲话，在讲台上教大学生讲话，写当众讲话的书。

先说"讲话"。从25岁到50岁，我一直做播音员、主持人，只是对着话筒讲话。获得金话筒奖后，我到央视《新闻调查》做主持人。50岁，我开始规划以后的人生：对着话筒讲不了几年，而到大学里教书，教他人讲话，薪火相传，是个不错的选择，于是我开始了业余的"教话"生涯。

近几年，我先后在三所大学开课，边教边总结边改进，最后这堂"大学生当众讲话训练"成了公选课。我的学生来自新闻、财会、文学、教育、环保等十几个专业，从大陆各省市到港澳台。

为了让这门课更贴近学生需求，我研究了两万多份学生的学习心得，从中发现了大学生当众讲话的四个难点——"胆""声""情""识"，通过写下的十几万字教学笔记，原创了"定""耳""舞""诀"四字教学理论，这套方法成为学生学习演讲的必学技能，获得了很好的效果。

第三是"写话"阶段。之所以写书，目的很简单，就是想让更多的读者获益。因为在教学中总结出"定耳舞诀"四字经，确确实实给学生带来了变化：改变性格——由自卑变自信；健全人格——在练习中学会了坚持、沟通；连面相也改变了，由面无表情、双眼无光、拒人于千里之外变成了面带微笑、双目有神、充满友善。这些变化让他们受益。这些被验证的方法，写成书后就能让更多人受益。

我的"三话"人生，就是三变不离其宗。这个"宗"，就是一个点：讲话的"话"。

2. 高效

只有点状突破才能离目标更近，这便是集中精力和资源持续发力带来的效率。

◎ 多则不精

俗话说：不怕慢，就怕站。我曾经有过开设两门课的经历。结果是，教这一门，停那一门，哪一门课都做不到精，走不快。

18 年前，我刚刚开始在北师大珠海分校教课时，第一学期学校让我教播音主持，第二学期又让我教电视频道经营管理，我那时还很高兴。教两门课，自己不用闲置一个学期，还可以在教中学，好事啊。

真教起来了，我发现并不是那回事。第一学期教播音主持，刚刚摸到点儿门儿，第二学期又放下了。

再教一门新课电视频道经营管理，开头非常难。除了一本教科书，其他教学资料都得自己找；最新的教学案例也要花时间搜集；自己又没有完整的频道经营管理经验，每次上课，都是等到要进教室了，讲课内容还没有准备充分，匆匆忙忙。这样心怀忐忑地教了一个学期，自己压力很大，学生的反应可想而知。

等到第三个学期，又要教播音主持，因为中间停了一个学期，就要重新捡起来，很陌生，只好回到原点。

这时，我真的明白了"不怕慢，就怕站"的含义。如果我只教演讲与口才这一门课，就是"不怕慢"。

为什么不怕慢？因为虽然慢，但是没有停，我一直在往前走，就可以"积跬步，至千里"。专讲一门课，可以在重复中不断修正、实践、提高。而放下播音主持课，去教电视频道经营管理课，就是让播音主持这门课停下来不走了，再启动时，还得从头再来。这样一直在原地踏步，哪一门课都难以提高，哪一门课都讲不精。

有了这次经历，我坚决地推掉了电视频道经营管理这门课，我要集中精力在一门课上发力。

教哪一门课呢？经过反复比较，我选择了"演讲与口才"这门课，给自己定下目标：我要去十所学校讲这一门课，而不是在一所学校讲十门课。

后来，我又根据学生的需求，将这门课再次收缩，只讲这门课中与演讲有关的"当众讲话"，这就是围绕一个点进行突破。我独创的"定耳舞诀"演讲教学理论很快形成了，教学成果又很快转化成出版物，2010年《21天掌握当众讲话诀窍》出版了。

到现在，我的目标实现了。如果我一直平分精力，两门课轮流教，哪会有这样的效率和效果？

◎ 短演讲中的取与舍

再来看个我在演讲中点状突破见效快的例子。

有一次，我在广州参加独角兽企业联盟和广州博研商学院共同举办的演讲宴会，与企业家、学者进行形式新颖的交流分享。

参与这次活动的二十位嘉宾，每个人都有五分钟的餐桌分享。我的分享主要是介绍自己的演讲课内容。我的体会是，只有五分钟，更要点状突破！也就是讲话观点不能多，要抓住一两个重点，举例子，讲清楚。

最早主办方给我十分钟，让我针对在座企业家的需求，与他们分享一下怎样演讲。我原打算讲三个问题：一、什么叫有魅力的讲话？二、企业家当众讲话的痛点是什么？三、现场练习的两个方法：耳语练声法和"双人舞"

练情法。

后来因为人员太多，时间缩短到五分钟。我现场调整，压缩观点，只讲两个关键词：痛点、方法。简要讲企业家当众讲话有四个痛点：无胆、无声、无情、无识。克服痛点的方法，仅保留一个点：耳语练声法，现场只做耳语练习。

当时我是这么讲的：

"为什么分享耳语练声法？因为，第一，很多大人物讲话声音嘶哑，都是因为不会用丹田气。第二，在座的企业家刚才分享时有几位嗓子是嘶哑的，说明不会用气。正确的方法是气沉丹田。丹田的位置在肚脐下三寸，请大家找到。（每个嘉宾开始找丹田位置。）"

接下来，我让大家先出声朗读李白的《望庐山瀑布》四句诗。

（大家大声朗读）朗读完，我问大家：哪里累？回答：嗓子累。我说：好，现在请大家双手贴着上嘴唇，用耳语再读一遍。

读完后，问大家：哪儿累？都说：肚子累。我说肚子累，就叫气沉丹田。只要每天坚持30分钟悄悄话练习，21天之后，你就气沉丹田、嗓子不累、声音悦耳了。

由于坚持了在一个点突破的原则，演讲快速见效。我的话音一落，全场鼓掌。来自台湾大学的苑教授马上发微信朋友圈，让朋友上网"百度"我，买我的书学习耳语练声。宴会结束前，有五位嘉宾加上我的微信，希望学习耳语法。

我为什么砍掉第一个问题"什么叫讲话"，而且两个现场练习方法只保留一个？

就是为了将省出的时间都用在耳语练声上，这就是点状突破。由于只保留了耳语练声法，我有时间展开、讲透，有时间现场练习《望庐山瀑布》，而且是对比着练习。这样讲练结合效果好，听众印象也深。如果我不舍得砍掉观点，分配到每个点的时间势必会少，耳语练声法只能点到为止，讲不透。讲不透，效果当然不好。

3. 杂念不见了

人只有聚焦到点状，才能达到专注，专注才能突破。

如何做才能专注？当内心静如止水，则以致远时。

为什么很多人做事时总是心烦意乱？因为这也想做、那也想做，想得太多就容易焦虑，最后眼睁睁看着时间溜走，一事无成。

怎样让心不乱？活在当下。什么叫活在当下？就是专心做一件事，吃饭时专心吃饭，睡觉时专心睡觉。

◎ 思路怎么有的

虽然我给学生将"活在当下"讲得头头是道，但自己也常常心烦意乱，吃饭时想睡觉，睡觉时想吃饭的情况常有。

有一天写博客时，我便处于这种状态。

晚上八点多，坐下来准备写博客。写什么呢？我在平时记录的思维火花里选择。共看了四条火花：细节主要体现在一言一行；讲话要明白，"明"和"白"是什么关系；勤于思、敏于行、讷于言三者的关系；一箭双雕的思维偏方。

半小时过去了，还没确定写哪个，开始急和烦躁，这一急一烦，心就乱了，当我意识到时，马上调整：不想太多，就动笔写一个事例比较成熟的火花。

哪个事例比较成熟呢？我选了"一箭双雕的思维偏方"这一条，其中的事例"朗诵澳门诗人的诗歌"比较具体。

一旦确定下写作内容，我的心也静下来，越来越专注，思路也越来越顺畅。半小时不到，博文《一箭双雕，是一种思维偏方》完成，满满的成就感，烦躁情绪也烟消云散。

一个月后，我查到这篇博文的阅读量是1286人次，是这一个月来阅读量最多的一篇。

事后回顾，开始为什么乱？是因为迟迟拿不定主意，时间却一点一点过去，着急，所以烦躁。后来为什么不乱了？就是确定做一件事后，只专注于此，静下心，自然水到渠成。

诸葛亮说过宁静致远。只有心静，才能想得顺，想得深，想得远，理出思路。

4. 看到不扎堆的蓝海

能够做到在创新的蓝海里独步前行，就是避免了红海的激烈竞争。

◎ 不跟风

有一次，我在滴滴专车上和司机聊起来。我问他过去是做什么的，他说过去也是做老板的。20 世纪 80 年代，他在深圳给一个老板打工，卖水泥，后来因为水泥价格突然暴涨，自己也跟着赚了 30 万元，就出来自己做。他做过外贸、服装，后来看到卖红木家私赚钱，就一下租了 4000 平方米的商场卖红木家私。因为不懂行，家私卖不动，最后只能亏本处理，只好开滴滴了。

这位司机永远在别人屁股后面追赶，没有核心竞争力，自然很难赚到钱。别人做啥你做啥，大家都拥在一个赛道上，这就陷入同质化的红海竞争中。

如果你的时间、精力和财力全都用于一个点上，深钻细研，当有所突破和创新之后，别人不具备的"绝活"便成了你可以"笑傲江湖"的"优质资产"，点状突破要的正是这个结果。

◎ 为什么要学当众讲话

我研发出的"定耳舞诀"四字演讲教学法，就尝到了没有竞争的甜头。《21 天掌握当众讲话诀窍》出版后，新浪网的专访中问过我这样一个问题。

新浪网：现在市场上演讲口才类的书非常多，你怎样才能让你的书在激烈的市场竞争中脱颖而出呢？

我：靠点状突破脱颖而出。

先说第一个问题，市场上同类的书是多还是少？我的看法是同类书很少，构成的竞争也很少。

为什么这么说？因为市场上的演讲口才书大致分两类，一类是将演讲与口才放在一起讲的，范围比较宽，一般都是把交谈、演讲、辩论放在一起研究；还有一类书是专门研究口才的，这类书的特点是窄，专门研究一对一的交谈，比如教你和上级、下级、客户、同事交谈的技巧。

而我这本书则把研究领域限定在当众讲话上，取名《21天掌握当众讲话诀窍》，就是为了和一般意义上的演讲口才书加以区别。

什么叫当众讲话？我给它下了个定义：一人对多人，口、手、脸并用的多媒体表达。什么叫"一人对多人"？也就是说，无论你是站在台上讲话、讲课、发言、讲解，或者是主持节目、会议讲座等等，只要有三人以上做你的听众，就属于当众讲话。全书紧紧围绕着"当众讲话"四个字，找出难点做突破，为读者提供了一整套简单易学的方法。

本书只研究"当众讲话"，还有另一层意思：就是学会了当众讲话，就学会了谈话；但学会了谈话，不一定会当众讲话。

为什么呢？因为当众讲话难度更大。这个难度主要体现在胆量上。你面对黑压压一片的观众和面对一个对象，肯定是前者心理压力大。

我在教学中发现，初学讲话者分为全无胆和半无胆两类。全无胆是指面对众人讲话无胆，面对一两个人谈话也无胆；半无胆是指台下与人谈话有胆，上台面对众人就没胆。而通过书中"笑定、眼定、站定"训练，半无胆者就能把缺失的半个胆补齐了，全无胆者也能把两个无胆的问题解决了；再通过书中"双人舞"训练，改进讲话不生动、没感情的问题。

可见，学会当众讲话，就解决了与人沟通的两大核心问题——胆和情，再去学习与人交谈的技巧和原则就容易多了。这就像古人说的"会当凌绝顶，一览众山小"，当众讲话你都会了，与一个人谈话就不会太难了。

后来的事实验证了我当时的判断。《21天掌握当众讲话诀窍》出版后销量近十万册，多次加印，豆瓣评分为 8.1 分。2020 年，《21 天掌握当众讲话诀窍》再版，仍然是畅销书，同时在喜马拉雅有声读物中也受到听众的欢迎。

5. 通用

点状突破，打仗有用，经营企业有用，教学有用，写书有用，处理简单问题有用，处理复杂问题有用，大事管用，小事也管用……它是一种用在哪里都见效的通用思维方式。

◎ 反复背诵易忘的

我在解决背诵诗歌老是忘词这件小事上，便用了点状突破法。

朗诵诗歌，背词难，经常会忘词。为什么说忘词，而不是说忘篇呢？因为忘的地方都是点状的，是某一句诗、某一个词容易忘。这一句也就是一个点，而不是一片。为了避免忘词，我会先找到容易忘的那一句，反复背诵，无须每次都把全篇背一遍。

在背诵流沙河的诗《就是那一只蟋蟀》时，最容易卡壳的一句是"在旅馆的天井中唱过"，再缩小就是"在旅馆"这三个字，只要这三个字想起来了，后面就能顺过去。所以我反复背这一句，熟练后连上前一句"在长城的烽台上唱过"再反复背，30 遍后，全篇就背得很顺当了。

◎ 这 20 字，练了一学期

我给学生布置作业也用点状突破法。

我开始教演讲课时，没有经验，上完课就完了，也不留练习作业。后来觉得，演讲课作为一门技能课，必须要布置练习作业。

开始觉得练习的内容多才好，我要求学生全文背诵《春》，还要加手势，学生根本完成不了。

于是精简。几番精简后，我让学生只背诵其中一小段："坐着，躺着，打两个滚，踢几脚球，赛几趟跑，捉几回迷藏。风轻悄悄的，草软绵绵的。"

效果好了一些。但是，每周一个不同的作业，练完一周就放下，就如同"狗熊掰棒子，掰一个，扔一个"，期末还是啥都记不住。

我干脆狠下心，再次压缩课后作业，一个学期的必练内容就一个：《人一之》。

全文只有20字：人一之，我十之；人十之，我百之。百折不挠，滴水穿石。

内容大大压缩，但重复次数大大增加。

我要求学生每人每天用耳语练习《人一之》，同时加手势，20遍，每周再写一篇练习感受。上课时我要逐一检查每个人的练习情况，到了期末，每个人都要上台展示。一学期的精练，95％的同学说话声音悦耳了，动作有力了，持之以恒的习惯也养成了。

内容越来越少，效果却越来越好。

来看看深圳大学洪同学的练习感受：

这门课我最大的收获是"积"，厚积薄发的"积"。每天练20遍《人一之》练习，同学们在不间断地重复练习三个月后，个个声音洪亮饱满，更重要的是培养了我们持之以恒的精神。

把《人一之》重复练习三个月，就是围绕一个点进行突破。

6. 好一则博

治学须专一。

荀子说"好一则博"，意思是，名流大家，起初都是在某一方面才华超众，随着素养的提升，成为综合素质非常广博的人。

人民教育家陶行知先生解释说：

因为有了一个问题做中心，从事研究，便可旁搜广引，自然而然地广博起来了。我们对于一件事物能够一心一意地研究下去，必然能够有一旦豁然贯通之时。

所以大家必须择定一个题目从事研究，即使是一个很小的问题，也可以研究出很深刻很渊博的大道理来。于人于己都可得到切实的益处，而且可能有大的贡献。

◎ 论证微笑

紧盯着当众讲话这个点，深钻细研，我发现了微笑能有效地消除紧张，是最有效的人际沟通手段，我称之为"人生的密码"。以下是 BOSS 商学院泉州分校一位学员的演讲案例。

各位老师，各位同学：

大家好！

我叫刘燕玲！今天我学习的收获很多，但感受最深刻的是"笑"。即学会微笑的技巧，并学以致用。面带微笑，用耳语"引"字配合手势，在现场及课间反复练习，且试着运用到与孩子的电话沟通当中。

今天下午的课间，我面带微笑地给刚考完试的女儿打了个电话："哈喽丫头，你今天考试顺利吗？累不累呀？"

女儿："哈哈，妈妈，不累，我感觉挺好的，语文比较简单，至少 93 分吧。数学有一点点难，最后一题没答完，但应该也不差……"

女儿的语气轻松快乐，也愿意分享了，和之前完全不一样。

我们之前的对话是这样的。

我面无表情，语气平淡地说："丫头，今天考试考得怎么样？"

女儿："我也不知道，还好吧！"（明显不想多说）

这次的对话，让我切身体会到殷老师所说的"微笑是人生的密码"，好处太多太多啦！

这位学生通过学习和练习微笑，收获了三个亮点：

微笑要练习。我在课堂上教的"引"字，每天 100 遍，坚持 21 天，就会让微笑变成习惯。她是真信真练。她说自己"在现场及课间反复练习"，不光课上，课下也在反复练，自然印象深刻。

学以致用。学过之后，马上用，在与女儿沟通时产生了良好效果。当体会到微笑的好处，就会自觉地练习。

举例说明。如果只说"微笑是人生的密码"，说一千遍，还是空洞，加入例子：自己怎么问的，女儿怎么答的，微笑沟通的好处就生动地展示出来了。

从健康角度讲，微笑让人放松，血脉通畅，血压正常；从美容角度讲，笑一笑，十年少，让脸上的肌肉收紧、上提，显得年轻；从人际关系角度讲，微笑让人觉得友好；从声音角度讲，微笑让声音悦耳。

通过微笑这个点来切入研究，最后从生理、心理、语音、人际关系、行为学等多个角度进行论证，学生对练习微笑是心服口服，这不就是"好一则博"的体现吗？

让点状突破不再难

点状思维有这么多好处，为什么大多数人做不到呢？因为人的贪婪不可避免，它带来的惯性思维，妨碍我们做到点状突破。

1. 不贪多

贪多是人性的弱点。点状突破，就是和人性的弱点做斗争。

◎ 好事也须拒

我自己也是碰了很多壁，走了很多弯路，才悟到事业要聚焦，要做点状突破的道理，跌跌撞撞地把讲话专业坚持了一辈子。

直到退休，还会常常面对贪多的诱惑。曾经，深圳一家做少儿课外学习的网络机构找到我，希望我为少儿做线上的演讲与口才课程。

初一听，好事啊！冷静一想，我还是先了解一下，看看线上的少儿教学和我教成人演讲是否冲突。结果知道线上教学并不简单。课程准备需要半年，每周都要有互动课程。虽然少儿课程和成人课程都是演讲与口才的教学，但是二者的教学方法和步骤相差很大，想讲得好，必须投入大量精力，这意味着分散了我对成人课程的投入。

我拒绝了。

◎ 压缩观点，保留事例

有一次，我应邀担任珠海某地产项目开盘仪式的访谈嘉宾。一位主持人加上四位嘉宾，共五位，原定每人五分钟谈话。

本着"凡事预则立，不预则废"的原则，事前我认真列了提纲，准备了四个字的观点：老、新、绿、红。

老，是说项目所在的山场村历史悠久，是中山、珠海、澳门的发祥地。新，是说珠海改革开放后新建的文化设施集中在项目附近。绿，是说山绿水绿地绿。山绿，有石溪山景公园；水绿，有大镜山水库；地绿，有梅桦城市公园。红，是指这个项目的商业广场很大，能会聚人气，红红火火。

为了确保内容的准确性，我还特意在手机上查了山场村历史，打电话向朋友确认了石溪公园的名称。

没想到，临上场时，导演突然说，时间不够，访谈时间要压缩，每人只有两分钟。

怎么办？凉拌。常见的两种方法：

一是口头答应压缩，上台后仍按五分钟讲。其心理是：我做了这么充分的准备，不讲出来，太可惜。但主办方不开心，后边的嘉宾不开心，觉得你自大自私。

二是留骨去肉。就是保留四个观点的"骨"，压缩具体事例的"肉"，以求结果完整，观点全面。但干巴巴的，观众索然无味。

还有第三种方法吗？有。

在之前罗列的四个观点中，我只保留一个，同时保留与这个观点相应的事例。于是，这篇两分钟的讲话就聚焦在"文"上，意即项目在珠海核心文化圈。

文，包括两文：文化硬件、文化软件。文化硬件，有珠海市图书馆、古元美术馆、青少年活动中心、珠海电视台、珠海特区报。文化软件，办了十几年的《珠海文化大讲堂》就在珠海图书馆，上一周请的是著名记忆大师周强老师讲快速记忆的科学方法，男女老少免费听。从项目出发，在林荫道上步行十分钟就到了大讲堂会场。

讲话开始时，我还加了个小悬念："有一个猜测，这个项目寄托着绿城董事长宋卫平的珠海情结。因为老珠海人都知道，20世纪80年代，宋总曾经在珠海工作过。"

一个观点配上具体例子，两分钟效果不错：专程从杭州赶来的绿城管理项目开发公司老总在访谈中特意感谢了我，下台后又送来名片。讲完后未等下台，承办这次活动的广告公司老总马上给我发微信：辛苦殷老师了，讲得很棒！

在总裁班的演讲课上，经常有学员问我："老师，我原定十分钟的论坛发言，因为前边的人超时，主持人临时要求我将发言缩短到五分钟。我应该怎么办？"

压缩观点，保留事例，就按我这次的模式。面对眼花缭乱的多，要做的不是贪，而是学会舍弃。

2. 打破惯性思维

人在一个点上取得成功后，就会加一个点，再加一个点……这就是惯性思维的行动结果。

◎ 再大的公司也受困于惯性

惯性思维导致企业的摊子越铺越大，日益僵化。这个思维方式小企业有，连华为这样的世界级企业也存在。任正非就曾经对此提出过批评。

现在的展示太科普化了。

人家是博士，很多东西早就明白了，我们还带着人家从学前班开始，读小学，读中学……结果还没读到博士真正关心的问题就结束了。我们公司的最佳表达是什么？我们的展示应该从哪个地方切入？

我认为应该是从客户的痛点去切入。我们要搞清楚客户的痛点在哪里，我们怎么帮助客户解决他的痛点。抓住客户的痛点进行表达，才能打动客户，让客户认可我们。

从任正非的这段话里，我们就能感受到树立点状突破思维的不易。在华为这样的大公司里，还是会有因习惯性思维导致无法进行点状突破的现象。任正非说得很形象：华为的展会展览是带着博士从"学前班开始，读小学，读中学……结果还没读到博士真正关心的问题就结束了"，任正非批的就是眉毛胡子一把抓的惯性思维，而他要的是"抓住客户痛点进行表达"，这样才能打动客户，才叫点状突破思维。

◎ 只罗列三个观点

多就是好，这是我们的思维惯性。

为什么会有这种思维惯性呢？就是认为讲得多，代表我的思维缜密、全面。实际上，从听众记忆的角度看，超过三点，观众就会记不住。

为了让观众能记住，一般情况下，我的讲话都不会超过三点。来看一个我自己的例子。

在某总裁班的开班典礼上，我作为教师代表致辞。在对学员的到来表示欢迎之后，我是这样讲的：

华商领军的师资是顶级师资，体现在"天地人"三个字上。

一是天。天就是带领学员打开思维的天窗。从天上往地下看，思维更开阔。代表是金一南少将，他是国防大学战略研究所的所长，曾经给中共中央政治局讲课。他将在我们这个班给大家讲战略。

二是地。就是接地气，帮助学员解决公司经营管理实战中的问题。代表是庄志敏老师，他曾经担任海尔公司市场总监，是北大清华总裁班的著名实战派讲师。

三是人。让一人学习，全家人受益。殷老师的课就是这样。殷老师教给大家耳语法，大家在课堂上学会了气沉丹田。回到家就可以教给自己的伴侣和孩子，让他们都学会科学用气发声，练出好声音。

这就是我们这个班的师资简介：天地人。

最后，祝同学们在一年的学习中学有所成！

第二天，我问学员："殷老师在致辞中讲的三个字是什么？"学员脱口而出："天地人。"

多就是少，少就是多。不用面面俱到，这样的发言就达到了"讲话 = 传播"的目的。

找到适合的"点"

点状突破法首先要找准"点"，才能在正确的点上寻求突破。

怎样找对点呢？我常用四种找点法：

从兴趣中找点；

在"欲专先杂"中找点；

从重要的事情中找点；

顺势找点。

1. 从兴趣中找点

什么叫兴趣？"兴"是高兴，做这件事你非常兴奋，不会有厌倦感。"趣"是做这件事你觉得非常有趣，好玩。

任何兴趣，一定要对社会有益才可行。

所以，在自己最感兴趣的事情上寻找要突破的点，会事半功倍。

我最高兴的事情是什么？讲话。在话筒前讲了一辈子话，从来没有厌倦过，一站在话筒前就兴奋，就有说话的欲望。

在地市级播音员和主持人队伍中，一般干到 45 岁就转行，或者做编辑记者，或者做导演，或者做行政、做管理。而我从 40 岁担任珠海人民广播电台副台长、珠海广播电视台总编辑，直到退休都没有离开过话筒，而且兴趣越来越浓，我太爱这行了。

50 岁时，我成为《珠海文化大讲堂》节目的主持人、中国移动珠海分公司《全球通商务论坛》主持人。

每次主持《珠海文化大讲堂》前，我都要花一到两天时间准备，上网搜集主讲人资料并反复看，构思主持词。活动结束，还要花一天写小结。当我写出一份满意的主持词，现场主持效果良好时，那份开心是钱不能给予的。这就是最高级别——骨灰级的兴趣。

我乐于自讨苦吃，所以我会反复修改主持词，力求有新意。

◎ 四个"为什么"

2011 年 10 月 29 号，我主持了《珠海文化大讲堂》第 176 期。下面是我的开场白。

首先请教大家三个问题。家里的菜刀要放哪儿？保险柜要放哪儿？名贵字画能不能挂？（台下众说纷纭）好，正确的答案一会儿王教授会告诉大家。

（王教授后来在讲座中，对三个问题都做了解答：菜刀要放在柜子里，不放明眼处；保险柜要做伪装；名贵字画不能挂。）

四年前的某一天，中国人民公安大学教授王大伟正走在北京街头，突然被一位老人叫住，问："你知道你是谁吗？"王大伟一愣。老人说："你就是那个说顺口溜的。"这句话让王教授瞬间开悟。从此以后，他就成了一位研究顺口溜的专家，在电视上、广播上、网络上、全国各地的讲坛上，编顺口溜、讲顺口溜，深入浅出地普及预防犯罪知识。

我来给大家读上一段王教授编的顺口溜——《小鬼当家》："一人在家放寒假，生人敲门不应答。问路送奶查电表，绝不开门我当家。"

这些顺口溜还真灵。让多少人的生命和财产免受侵害，也让数不清的老百姓说"大伟很伟大"！

有请中国人民公安大学教授、公安学学科带头人、二级警监王大伟教授开讲《孩子平安大于天》。

讲座结束后，我饶有兴致地写下小结：

两点体会：

1）开场尽量用提问式。有两个好处：一是用提问式能形成互动，一上来就抓住观众的注意力；二是气氛不会冷场，能起到暖场的作用。互动要掌握两个原则：一是要和主讲的内容相关联；二是问题不能太深奥，一定要让观众容易回答。

2）尽量用生动的例子介绍讲座嘉宾。我讲到"定耳舞诀"的"诀"，讲话内容要"二活"，就是多用生动鲜活的例子。这次开场白，我就选用了"街头对话"和一首顺口溜，就是为了鲜活生动，让观众喜欢。

处处留心，就能找到鲜活的例子。"街头对话"源于讲座前的当天中午，我和王教授一起吃饭时，他讲到自己为什么会对顺口溜感兴趣，说过这个事例。我没有记住"街头对话"具体发生的时间，便在开场前与他核实，他说是 50 岁那年。讲座那年王教授 54 岁，正好是四年前。上台主持时，我临时加上了这个材料。

我为什么能花两天工夫搜集王教授的资料？为什么对写好主持词下那么大功夫？为什么临开场还要向他核实细节？为什么主持结束还要写小结？

如果为钱，一场主持200元，得不偿失；如果为名，讲座内容在《珠海特区报》上刊登，既没有我的主持词，也没有我的名字。一切因为喜欢，一切因为兴趣。

2. 在"欲专先杂"中找点

什么叫"欲专先杂"？就是当你搞不清自己最感兴趣的点时，就去尝试不同的工作，在不断尝试中发现最适合自己的。

◎"专"是试出来的

我有过跳舞时只能演小匪兵的难堪经历。

我曾在河南省新乡军分区宣传队当了两年穿军装却没有领章帽徽的文艺兵。当时他们看我的个头儿和形象都不错，就让我学跳舞。可惜我的胳膊腿硬，身体协调性差，模仿能力差，导演只给我安排演小匪兵的角色。

我也为找不到职业定位苦恼。回头来看，这就是一段试错的经历，证明我靠肢体语言吃饭这条路行不通。

◎ 广泛地试，大胆地试

我能获得第三届中国广播电视主持人金话筒金奖，也和我"欲专先杂"的经历有关。

1979年，我从部队复员进入开封市广播电台（当时还叫广播站），担任播音员。我到底适合播哪种类型的稿件呢？我自己也不知道。

我索性大胆地、来者不拒地尝试各种播音文体。我播过新闻、专稿，还录制过介绍中国女排事迹的报告文学，做过电影剪辑配音、电视专题节目解说，担任过晚会主持人……就是在不断的广泛尝试中，找到了最适合我的新闻类节目播音。

在干好播音工作的同时，我主动参与采访和写作工作。翻看我当年的工作小结，有一份我第一次主动采访的记录。

1980 年 5 月 8 日

录制《通讯：一张珍贵的照片》，这次播音尝到了先采访后播音的甜头。我这次主动提出先到开封空分厂采访和刘少奇主席合影的这位工人师傅。

通过采访，我了解了很多稿子上没有的细节。比如主人公当年和刘少奇主席合影时多大年龄，见到刘主席时很细微的心理活动，照片的背景、位置，记者是怎么拍的，等等，这些对我的播音都有很大帮助。以后还要多发挥主观能动性，创造机会多采访。

为了提高写作能力，我还学着写杂文。20 世纪 80 年代，我在《开封日报》上发表过十几篇杂文，被吸收为河南省杂文学会会员。

正是这一次次的主动采访和写作，让我的采编能力日渐提高，成为采、编、播合一的全能型广播人。1986 年开封电视台成立，我成了第一档专题栏目《菊城纵横》主持人的不二人选。

在这档栏目中，除了是主持人，我还是记者和编辑，其中有两期节目《卖羊肉汤的回族老人》和《兰考正是金秋时》，获得了河南省电视节目一等奖。

1997 年，我因自己采、编、主持合一的新闻节目《敞开蔚蓝色的天空——第一届中国国际航空航天博览会纪实》，荣获第三届中国广播电视主持人"金话筒"金奖。

所以，"杂"就是我找到靠说话吃饭这个"专"之前的试错过程，不可省略。

3. 从重要事情中找点

对我来说，什么是重要的事情？演讲教学。我的注意力都集中在这个点上。只要和演讲教学相关的事情，对我而言都是最重要的，我特别敏感和专注。

我有一个收罗金句的习惯。一位学员说，殷老师的课上金句迭出，非常有力量，例如"简单练到极致就是绝招""演讲没有神话""台上一站，成功一半""做难事，大收获"，给人印象深刻。

这些金句是怎样来的呢？我的脑子里有一张大网，始终张开着，只要和演讲课相关的东西，我会随时随地地收进来。

"简单练到极致就是绝招"，是我从介绍"疯狂英语李阳"的文章里看到后借过来的。

"演讲没有神话"，是我和学员聊天时听来的。

"台上一站，成功一半"，是我刷抖音时在一个中学生演讲的视频里看到的。

"做难事，大收获"，是我从金一南将军的名言中压缩出来的。金将军原话是"凡做难事，必有大收获"，我为了让学员更好记，压缩为六字。

我将这些金句告诉学员，让他们背下来后带上动作大声说，以此激励。

我们在演讲当中经常会遇到这种情况：你原来的演讲框架宏大，内容丰富，可以讲一个上午，可是邀请方只给十分钟，该怎么办？

著名作曲家谭盾的演讲给了我们很好的启示。

◎ 着墨在一个重点

谭盾在母校长沙一中做过一个《学习的格局》的演讲，时间是 10 分钟。我们来看看他的这个演讲。

谭盾在开场时说：

我觉得人生有四个阶段：第一阶段拼命学习；第二阶段拼命工作；第三阶段就是不断奉献；第四阶段，退休后好好享受生活。每一个阶段都缺一不可。今天我要和各位母校的同学重点讲一讲第一阶段：拼命学习。

怎样重点讲呢？他先引用了初中老师的话：你们进了长沙一中，要有远大目标。目标就是过马路、过黄河、过海。

一是过马路。讲了他每天投 600 次手榴弹的故事。

二是过黄河。讲了他在上海考点报考中央音乐学院的故事。

三是过海。讲了他跨过太平洋到美国读博士，后进入费城乐团的故事。

谭盾的演讲让全场掌声不断。在此，分析一下他的"弱水三千，只取一瓢饮"式演讲。

开场总说"人生有四个阶段"，就是先简要介绍他对人生的系统性思考。这叫"弱水三千"。

接下来他只展开讲其中一个点"拼命学习"，就是"只取一瓢饮"。

为什么谭盾不开门见山地讲"拼命学习"这个主题，而是先总说"人生有四个阶段"，再重点说"拼命学习"呢？

第一，重点讲"拼命学习"，是因为演讲的对象是自己的学弟学妹，针对性强。

第二，先总说"人生四个阶段"，让观众知道人生的整个过程和第一阶段的关系，让观众既看见"一棵树"，又知道"这棵树"在"整片森林"中的位置。虽然只有 10 分钟，却通过总说从略、细说从详的布局，使整体框架更清晰。

4. 顺势找点

顺势找的这个"点"要符合大的趋势。

找到个人职业的点，也要顺势而为。

我自己从教播音主持到教演讲与口才，就是顺势而为。

◎ "秒杀"教授

2004 年，我受邀到北京师范大学珠海分校教课。教什么课呢？播音主持。教着教着，我发现了问题，教播音主持课程，不是大势。

虽然在社会上播音主持是个热门专业，但是随着广播和电视这样的传统媒体的衰落，只有做播音主持工作的人需要学习这门课。而一个地级市只有一个电台、一个电视台，一年招不了三五个播音主持专业的大学生，受益人群太少。

教演讲与口才课则是一个大势。横向说，三百六十行，行行都需要做演讲；纵向说，无论长幼，各个年龄段的人都需要学口才。我做了一辈子播音主持工作，如果我继续教播音主持课，虽然轻车熟路，顺手，但是少了受益群体，不顺势。

如果教演讲与口才课，就是顺势不顺手。所谓顺势，就是社会需求大，受益人群广；所谓不顺手，就是我要在教学大纲、教学理论、教学方法、课程设置等各个方面从头做起。为了能顺势而为，从 2005 年开始，我果断地将播音主持课改为演讲与口才课。

定准目标后，通过刻苦钻研，我终于将"演讲与口才课"打磨成一门金牌课程。

北京师范大学–香港浸会大学联合国际学院的学生说：

殷老师被我们称为"秒杀教授"。他的演讲课只要在网上一开放，马上就会被学生秒杀。有的学生为了能选上殷老师的课，专门跑到网速快的香港选课。

这些年，我从北师大珠海分校文学院开始教起，在暨南大学珠海分校、北京师范大学–香港浸会大学联合国际学院等大学教学生，在清华大学、浙江大学、武汉大学等中国一流大学的总裁班担任"企业家公众演讲"课程的特聘讲师，后又受邀到华为大学、北大汇丰商学院、长江商学院、中欧国际工商学院做"声情并茂的讲话艺术"讲座，受益人群在不断扩大。

点状突破的七种方法

找到突破"点"并不易，就像薄薄的一层窗户纸，看似一捅就破，其实不然，需要长期的、持续的积累。

找到"点"以后又该怎样进行"突破"呢？我总结出七种方法：

针尖式突破法；

杀鸡用牛刀法；

以一当十法；

朝思暮想法；

先易后难法；

自我激励法；

尽善尽美法。

1. 针尖式突破：缩到一个点

什么叫针尖式突破？就是点状突破的点，芝麻那么点儿都嫌大，要聚焦再聚焦，缩到针尖大小的点上。

◎ 无胆就是要突破的"针尖"

我在演讲课程的教学中坚持用针尖式点状突破法。

演讲与口才主要包括两个部分：讲话与谈话。讲话是一对多的当众语言交流，谈话是一对一的面对面沟通。我只选其一，聚焦在当众讲话上。

当众讲话的最大痛点是什么？无胆。我紧紧抓住这个针尖大的点，深入研究，并创造性总结出内病外治的"三定"练胆法。

新浪网在对我的专访中曾问道：您认为当代的中国青年，在讲话方面最缺失的是什么？最大的问题有哪些？

我：对当代的中国青年来说，当众讲话最缺失的就是：胆、声、情、识。

胆，是无数当众讲话者一生都过不去的"鬼门关"。讲话稿写得再好，台下练习的次数再多，有些人只要往台上一站，脑子便一片空白，浑身发抖，讲话结巴。

声，指的是不会用气用声，说话声音小，不悦耳，话说多了嗓子就哑了，吐字含混不清。

情，指的是讲话平淡如水，没有感情，语气没有抑扬顿挫的变化。

识，指的是讲话内容见识不够，逻辑混乱，没有条理，不好听，记不住。

如果再从这四个问题中找出最突出的问题，那就是讲话无胆。

我在教学中发现，大学生当众讲话无胆者占90％。而我的书出版以后收到了100多封读者邮件，再次验证了我的这个结论。来信的有初中生、高中生、大学生、研究生，也有教师、公务员、企业经理，他们面临的普遍问题就是无胆。

一个高二学生说："我由于体形较胖，从小学一年级就变得自卑。平时我也不敢上台讲话，有时老师叫我上去讲话，我也会借故不去。不得已上了讲台，也是身上直冒冷汗，双腿发麻，没法大声说话，原本准备好的内容也全忘光了。台下的同学一眼就能看出我的紧张和尴尬。我真的很烦恼。"

你看，因为当众讲话无胆，造成声音发不出，内容全忘光，讲话没感情。为什么一胆不存就满盘皆输呢？这要从生理与心理二者的关系上加以解释。

没胆是心理素质差，这种紧张的心理必定会反应在肌肉上，带来喉部肌肉和双肩肌肉紧张。后果是，气息被锁住了，不能沉到丹田，发不出声来。因为唇舌肌肉紧张，舌头容易僵硬，说话便张口结舌。这就是无胆带来的各种声音问题。

没有胆，心里紧张，脸部肌肉就僵硬，没有笑容，面部就无表情；四肢紧张，手也不知往哪儿放，无法做手势。这是无胆限制了感情表达。

没有胆，全身肌肉紧张，经络就不通畅，引起血流不通畅；血流无法到达大脑，大脑缺血，一片空白，思维无法运转，记忆力减退，原来准备好的内容就会忘记。这是无胆制约了内容表达。

由此可见，胆量是表达的"总开关"，"总开关"出了问题，其他的当众讲话技巧一个也发挥不出来。学习当众讲话，必须以练胆为前提、基础、先导。这也是书中把"定耳舞诀"的"定"放在最前面的原因。

过去，我让学生写每周学习演讲课的收获，没有固定的模式。大多数学生写得条理不清，内容空洞无物。

几番摸索之后，我锁定了"一字悟"写作法：一个字表明观点，一句话说明观点，一百个左右的字举例子。

◎ 锁定"一字悟"做突破

作业一：

气

这一周，我通过耳语法进行"气"的练习。课堂上殷老师点评我的时候，说我的声音不够洪亮，是因为气不足。所以，课后我用耳语法加强《人一之》的练习。刚开始，说上两三遍就已经觉得很累，好像气跟不上，有缺氧的感觉。经过几天的练习，感觉好了很多，十遍之内都不会有缺氧的感觉了。我希望继续坚持下去，可以彻底改变我气不足的症状。

作业二：

惯

这个"惯"字，是习惯的惯，也是惯性的惯。从开学到现在过去了七周，《人一之》的练习越来越熟练，自我感觉也越来越好。

以前总觉得这仅仅是一种口号，现在发现对于自己的学习也是有很大帮助的。每天晚上在自习室学习之前，总是一个人在走廊上练五遍《人一之》，学习累了再练五遍，到现在真的是信手拈来。而且背单词的时候总是用这个信念支持自己。不管多累，只要告诉自己多练习就一定有收获，马上就会兴趣盎然地投入练习！

在每周一篇"一字悟"的反复练习中，在每篇寥寥百字的文章中，学生渐渐养成了好习惯，这些好习惯又有助于提升演讲水平：观点简练，例子生动，善于思考。

凡是上过我的课的学员都会说："没想到，在殷老师的课堂上，演讲可以变得这么容易。"

如何变得"容易"？即围绕着演讲中每一个痛点，通过"看听练"三结合，形成突破。

什么叫"看听练"？看，就是观看视频、图片；听，就是听老师讲；练，就是学员现场加课后练习。

◎ 合围不会微笑的痛点

举个微笑练习的例子来说明我如何运用"看听练"。

不会微笑，表情冷漠，是有些人一生不变的表情。而且自己不会笑，孩子也一定不会笑。通过学习可以改变吗？可以。按照看听练结合的方法。

先是看。第一看，看照片。让学员看中国最优秀的企业家之一王石先生的两张照片：一张面带微笑，充满魅力；一张嘴唇紧闭，眉眼下垂，无精打采。问学员，哪张照片自信？学员异口同声回答：微笑的。

第二看，看视频。放乔布斯在苹果新产品发布会上面带微笑的演讲视频，然后问学员：微笑的乔布斯，给人的感觉是紧张还是自信？答：自信。

再是听。给学员讲微笑给人带来的四个好处：好声、好身、好脑、好运。

讲到微笑带来好运气时，我举了我的学生靠微笑通过证券公司初试的例子。

难道可以练出微笑？会不会是皮笑肉不笑？在无数次的微笑练习之后，我有了答案。通过每天100遍"引"字的练习，量变到质变，微笑会成为肌肉记忆和习惯。

"五一"节后，在某证券公司的面试中，我充分体会到了微笑的优势。我同时面对三位严肃考官的连环发问，紧张感令我几近窒息，好在我并没有忘记微笑。

好运就来了！我接到了复试通知。我坚信真诚甜美的微笑是助我初试成功的因素之一。

最后是练。分为两练：课上练和课后练。

先说课上练。就是现场练习一个字："引"。为什么练习这个字？因为第一，嘴咧开了，八颗牙齿露出来了；第二，眼笑。右手从下往上挑，眉毛就往上扬，眉毛一扬，眉开眼笑。

我做完示范，让学员跟着我练习三次；接着两人一组练习；接着一个人练习"引"字，另一个人帮助对方拍视频；然后自己看视频，观察自己的笑容；最后以小组为单位再练习十次。

再说课后练。一是布置作业：每天练习100遍"引"字，坚持练习21天，就可以养成微笑的习惯。二是建立21天练习群。每人收210元，作为练习保证金。坚持练习21天的，保证金全额退还，少练习一天扣10元。交保证金能有效保证学员的课后练习。

正是通过环环相扣的"看听练"纵向教学法，让微笑真正成为习惯，面对众人时脸上无神采、呆板、僵硬、胆怯等难点——被攻克了。

2. 杀鸡用牛刀：做到优中选优

"杀鸡用牛刀"，就是要以绝对优势来实现点的突破。

演讲想要讲出精彩，须应用"杀鸡用牛刀"的原则。

◎ 乔布斯的"牛刀"

乔布斯并没有把演讲的成功当作想当然的事。事实上，长时间的排练才能换来表面上的轻松和亲和力。

乔布斯通常提前几个星期就开始为演讲做准备，检查要展示的产品和技术。原苹果公司的一个员工加洛曾经回忆说，这些演讲看上去只是一个身穿黑色上衣和蓝色牛仔裤的人在谈论新的技术产品，真实情况是每场演讲都包含了一整套复杂精细的商品宣传、产品展示。为了五分钟的舞台演示，乔布斯和他的团队要花数百个小时做准备。

演讲前，乔布斯用整整两天时间反复彩排，咨询在场的产品经理的意见。在幻灯片制作方面，他亲自撰写并设计了大部分内容。

"五分钟"演讲，花数百个小时进行准备，这"数百个小时"就是乔布斯的"牛刀"。

我主持《珠海文化大讲堂》，为了保证有精彩的开场白，用的也是"杀鸡用牛刀"原则。三分钟的主持词，我要花一到两天才能完成。

为了保证讲课质量，我也用这个原则。每个观点准备三个以上的案例，再从中选出最典型的。

我写书，同样坚持"杀鸡用牛刀"原则。写《练好口才的第一本书》时，50万字素材，成书是17万字。

"杀鸡用牛刀"避免了捉襟见肘之苦，做到优中选优，保证质量。

3. 以一当十：练就硬通货

以一当十，意思是一个人可以抵挡十个人。

有这么神奇吗？关键你要有"一招鲜，吃遍天"的"一"，才能一招制敌，打遍天下无敌手。

反过来说，十不当一，可以理解为"样样通，样样松"，每一样都不突出，没有绝招，职业生涯自然毫无亮点，碌碌无为。

以十当一是人的通病。知乎上一位网友这样自嘲：

如果把自己归类为人才的话，那我必然是典型的"复合型"人才。因为打出生开始就对世界上很多事情有浓烈兴趣，从文学艺术到自然科学，从天文地理到文人小癖。但对兴趣追随的韧劲好像不会太持久，长则三五月，短则三五天，在追求某一个兴趣的同时常常被其他兴趣点勾走注意力。

故而，时至今日已快到而立之年，也没有精通哪类兴趣到出类拔萃。

◎ 十年 3000 遍

有一次，一位上过我的"声情并茂学朗诵"课的学员问我怎样练习朗诵。

她说，她建立了一个微信朗诵群，她每天都会在群里发一段短文字，让大家进行朗读，这样练习可以吗？

我回答她：不可以。要以一当十，找到一篇自己喜欢的作品，反复练习，直到可以上台朗诵为止，而不是一天一换。

为什么？用打井打比方。假如打一口井，要挖到 100 米出水。而你这口井打 20 米不打了，那口井打 30 米不打了，最后哪一口井都不出水。只有在一口井的位置上，坚持不懈打到 100 米，才会冒出甘甜的井水。

为了讲得更透彻，我把我的一篇博文发给她：

出于以一当十的理念，我有十首朗诵作品，已经背了十年，3000 遍以上。包括《黄河之水天上来》《南方北方》《相信未来》《雨巷》《就是那一只蟋蟀》《春天，遂想起》《乡愁》《面朝大海，春暖花开》《你是人间的四月天》《霸王别姬》。这十首诗歌，每首都经过精雕细刻的练习，天天用耳语反复背诵打磨，这样就做到了随时上台朗诵。

有一次，我担任广东省朗诵协会朗诵比赛的评委时，在最后统计分数阶段正有一段空当儿，主持人突然点到我："请殷老师上台为我们朗诵一首诗。"没有任何准备，我随即朗诵了《就是那一只蟋蟀》，声音、感情、眼神、手势，都很到位，一片掌声。

还有一次，课上需要放《百年容闳》的朗诵视频，可是放不出来，有同学就说："老师，你现场给我们朗诵吧。"

我脱口而出：

"一条小河，波光粼粼；一片大海，汹涌澎湃。1872 年，容闳开启的留学之旅，已经渐成趋势。第一批、第二批、第三批、第四批，先后一百二十名官派留美幼童，从上海吴淞口启程赴美，开启了近代中国留学的浩浩先河。"

我声情并茂的现场朗诵，得到学员们的一片掌声。

要想以一当十，就得拳不离手、曲不离口。熟能生巧。

什么叫"熟"？背得滚瓜烂熟，才叫熟；想都不用想，脱口而出，才叫熟。而今天读这篇、明天读那篇，哪一篇都不会背，让你上场朗诵，哪一首都拿不出手。

看了我的这篇博文，那位学员马上在微信里回我：好，除了天天练习耳语，我现在只练习《乡愁》这一首诗！

◎ 巧劲儿的得来

熟能生巧的"巧"，是什么意思？就是规律和方法。

比如，诗歌开场怎样快速进入场景？就是手到。手一指，就看见景了，看见景，自然就生出饱满的感情了，这就是个方法。

我是怎样掌握这个方法的？反复练习，就是所谓"熟"中生"巧"。

我最早在练习朗诵蔡新华的诗《霸王别姬》时，开头一句："听，那四面幽咽的楚歌，思乡人，怎不泪流满面，归心似箭？"我怎样都进入不了场景。在经过300遍的反复练习后，我发现，当我把右手往耳朵上一放，真的竖起耳朵听音乐的时候，悲凉的声音自然而生，一下子就进入了霸王别姬的场景。

我就举一反三，在所有诗歌朗诵的开头，反复用《霸王别姬》总结出的方法，反复地练，一用就灵。比如，我在朗诵流沙河的《就是那一只蟋蟀》，开头一句"就是那一只蟋蟀，钢翅响拍着金风，一跳跳过了海峡，从台北上空悄悄降落"，我先用右手指指着眼前的一只蟋蟀，蟋蟀的形象一下就浮现在眼前，我也马上进入特定场景。

经过对一首诗的反复吟诵，它便在我的心里、我的脑海里、我的口中千锤百炼，成为我表达自己的一块"招牌"。

这便是围绕一个点做到真正突破，也是以一当十的唯一路径。

4. 朝思暮想：为了把事儿琢磨透

早上想，晚上想，吃饭在想，睡觉在想，始终围绕着自己的点状目标，一定会在某一个时刻突然达到"偶然得之"的状态。

什么叫冥思苦想、偶然得之？金一南教授讲过一个故事。

什么叫战略？有很多大家听不明白的理论，就算你把战略的理论倒背如流，你也不明白它的精髓。

那次新华社解放军分社在小汤山开会，车拉着我们几个往昌平方向走。在京昌高速公路上，一块广告牌一晃而过，上面介绍什么产品我都不知道，但那上面有句话一下映入我的眼帘，后来回来我就告诉他们，什么叫战略，这就是战略的精髓："未来很远，但是我们的目光更远"。完全是种触发，因为是无意识的，马上就能感悟，一下子就装进脑子里，再也忘不了。

一旦获得这种突破，就好像一张窗户纸"啪"的一下，破了以后，一片亮光。

◎ **别人听内容，我琢磨技巧和方法**

我在演讲培训事业上之所以能有所突破，也是靠朝思暮想走过来的。

比如，别人讲话，一般的听众听内容，我听的都是这个人的演讲技巧和方法。

有一天，我在开车时听到国家发改委主任何立峰在"两会"的记者会上谈经济形势。他用了一个"稳"字。共有三稳：一是经济指标稳，1.4万亿美元的GDP增量；二是就业稳，1361万人的新增就业；第三稳是1386万人稳定脱贫。

我一听，这就是最鲜活的演讲教材啊！你看，这"三稳"，一是观点简洁到一个字，二是压缩成"三稳"很好记，三是用数字说明观点，正好验证了我的"一简二活三口诀"理论。

回去后我就把这段话加到课件里，作为教学材料。

不论从事哪个行业，离开了朝思暮想，离开了一辈子朝思暮想，都成不了专家！有句话说得好："你手里拿个锤子，看到什么东西都想敲一下。"你要真想成为每一行的专家，就请拿好手中的"锤子"，见到什么就把它当成"钉子"吧！

5. 先易后难：难度与信心呈反向

围绕着点状目标，要先从容易做的入手，最后攻克难点。

北方有句俗话，柿子拣软的捏。就是说秋天成熟的柿子，有硬有软，硬的涩，软的甜，就先挑出软的来吃。"软"，就代表条件成熟。做事业也是如此，要先找"软柿子捏"，从条件成熟的、容易成功的事情入手。

◎ 从容易的入手

万事开头难，学演讲也是如此。演讲的开头讲好了，就成功了一半。怎样让学员把开头这个难点讲好呢？我也运用了先易后难训练法。

各位领导、各位同事：

大家好！我是深圳前海科技公司总经理殷亚敏。我今天演讲的题目是——《理程序，明分工，见效益》。

练习分为三步：

第一，先加手势单独练习题目：《理程序，明分工，见效益》。

第二，再加上报题的话："我今天演讲的题目是——《理程序，明分工，见效益》。"

第三，再加上问好，完整练习。"各位领导、各位同事：大家好！我是深圳前海科技公司总经理殷亚敏。我今天演讲的题目是——《理程序，明分工，见效益》。"

分成三步，先易后难，从少到多，循序渐进，学员学起来容易接受，便能快速掌握演讲开场的技巧和方法。

◎ 一点一点加难度

我在广东省朗诵协会主持人语言的培训中，就是坚持了循序渐进的练习法。

第一步：按照"三定"要求先练习三句话："各位来宾、各位会员，大家好！"

第二步：练习四句话："各位来宾、各位会员，大家好！广东省朗诵协会第二届英才培训班汇报演出现在开始！"

第三步：练习嘉宾介绍。

甲：首先向大家介绍出席今天朗诵会的嘉宾

乙：广东省文联副主席覃伟强

甲：广东省作协副主席阚世水

乙：著名朗诵艺术家缪敏

甲：广东省朗诵协会顾问解聘如

乙：广东省朗诵协会会长史子兴

甲：让我们对各位嘉宾的光临表示热烈的欢迎！

第四步：综合练习。

甲：各位来宾

乙：各位会员

合：大家好！

甲：广东省朗诵协会第二届英才培训班汇报演出

合：现在开始

甲：我是主持人×××；

乙：我是主持人×××。

甲：首先向大家介绍出席今天朗诵会的嘉宾

乙：广东省文联副主席覃伟强

甲：广东省作协副主席阙世水

乙：著名朗诵艺术家缪敏

甲：广东省朗诵协会顾问解聘如

乙：广东省朗诵协会会长史子兴

甲：让我们对各位嘉宾的光临表示热烈的欢迎！

通过这四个从易到难的步骤，学员就能攻破"双人主持开场白"这个难点。

6. 自我激励：积极的心理暗示

心理暗示非常重要。

"凡做难事，必有大收获"，当这句话变成心理暗示时，你的胆怯、逃避就变为勇敢、积极，在面临点状突破带来的困难时，便迎难而上。

◎ 第一次录制光盘

2011 年，我第一次进行录制《管理者口才百练成金》的光盘时，一看名字就心里打鼓：我一直教大学生演讲，没有教过企业家。这个管理者演讲的光盘我做不了，就想打退堂鼓。

后来我想起金一南将军讲"凡做难事，必有大收获"这句话，一下子改变了想法：硬骨头难啃，只要啃下来，自己就掌握了为管理者和企业家讲课的门道。

静下心来，我根据出版方的提纲一点点琢磨，终于把为管理者演讲的课程啃下来了。光盘录制得非常成功，在网上很受欢迎，自己因此也切入了管理者演讲培训这个领域。

◎ 把难事做下来

再来看我 2018 年的一篇博文：

凡做难事，必有大收获

春节刚过，未出十五，我就为深圳华瑞智生活科技公司做了公众演讲课培训。

头天下午到公司，李瑞董事长和我见面，谈到公司"90 后"年轻人多，不太懂得商务礼仪，希望在培训中加入商务礼仪方面的内容。这让我有点为难，自己讲的是演讲与口才方面的内容，对商务礼仪并不内行，怎么加？我虽然答应下来，但心中充满畏难情绪。晚 9:00 回到酒店，还不知道从哪里下手。怎么办？

太太则很有把握地说，从《弟子规》里找。她就上网找《弟子规》中与商务礼仪相关的内容，结果真找到了。

"长者立，幼勿坐。长者坐，命乃坐。尊长前，声要低。低不闻，却非宜。进必趋，退必迟。问起对，视勿移……勿箕踞，勿摇髀。"

我一看，这些话严丝合缝，作为现代商务礼仪培训，针对性太强了！

那么放在课件的哪一部分呢？思前想后，我觉得在"定耳舞诀"练习"胆声情识"的四个部分中，放在耳语练声法里比较顺理成章。可是"勿箕踞，勿摇髀"两句，又难懂，又难读。"勿箕踞"是说坐下来的时候两腿不要像簸箕一样分开，"勿摇髀"是说不要大腿压着二腿晃动，在上课时要特别加以解释。对不认识的字加了同音字的标注：箕踞—机巨，髀—臂，这样方便学员能用耳语顺利地读出来。

找到了相应的内容，我就开始进行教学设计，那晚的备课工作一直到深夜。

课上，我先让学员用耳语读一遍，然后告诉大家，《弟子规》是中国清代秀才李毓秀根据《论语》编写的，主要讲学生、儿女对待师长的行为规范和礼仪；再逐字讲解，进行演示。然后让学员两人一组，一人扮演领导，一人扮演下级，进行耳语练习。先做一遍错误的，再做一遍正确的。比如：

"长者立，幼勿坐"，先做一次错误的，领导走到跟前站着，下级却坐着；再来一次正确的，看到领导来了，下属马上站起来。"长者坐，命乃坐"，先做错误的，领导还没坐下，下属就先坐下来；再做正确的，领导坐下来，示意让下属坐，才坐下来。

课上练习时，学员的兴致非常高。有的组还设计了公司员工和盐田区某街道办主任见面的场景，进行实战练习。

董事长看到这样的商务礼仪练习，其效果超出了她的想象，便拍了照片发给她先生，还向她先生的公司推荐了我的课程。

这次课程设计给我的最大启示就是：凡是遇到困难，不要退却，不要打退堂鼓，要迎难而上。只要抱着这种积极的心态，潜意识就会接受你的积极指令，就一定能找到解决的办法，让自己有新的收获和突破。这正应了金一南将军说的那句话：凡做难事，必有大收获！

7. 全力以赴，尽善尽美

做事时，细了还要更细，好了还要更好。"尽全力做好每一件事，求更好"是我对工作的态度和追求。

◎"精益求精"有学费

我拿过六次广东省新闻奖一等奖，这个纪录到现在也没有被省内同行打破。这也是靠精益求精，突破了新闻评奖的难点。

我是怎样培养这种精神的呢？是用教训换来的。

有一年省里参评年度新闻奖，我和一位同事合作了一篇新闻述评，叫《春江水暖鸭先知》，写的是珠海特区勇于改革，在全国创造了地方政府和名牌大学合办大学的事情。题材新，主题好，广播特色突出，初评时被评为一等奖，可是在复评时被刷下来了。

为什么？超时。因为专题稿要求十五分钟以内，我们的作品超时十五秒。

我们在台里计时的时候，正好十五分钟，为什么到了评奖现场就超时了呢？因为电压不太一样。老记者曾经告诉过我，各地电压不一样，所以参评节目的时间一定不要做满，要少做 30 秒，留个余地。而我就是没有按照这个要求剪辑节目，所以就让"煮熟的鸭子飞了"。

由于这次教训，我深刻体会到精益求精的重要性。此后，每次参评的节目，文字、音响、播音、时间等各方面我都反复打磨，才有了后来的五年六个省级新闻一等奖的成绩。

◎ 为了更好

我在母校开封市二师附小 110 周年校庆活动中的发言稿，共有两份：修改前和修改后的。

先看修改前的：

各位尊敬的老师、亲爱的学弟学妹们：

大家好！

我是开师附小 1966 届毕业生殷亚敏。我今天的发言就是两个字：趣、业。

先说第一个字：趣，兴趣是最好的老师！这句话在我身上得到了最好的验证！

我们开师附小，非常注重学生兴趣爱好的培养！

1965 年，我在开师附小读五年级的时候，学校为了贯彻"德智体美劳"全面发展的教育方针，成立了各种兴趣小组。班主任马老师要求每个同学都要报。我想来想去，好像没有什么兴趣特长，不知道报哪一个。马老师觉得，我的普通话标准，声音好听，就替我做主，让我进了时事读报小组。每周小组活动，都要选一周的新闻，读给全班同学听，还要参加校广播站的播音工作。

就是这两年在读报小组的经历，让我一生与讲话结了缘。

第二个字：业，就是兴趣变成了我的职业。

我总结了自己的职业生涯，就是一个字：话。这个"话"字又可以分为三个阶段：讲话、教话、写话。讲话，就是在话筒前工作了一辈子。靠着语言特长，1979年我进了开封市广播电台，做了播音员；再到开封电视台做第一个新闻节目主持人，主持了当时火遍整个开封城的《菊城纵横》节目。我1987年又到了珠海经济特区，一直干到退休，都是做广播电视节目主持人的工作，还担任了珠海广播电视台的总编辑。1997年我获得了主持人的最高奖项——金话筒奖，1998年还到中央电视台《新闻调查》做了半年主持人。

教话，就是从50岁开始至今，在六所大学教授演讲课程。

写话，就是把自己教授演讲的理论方法写成了三本书。

回想起来，如果没有当初在开师附小读报小组的"读"，又怎么能有这一生的"三话"事业呢？

饮水思源，永远感恩开师附小——我的母校！

同时给学弟学妹们一个小小的建议：在学习好的前提下，一定要有个兴趣特长，将来很可能就是影响你一生的事业基础。

头一天下午按照这个内容进行了彩排，但是我一直不大满意，总觉得少了点什么。能不能更吸引人呢？结果到了第二天早上四五点钟，灵感来了：增加了互动和幽默的内容。

我起床对发言稿做修改。讲完了"在学校读报小组培养了我的兴趣"后，我加上第一次互动：

学弟学妹们，想不想听我当年是怎么读报的？

（台下：想。鼓掌）

"中国少年报消息：4月25日上午，百年名校，河南开封市二师附小在宋城会堂隆重举行百年校庆活动。全校老师、同学、家长，共1000人参加了校庆活动。新闻播报完了。"

（全场大笑。鼓掌）

刚才这段读报，我做了点时空穿越。

就是这两年的读报小组经历，让我一生与讲话结了缘。

讲完"兴趣变成了我的职业"之后，我又加入了第二次互动：

教话，就是从 50 岁开始至今，在六所大学的总裁演讲班教授企业家学习演讲。学弟学妹们想不想再听听我是怎样教课的？

（台下：想。鼓掌）

好，我就给大家现场演示一下。

"企业家讲话怎样才有感情呢？'情'这个字，左边是个竖心的偏旁，也就是说，情在心里。那你心里的情怎样能感染观众呢？就是四个字：抑扬顿挫。如果声调没有抑扬顿挫，是这样的:（没有声音高低变化读一遍）为天地立心，为生民立命，为往圣继绝学，为万世开太平。如果有声音高低变化是这样的。"（我又带上抑扬顿挫朗读一遍）

（台下鼓掌）

修改之后的讲话稿较之修改前生动了。如果仅仅转述、叙述，就缺少形象，并不生动。而我增加的两次现场演示，让观众身临其境，印象深刻。

第三章

学演讲要有
创新思维

创新虽很好，

但是敢于创新、

善于创新的人不多。

>>>>>>>>>>>>>>>>

通俗说，创新就是"拉郎配"。它善于将不相干的事物交叉整合，带来解决问题的新方法。

创新就是拉郎配

英国科学家贝弗里奇说，独创性常常在于发现两个及两个以上的研究对象或设想之间联系的相似点，而原来以为这些对象或设想彼此并无关系。

◎ 为何站着上课

来看我在演讲与口才课堂上的交叉整合创新。

深圳大学传播学院《新新报》的学生记者写了一篇报道：

在深大，他居然让学生站着上课

"同学们，记得要微笑，嘴角上扬，眉要挑。看，就是像我这样。"一位表情夸张的老师把底下的学生逗乐了。

这是深圳大学通识课"演讲与口才"的课堂。如果你偶然经过这间课室，可能会被眼前的场景吓一跳——全班同学都站着，用坚定的眼神望着前方，用抑扬顿挫的声音说道："人一之，我十之！人十之，我百之！滴水穿石，百折不挠！"同时伴随着与口诀配套的手势、动作，有力而坚定。

此时，一位年过六旬的男老师站在讲台上。他两鬓微霜，岁月在他的脸上平添了几条皱纹，但是他看上去精气神十足。

殷亚敏还把学生拉到文科楼外的广场上进行室外演讲。

殷亚敏自己设计的这些课堂练习在最初的实践中被有些学生质疑过。

课上一位学生说道："一开始肯定觉得有点奇怪，觉得当众做这些动作很傻，很不好意思。"面对质疑，殷亚敏都会用佛家"信——解——证——行"这四字回应，强调要用实践来说话。

练习的重要性是殷亚敏反复强调的，所以在他的课堂上，学生都"坐不住"。"小组先练习10遍，再进行展示。"每当他这样说时，教室里便顿时充满了学生们抑扬顿挫的声音。这样的练习占了课堂内容的一大半。隔壁上课的同学打趣地说道："就没有安静过。"

"老师很有热情，讲课技术很好，很有吸引力和感染性。虽然不是用我的本民族语言授课，说实话，这是我在深大上的最轻松、最好玩的一节课。"课上一名新疆学生地力这样评价。

我的演讲课，将室内上课的"静"和室外上课的"动"结合起来，打破了学生坐着上课的传统，让学生在轻松好玩中学会了演讲，这也是一种创新。

学生朗读课文时，从来是"小和尚念经，有口无心"，只动口不动手，老师很头疼。我让学生朗读课文时每读一句都加上手势，手和口结合，课文朗读就有了生动形象、语言抑扬顿挫的效果。

深圳龙华中心小学的一位老师学了我的手舞足蹈朗读法，抑制不住喜悦，写了一首顺口溜：

朗读美，有秘诀。加手势，最灵验。手势先行画面现，朗读美感如涌泉。

从常人的思维看是风马牛不相及的两件事，而有创新思维的人能找到相关之处，把二者巧妙结合，产生意想不到的奇效。

创新是"赠人玫瑰，手有余香"

创造力可以传递。我用创新思维教学，学生也学会了创新思维，演讲能力提高了，也敢于大胆创新了。

1. 服务他人

创新要对他人有益。

◎ 登台练胆

在大学上课，都是老师在台上讲，学生在台下听。我的演讲课，则来了个逆向创新，我要求每个学生都要上台练胆。

这个逆向创新，被学生评价为"疯狂"。

朱同学：

从没想过大学会开设这样一门课程，这是我以前没有接触过的新领域。

一个学期下来，感触颇多。课安排在最后两节，一直上到晚上十点半。眼前没有可供翻阅的书，只有言传身教的每一个动作；没有片刻打瞌睡的机会，只有全体动起来的"疯狂"。

◎ 创新 = 奇怪 + 疯狂

也有的同学将我的创新演讲课称为"奇怪"。

刘同学：

刚开始的时候，真的不理解老师为什么要让我们在说话时加入那么多奇怪的动作以及繁杂的手势，为什么要让我们用这么多种奇怪的形式进行说话，为什么要让我们用不理解的方式进行表演。

奇怪啊，真的很奇怪。如果只是一个人奇怪也就罢了，全班还得整个跟着奇怪。后来沉下心来思考才逐渐明白了，这是在让我们习惯。当全班都处在这样一种氛围中，一些胆小、害羞或者原先不敢说话的同学也能逐渐放下心，融入学习、表演、体悟的浪潮。一次一点点进步，一个学期便有了一串走向讲台的自信的足迹。

这种"疯狂""奇怪"的课程让学生收获了自信，他们的学习和生活发生了令人难以置信的改变。

◎ 内病外治

　　"三定"练胆，我是用的逆向思维创新法。通过肢体语言的变化，学生内心的胆怯和紧张减轻了。这个内病外治法，杨同学学以致用，拿到了演讲比赛亚军。

　　在殷老师的课堂上，一以贯之的是"三定"："眼定、笑定、身定"。看似简单的六个字，其实包含了很多道理，是老师多年舞台经验的结晶。

　　"眼定"，明亮有神的眼睛，沉着自然地与听话人进行眼神交流，既是讲话人自身优秀能力的体现，又是对听话人的尊重。"笑定"，一个浅浅的却始终得体的微笑，可以给别人亲切感，使大家在一个舒服友好的氛围中进行有效的交流。"身定"，在人前"站如松"体现着说话人的自信与坚持，更可以表现说话人谨严笃正的气质。"三定"用我们的俗语讲就是"要有精气神"。

　　上过老师的课后，我就在平常特别注意自己的"三定"是否做到位了。"冰冻三尺，非一日之寒。"要想如殷老师一样在台上沉着自然、风度翩翩，一定要每时每刻都按照老师的要求约束自己！

　　在学期中期，我和同学搭档参加了"校第五届配乐诗朗诵大赛"，虽然我之前没有登台经验，但正是由于我在课下将老师的"三定"坚持得好，在舞台上我才能不慌张、不怯场，最后的决赛我获得了亚军。成绩的取得，离不开殷老师的教导，离不开我在朗诵与演讲课堂上的点滴所学！

◎ 面试官刮目相看

　　"三定"中"笑定"的练习，本来是训练学生克服上台无胆，没想到居然成了我的学生考研成功和找到工作的独门秘籍。

　　创新演讲课，让吴同学有了一把考研成功的钥匙。

　　"三定——笑定、眼定、站定"是演讲课的第一个内容，它们是练胆、练情、练神的法宝。对于我来说，最薄弱的就是"笑"！

还记得我第一次上台时，噼里啪啦地把稿子背完，四肢冰凉冰凉的。老师一下子就看出来我的毛病：笑不定，语速快。

的确，从小到大，上台紧张都是我的死穴。初中时，学校开展某项活动，要求每个同学都在班会上发言。轮到我，我只能满脸涨红地站在台上，一个字都说不出来，下面的同学笑得前仰后合。我已经忘了自己是如何从台上下来的，只是这件事给我留下了很深的阴影。以后的日子，我一发言就紧张，一紧张就脸红，一脸红就忘词，更不用说什么面部表情了。

殷老师说，克服这些毛病的方法是每天练习100遍"引"字。从此，我就每天坚持练习。真的是"不练不知道，一练真奇妙"，从面部的肌肉酸痛产生到肌肉记忆，冥冥之中发生着变化。我在练习半个月后初见成效。

当时，我正参加香港浸会大学考研面试，群面让我格外紧张。而在一问一答间，我的嘴角不由自主地上扬，面试官对我刮目相看。我找到了自信，并且越答越好，顺利通过了面试。

2. 利心利业

鲁迅曾经提出过"自他两利"的价值观，即我们做任何事不应该追求片面的单方利益，而应追求自我和他人的共同利益，从而在利他和利己之间达到平衡。

我也以此践行。

很多人都说，现在的大学生很难教，我通过自己的创新教学，让学生变得好教了。在我的课堂上，学生快乐学习，快乐成长。创新，让我享受到教书育人的快乐。

刘同学说："王国维有他的人生三种境界，而殷老师给予我的启迪是关于逐梦的三种境界：逐梦于胆，逐梦于恒，逐梦于感恩。短短50个小时的课程，留给我长达一生的思考。"

陈同学说："虽然课程即将结束，但我的学习会延续下去。老师一直以他的人格魅力影响着我，他的敬业精神和独特的教学方法足够我一辈子去学习。请允许我再次向殷老师表达衷心的感谢，谢谢！"

◎ 赞美他人

我的创新演讲课，密切了人际关系，成为同学之间和睦相处的润滑剂。

我独创的"夸小组成员"练习法，让从没有开口夸过别人的同学能开口了，掌握了与人沟通的技巧。

练习是这样的：每个小组五到六人。每个人都要把小组成员夸一遍。两个字说出优点，再举一个例子。

来看下面几位同学是如何说好话，如何去赞美他人的。

李同学：

还记得那次殷老师让我们在课上互夸组内的成员，让每一个成员都慷慨地把别人的优点写下来，然后念给组员们听。组员们有夸我善良单纯的，有夸我总是微笑着对每个人的，还有夸我是做好朋友的好材料。这些夸奖都让我十分开心，也让我知道了自己的优点和别人眼里的自己。

这节课结束后，大家脸上都洋溢着幸福的微笑，那次以后，我们的小组变得更加和谐，经常在群里调侃、聊天，有时还会组织聚餐之类的活动，大家伙儿其乐融融。

王同学：

在进行了"好话"训练之后，我经常从各个方面发现同学们的优点，并及时夸奖他们。

以前我们总是"兄弟之间，坦诚相待"，只挑对方的不足，然后挖苦和讽刺。

当真正发现了对方的闪光点，并且说了"好话"之后，我才意识到，这是一种增进大家友情的好方法，也让我在这学期的演讲课上认识了很多不同专业的好朋友。

张同学：

还记得有一次殷老师在课上让我们互相讲讲同学之间的优点和长处，学习如何发现别人的优点和赞赏别人。这让我非常为难，因为一直以来我都认为自己是一个不会说"好话"的人，更别说对一个陌生人了。

然而，经过课上的尝试，这似乎没有我想象中那样困难。当你真正用心去欣赏一个人，发掘一个人优点的时候，你会看到每个人身上都有他独特的魅力与长处。

本学期，我遇到过一位朋友来向我抱怨宿舍中人际关系紧张，似乎相互都有戒心，宿舍气氛沉闷。她希望改变这种状况，却又不知如何是好。我给她支了一着儿：从现在开始，试着去发掘别人的优点，真心赞赏别人的长处，比如"你今天很好看！""这条裙子很适合你！"等等。

不久以后，她来告诉我，宿舍的气氛完全变了样，大家在一起时有说有笑，下课后都愿意回宿舍，好像宿舍有一股无形的吸引力。

◎ 维吾尔小伙儿的汉语作业

最让我没想到的是，我的创新课程还吸引了一位维吾尔族学生，让他收获了成长、自信，感受到中华民族大家庭的温暖。

这位维吾尔族学生的汉语写作，有的地方不通顺，标点不准确，为了真实，我都保留了。

深圳大学维吾尔族学生地力：

我是大四即将毕业的深圳大学的一名新疆籍维吾尔族学生，本学期刚开始的时候，我为了凑学分，选了"演讲与口才"这门选修课。刚选的时候，我只是以选个选修拿个学分的心态去选了这门课，可万万没想到就这门课影响了我的人生，我觉得这门课对我以后的人生有着巨大的意义，在此我感谢殷老师。

还记得这学期我在这门课上的第一节，由于我是后面才选的这门课，进来的时候，大家已经上过三节课，我是第四周才开始上，一群不熟悉的面孔，让我觉得很不舒服。可是很快，老师把我分配到一个组里面，刚开始我不好意思和他们说话，可是后来发现我的伙伴们一个比一个活泼，我也喜欢上了这个群体。老师讲课之前让我们起来读《人一之》，大家站起来读，而我什么都搞不明白，静静地听大家的朗诵。我的组长看到我什么都不知道，就把《人一之》写到纸上，从此我也开始大胆地朗诵它。这门课我们特别活跃，老师的讲课方式深深地触动了我的每一根神经，老师本身优秀、高雅的品质，感染了我。老师不仅仅是在台上讲课，而且把学到的知识运用到实践中，在课上给我们示范动作，老师的笑容如此的灿烂，我仿佛看到了跟我同岁的活泼的年轻小伙儿。

老师的讲课内容不仅仅是这些，他还教给了我人生大道理，还教给了我怎么做人，简单来说是锻炼了我的人际关系能力。

还记得我第一次上台演讲，完全没有自信，可是一看到老师在面带微笑地看着我，我鼓起了勇气，很自信地上台，演讲了"三乐说"。因为汉语是我的第二语言，有些地方我的汉语还是不标准的，可是我一直坚持纠正我的普通话，使之讲得更流利。演讲完毕，准备下台的那一瞬间，老师说，你的笑容很好看，很自然。我真的非常高兴，这个小小的赞扬让我重新找回了自我，再后来老师选了班里演讲拿高分的五位同学上台演讲，叫着叫着叫出了我的名字，地力木拉提·阿里木，我仿佛不相信自己的耳朵，班里那么多学生，竟然我一个普通话带着新疆口音的维吾尔族学生拿了高分。我一直质疑，我真的讲得那么好，还是给我放宽了标准？

这次之后我做出了一个大胆决定，就是要去面试即将举办的校级大型"ACC民族艺术之夜"晚会的唯一一名男主持人。这个对我来说是个巨大的考验。我面试之前找了殷老师，他不厌其烦地教我主持的技术，从语言到肢体动作都教得很到位，然后我参加面试成了这次晚会的主持人。

这门课给了我这个胆，让我在晚会上不只做了汉语主持，而且还做了维吾尔语和哈萨克语主持。那天晚会我邀请了最值得我尊重的殷老师，可是老师的家在珠海，每周必须回家，没能出席本场晚会。后来我还是把晚会的照片拿过来给老师看，我觉得老师和我之间关系特别好。老师对生活和工作的认真态度，一直影响着我，我也想成为老师这么成功的人。

这学期我还在COSTA COFFEE做兼职当咖啡师，咖啡店最近有一个激励咖啡师们的活动，就是哪位咖啡师对顾客的服务态度好，就能成为本店的"服务之星"，给他COSTA勋章，我很好地将这门课学到的微笑说话技巧用到了工作上。面带微笑来对待每一位顾客，获得了他们的赞扬，最终成了COSTA海上世界店的"服务之星"。说实话，大学四年，我学到的最有用的就是这门课，我深深地爱上了这门课。

因为在朋友圈不停地夸这门课，好多新疆朋友都很好奇我的课，好几个过来听后，果然觉得不错，下学期要选。

修完这门课后我的普通话也变得更流利，到咖啡店消费的顾客听我讲着一口流利的普通话，问我是外国人还是中国人。我很自豪地回答我来自中国新疆，他们接着说的一句话让我哭笑不得，他们说作为新疆人，普通话怎么讲得这么好？我对这些顾客很想说一句，因为我是深圳大学的学生，正在修"演讲与口才"这门课。

总之，这门课我学到的东西非常多，我们少数民族学生参加高考不考英语，考汉语，而且写作部分字数要求250个字，今天我写下的对"演讲与口才"这门课的感悟，将是我活到现在亲笔写的字数最多的一篇。最后再一次感谢殷老师，教给我这么多有用的知识，我不会写甜言蜜语的话，也不会用汉语成语来表达我对这门课和老师的爱，可是我希望我用简单语句写下的这篇感悟，能在老师心里留下深刻的印象！

当我看到地力同学写到，维吾尔族学生的高考写作只要求250个汉字，而他的这篇期末作业，竟然写了1500个汉字，这时我的眼泪都出来了。

每次读学生们的作业，都有一股暖流涌上心头，一种成就感溢满全身。这种幸福和自豪是金钱无法给予的。他们的作业我会一直保留。

同时，这种快乐和幸福又激励我在演讲教学上不断创新，让学生和学员得到更多的成长。

创新也帮助我在事业上不断突破。

怎样才能突破？我的体会是：在实践中，创新，另辟蹊径。

《21天掌握当众讲话诀窍》出版后，网友"之二虫又何知"在豆瓣书评中说：

因为工作和兴趣的原因，我看过七八本演讲类的书，大体可以分为两类，一种是讲思维与内容组织的，个中极品如《演讲红宝书》《九步成为演讲高手》，这种书市场上不少；另一类则如本书，市场上极为罕见，更难得的是方法切实有效！

这是本好书，而且可以断言，本书作者终将就此开宗立派。

当然，自己的"定耳舞诀"演讲训练方法，是不是能够开宗立派，还需要时间的检验。但是豆瓣上的这个评价，确实给我莫大的启示：唯有创新，才能开宗立派！

我采用了全新的教学理念和方法，让学员对"定耳舞诀"的方法一听就懂，一学就会，一用就灵，影响力不断扩大。我的当众讲话课一步步走进清华大学、北京大学、浙江大学、武汉大学、厦门大学总裁班、MBA班课堂，走进了华为大学，走进了知名企业，让众多企业家和管理者受益。

各班的教师教学结果问卷表上，我的课一直名列第一。

不妨多做无用事

白岩松曾经说过：

什么是有用的事，无用的事？发呆，喝茶，看四季变化，都被认为是无用的事，都不做，有用的事如何提升呢？大家有创意的时间吗？一有空掏出手机，立刻被填补，手机拿走了人们的无聊，也拿走了伴随着无聊的伟大的东西。我的很多想法都是在喝茶发呆时想出来的。

灵感总喜欢不期而至。结合我自己的教学实践，我总结出获取灵感的四种方法：蹦、碰、梦、读。

这四种方法对演讲和写作都非常有用。

1. 闲散时候蹦出来

当人处于大脑放松的悠闲状态时，能突然迸发出灵感。

比如，独自散步、听音乐、冲凉甚至上洗手间的时候，脑子里都可能蹦出灵感。

◎ 睁眼和闭眼练习

在写本书"学演讲要有点状突破思维"一章时，有个灵感就是我在放松状态下得来的。

有一天，早上醒来后，我躺在床上练习睁眼。这是我长期坚持的一个练眼神的偏方：眼睛盯着天花板上的一个小黑点，一睁一闭，每天练习100次。这天，练着练着，脑子里突然蹦出来一个想法：点状突破的点应该越小越好。

原来只想到了点状突破，但是这个点应该有多大呢？并没有交代清楚。有了这个灵感，后来我就很肯定地写道：点状突破的点应该多小呢？应该像针尖一样小。

这个灵感，为"点状突破"的写作增加了新内容。

当然，灵感要蹦出来，前提是要"苦思"过，没有苦思，灵感绝不会轻轻松松地"驾到"。

放松可以蹦出灵感，那怎样才能放松？

我常用七种方法：一是坐后站，二是听音乐，三是上洗手间，四是散步，五是练微笑，六是发呆，七是把枯燥的书和轻松的书换着读。

重点说说下面三种方法。

（1）坐后站

久坐之后站起来，容易产生灵感。

◎ 目的没变内容变

我第二次被邀请去深圳福强小学给老师做演讲培训。怎样不重复，讲出新意？这是我一直思考的问题。坐在电脑前修改课件，写累了，就站起来活动活动，就在我站起来的一刹那，脑子里突然蹦出来个想法：把耳语练习的绕口令《稀奇》换成《八百标兵奔北坡》。

于是活动了一会儿，又赶紧坐下来继续修改课件。把"稀奇稀奇真稀奇，麻雀踩死老母鸡。蚂蚁身长三尺六，八十岁的老头躺在摇篮里"这个绕口令，换成了"八百标兵奔北坡，北坡炮兵并排跑。炮兵怕把标兵碰，标兵怕碰炮兵炮。"

这样练习，目的不变，但是练习内容改变了，学员就不会觉得重复啦。

这个"换汤不换药"的做法现场效果很好。不重复，学员不厌烦；练了耳语还练了吐字有力。因为《八百标兵奔北坡》这个绕口令重点就是练习双唇吐字力度的。

为什么坐得时间久了，站起来就容易有灵感？

我分析有三个原因。

第一，坐着写累了，一想要站起来解除累的状态，大脑会马上放松。放松，就容易产生灵感。

第二，坐久了，脑供血不足。站起来走走后，大脑供血充足，思维就活跃。

第三，神经元改变排列。坐久了，大脑的神经元排列固化。而站起来后，姿势改变，大脑的神经元马上重新排列组合，就容易产生新想法。

第三个原因是我自己的推测，不知合不合脑科学原理？

（2）上洗手间

上洗手间可以放松，古人早有这方面的先例。

/ 108

欧阳修在他的《归田录》中说："余平生所作文章，多在三上，乃马上、枕上、厕上也。"这里的"作文章"的"作"是"构思"之意，是产生灵感之意。

◎ 如厕不只解决生理问题

我自己经常坐着写文章久了，便停下来去个洗手间。念头一起，大脑放松，到洗手间的路上就蹦出个灵感。

有次，我要到湘西沅陵县给全县的中小学校长做培训。怎样更契合老师的需求呢？上洗手间的路上，我突然想到，更换"一简"（观点要用一个字）的例子。根据这个灵感，我就把原来亚马逊客户体验的例子换成教育家陶行知的例子。

亚马逊的例子：

逛——网上逛街

购——下单购买

配——全智能配送

送——灵活送货

服——售后服务

陶行知的"学问进步五字法"：

一——专一

集——搜集

钻——钻研

剖——解剖分析

韧——坚韧

两个例子，论点一样，都是讲"观点要用一个字表达"。但是换个例子，给校长们讲课，就更有针对性了。

（3）练微笑

"引"这个字，我专门用它来练习微笑。

◎ "引"来灵感

有一天早上五点，我睡不着，头有点痛。为了放松，就练习了100个"引"字。虽然没有再睡着，可是大脑充分放松了，结果从潜意识中蹦出一个灵感来：让"停三秒"和《人一之》做加法。就是在21天课后练习群中，在原来每天练习《人一之》20遍之外，再增加一个"停三秒"练习："各位领导、各位同事：大家好！我叫×××。下面我为大家演示《人一之》：'人一之，我十之；人十之，我百之。百折不挠，滴水穿石。'"

为什么蹦出这个想法？因为前两天讲课，有个问题一直困扰我：只靠两天的课上练习，很多学员停三秒的习惯还是没有养成，讲话语速慢不下来。怎样解决？我一直想不出办法。这个灵感一出，我便通过课后练习，让"停三秒"很容易就形成习惯。

如何在放松的过程中产生灵感思维，除了我上面提到的七种方法外，每个人都可以根据自己的情况进行不同的创新。

2. 闲聊时碰出来

人和人交谈时，思维的碰撞能产生灵感。

◎ 我和太太的"二人转"

与太太吃早餐时，我就曾碰撞出灵感。

一天和太太一起吃早餐时，我突然想到"聪明人要下笨功夫"这句话。讲课时，为了激励学员每天练习耳语，我总要讲这句话。很多学员听了很受震动，有的点头，有的马上拿笔记下来。我就想，既然这句话有冲击力，能不能把它变成手势？把它说出来会更有力量。

于是，我问太太："你是优秀的小学语文老师，讲课手势丰富，能不能帮我把'聪明人要下笨功夫'这句话设计成动作？"

太太说："这个太抽象了吧？"

我说："把抽象变具象嘛。"

于是太太想了想，指着太阳穴说："聪明。"

这个动作启发了我。我又做出打锤的动作，左手当铁块儿，右手举锤子砸，说："要下笨功夫。"

太太一看又受到启发："砸锤子的动作可以做两次。"她比画着做了两次。

我一看："好！两次动作含义丰富、形象！体现了千锤百炼，反复做的意思。"

后来在课堂上讲到这句话的时候，我就让学员加上这一组动作重复练习，学员对"聪明人要下笨功夫"这句话的印象就十分深刻了。

3. 假寐时闪出来

我的很多灵感都是早上四五点钟，在半梦半醒的假寐状态下产生的。

◎ 白天所思，梦中得解

有一次，在某总裁班演讲课的提问环节，有学员问："老师，当众演讲可不可以跑题？"

我当时回答："不能跑题，要严格按照提纲讲。"

到了当天晚上，睡觉前，我的脑子里闪了一下，总觉得这个问题回答得不全面。

睡到第二天清晨四五点钟，我又进入假寐状态，潜意识开始工作，关于跑题突然有了新想法：初学演讲者不能跑题，有经验的演讲者可以跑题。不能一概而论。这样想下去我就睡不着了，起床，顺着这个思路动笔写了篇博客，算是比较圆满地回答了这个问题。来看这篇博文。

解决讲话跑题，有两种方法：一是不准跑题，二是允许跑题。

先说第一种：不准跑题。就是严格按照提纲，离开主题的话完全不说。它主要针对初学演讲者。

为什么初学者演讲不准离题呢？因为临场经验不足，离题太远就收不回来，所以干脆不离题。能把事先准备的内容讲完整就是成功。

再说第二种：允许跑题。就是可以离开主题讲，但要限制离题时间。这种方法主要针对有经验的演讲者。

为什么有经验者可以离题？因为他离开主题讲也能拉回来，就允许他"顺便说个题外话"。

什么情况下"顺便说个题外话"呢？一是回答观众关心的问题，二是活跃气氛。

回答观众关心的问题。你要适时回答一下大家关心的"题外话"，这时便"跑个题"。

例如，课间休息时，有同学问："老师，你的身材这么好，怎么保持的？"上课时，我就会借此先"跑一下题"。

我问："大家觉得老师的身材怎么样？"

学员："很棒。"

我又问："想不想了解老师保持好身材的秘诀？"

学员："想。"（马上鼓掌）

我说："我保持身材的方法就是深蹲。好处是：练双腿肌肉，练膝盖力量，减肚子赘肉。唯一要注意的是，下蹲时膝盖不要超过脚尖，这样做不会伤及膝盖。"

说完，我给学员现场演示，并让他们跟着我练习三次。

这个"跑题"，回答了学员关心的问题，也让学员能安心上课。

活跃气氛。为了活跃会场气氛，可以适时"跑题"。

当学员听课疲倦时，我就为他们朗诵岳飞的《满江红》，这样的朗诵看起来和讲课内容不相关，却让学员提振了精神。

这两种情况下的"跑题"，要注意些什么问题呢？一是控次数，"跑题"次数不能多；二是控时长，每次"跑题"不超过三分钟。

常言说，日有所思，夜有所梦。白天想问题，梦中给答案，这个方法我屡试不爽。

4. 从阅读中提取

从阅读文字中提取灵感。这个"读"包括读自己、读别人。

（1）读自己

就是一次又一次去读自己过去记录的文字，产生灵感，或者完善灵感，最后形成文章或书稿。

我把自己记录的文字叫作"思维火花"。无论写文章、写书还是写课件，有了灵感，随时记下。

隔几天再看一看，就会顺着这个灵感再产生新灵感，这样不断想，不断写，不断读，循环往复，由一句话变成一段文字、一篇文章，最后形成一部完整的书稿。

◎ 顺着灵感找灵感

在《练好口才的第一本书》中，有一节内容是"和普通人交往时怎样发现对方的优点"，当时我首先写下了"目要明"，就是要通过眼睛观察，去发现对方优点。

隔了几天，再看这段文字，并顺着这个思路又想到了"耳要聪""口要问"，这样便形成了如何发现普通人优点的三个方法："目明、耳聪、口要问"。书中这一节的观点就完整和系统了。

（2）读别人

读别人可分为"三读"：读书，读网，读学生作业。重点说说读书怎样产生灵感。

◎ **圣人之言中的发现**

来看我读南怀瑾老师的书是怎样产生灵感的。

有一次，我应怀师书屋负责人叶老师的邀请，到上海给南怀瑾的弟子们上演讲课。怎样将南老师的思想和我的讲课内容紧密结合呢？我一直在思考。有一天，我读南怀瑾老师《论语别裁》这本书时，产生了一个一箭多雕的灵感。

南老师讲道："孔子曰：'君子有三畏：畏天命，畏大人，畏圣人之言。小人不知天命而不畏也，狎大人，侮圣人之言。'第一点'畏天命'三个字，包括了一切宗教信仰，信上帝、真主、佛。这些都是'畏天命'。一个人有所怕才有所成，一个人到了无所怕，是不会成功的。第二点'畏大人'，这个大人并不是一定指官做得大。对父母、长辈、有道德学问的人有所怕，才有成就。第三'畏圣人之言'，像我们读《论语》，看四书五经，基督徒看《圣经》，佛教徒看佛经，这些都是圣人之言，怕违反了圣人的话。"

看了这一段话，我才真正理解了"君子三畏"。我同时想到，这段话既可以用来做口诀化的例子，使学员更好地理解口诀化的概念，也可以让学员用耳语读，以练习气沉丹田，学员还可以在不知不觉中学习《论语》，学习传统文化。

这可是一箭三雕啊！后来，我就真的将这段话推荐给学生，鼓励他们读和练，果然收到了一箭三雕的效果。

◎ **"银"和"引"**

再看一个我从读书中获取灵感，找到练习微笑的方法的例子。

读曲黎敏老师的《从头到脚说健康》时，我看到这样一句话：

"发'银'这个字的音，这音是走两边的，发'银'这个字的音时就笑得最好看，这叫'银然而笑'。"

这句话启发了我，让我找到了练习微笑的方法，就是练习一个字：银。

后来在对比练习中我发现，第二声"银"，右嘴角动，往上挑，左嘴角不动。我就尝试改为第三声"引"，是两个嘴角往上挑，让微笑更加标准，于是我就把练"银"改为练"引"了。

◎ 模仿名人

来看个我看视频有灵感的例子。

刚开始教演讲与口才课，我总觉得自己教学形式单一，就一直思考怎样解决这个问题。

有一次我到外地讲课，在机场书店看到正在播放的一张光碟，一位讲管理的老师，用了电视剧《亮剑》中的很多视频说明观点。

这个方法好，我也可以用视频教学。有了这个灵感后，我便从网络上找相关视频。我找到《亮剑》中李云龙做战前动员的视频，又找到八旬演员王德顺老人登台走秀的视频，等等，都用在了教学中。

课堂上，学生个个睁大眼睛，聚精会神地看视频。现在，三小时的课程，我能用上 20 个视频，课堂教学更活跃，这些视频也很能说明我的教学观点。

灵感的变现

通常我们剥蒜皮儿是从根儿上往外剥，往往指甲缝都剥疼了，还剥不好。另外一种方法是"捏"：两根手指捏住蒜的两头，往中间一挤压，蒜皮儿"啪"一下子就裂开了。

不走寻常路，就是创新。

著名画家李可染说：踩着别人的脚印走，最多只能做亚军。

有了灵感，如何让灵感落地？

1. 通过一个个微创新推动

"不积跬步，无以至千里。不积小流，无以成江海。"一口吃不成一个胖子，事情要一件一件地做。创新是怎么实现的？从每一件小事入手，积累而成。

演讲课的理论和教学方法，要一堂课一堂课地积累，一次小结一次小结地写，才能今天进步一点，明天改变一点，积小胜为大胜，集小创新为大创新。

《21 天掌握当众讲话诀窍》这本书是怎样创新的？基础就是我的教学小结。我把 2005 至 2010 年间，教学和小结中积累的理论与方法提炼、归纳、排列和梳理，最后成书。

我的教学小结就是我创新的基础。

◎把"新"注入课程

2007 年 5 月 1 日，我在记事本上记下一段演讲理论思考的火花：

口才学中几个基本理论的地位：耳语，是基本功气、声的龙头；"双人舞"，是练四声、换气、演讲、朗诵的龙头；三象（像）原则——对象、形象、弥勒佛像（学会微笑），是演讲中的基本理论与规则；三情说，是朗诵训练的基本理论与方法；饶舌妇（夸张得像个讨厌的饶舌妇），是训练朗诵时生动状态的秘方；"一、二、三"法，是练习写作的基本理论。

现在看来，这些理论和思想很不成熟，有些甚至不合逻辑。如果没有上面这些微创新，没有一步一步的积累，就没有《21 天掌握当众讲话诀窍》书中独创的演讲理论体系——"定耳舞诀"法。

在中国人寿中山分公司讲课，一位讲师问我："我老是讲一门课，讲到最后自己都烦了。老师，您也会有这样的问题吗？"

我对他说："我从来没有这样的想法。"

我是怎样克服只讲一门课带来的厌烦情绪的呢？就是要不断地微创新，常讲常新，就不会厌烦了。

清华大学研究院总裁演讲班，经常有老学员上过我的课后，隔一两年又回来听课。第二次听完，他们都会说："老师，你的课件又增加了很多新内容啊！有焕然一新的感觉。"

这就是我不断进行微创新的成果。

◎ 微创新的心得

我的学生也从我的课件里感受到了在不重复中进行的微创新。

徐同学：

因为在大二时修过一次殷老师的课，自以为对知识点有些了解，但从殷老师本学期的第一节课起，发现老师的理论和教学方式和两年前大不一样，如果说两年前是金刚石，那现在就是已经打磨成形的钻石，熠熠发光。

殷老师结合同学们的反馈不断完善教学内容，并结合一个个生动的例子，做到一观点一例子，一个个理论通过鲜活的例子丰满形象起来。我非常佩服殷老师可以做到时时更新教学内容，教学相长。

就拿开课之初的《人一之》为例，两年前也有这个例子，当时我们每人编排了一套动作，做了几遍之后就开始进行下一个环节了。本学期，老师在教完动作后，举了一个例子，让我印象十分深刻，那就是老师的人生感悟：敢试。老师通过自己找多个行业精英写书评的例子，让我更深刻地体会到《人一之》中那种锲而不舍的精神。

现在，每当我遇到困难，第一个想到的就是《人一之》和老师那种锲而不舍的精神，这种精神使我有了面对挑战、解决困难的信心与决心。老师的心得已经转换成我的心得，并激励我前行。

2. 敢试，错也荣耀

要敢于把自己的灵感付诸行动。

科学题材作家万维钢说："灵感并不值钱。不管是科学家、艺术家还是创业的企业家，他们每时每刻都在产生各种想法，也许一百个想法里面只有一个最后能被证明是有用的。"

灵感是否有用，关键是要敢尝试。

尝试无非带来两种结局：成功或失败。成功的结果必然是鲜花和掌声、荣誉和物质。

失败了呢？失败就是一次试错机会，我可以知道，这条路不通，那就掉头去尝试另一条路。

如果试都不试，如何成功？

过于看重结果，使很多人循规蹈矩，拒绝尝新，因为恐惧失败。要克服不敢试的消极心理，就要勇敢地付诸行动，甚至把失败和嘲笑当成荣耀和嘉奖。

其实，失败就是前进过程中不可省去的步骤。

◎ 靠勇气完成转型

我去大学讲课，其实就是我敢做敢尝试性格的体现。我是一个行动派。我以为，想法再多却不行动，永远是空想。

2004 年秋季开学，我接到北京师范大学珠海分校传播学院的邀请，出任播音主持课程的主讲老师，按说我是不该接受这个邀请的。我是电大专科毕业，后来读到函授本科，从没上过讲台，也没有现成的教科书。

我想的是，我有多年播音主持的从业经验，又希望自己退休后到大学教课，现在机会来了，我只要肯在教学实践中学习，就没有问题。

对未来的规划与期望，使我敢于迎难而上，调动所有的时间和精力进行准备，自编教材，结果首次登上讲台的第一学期便受到学生欢迎，从此开启了我持续至今的教学生涯。

试想，如果不敢接受去大学教课的邀请，哪有后来的"定耳舞诀"演讲教学法，又哪有四本演讲畅销书的问世？

同样是上课，老师一直讲，学生一直听，叫守旧；我让学生上台讲，老师台下评，就是创新。上课不让带手机，叫守旧；我让学生拿手机拍练习的视频，就是创新。这些创新，都是"敢"字当头做到的。

我只要想到一个点子，便毫不犹豫地大胆尝试。先试一试再说，错了，也不会失去什么。这一点，我与太太观念一致。

◎ 参加高考的"小学生"

我太太 16 岁被招到京剧团唱老旦，五年后京剧团解散，她被分到钟表店卖手表。

1977 年恢复高考，她只有小学文化基础。按常人想法，小学生参加高考，就是天方夜谭。但是她敢想敢做：我要抓住机会，参加高考，马上参加补习班。她白天上班，晚上复习，严格说不叫复习，是首次学习。晚上学习累了，就喝茶抽烟提神。三个月后，她大胆地去考试。考试成绩：数学 0 分，语文 70 分，政治 70 分，史地 70 分，大学本科没有录取，大专没有录取，最后被中专录取了。

中专毕业后留校，成为一名语文教师。如果不是当年敢于尝试，她就和她的同事一样，一直在钟表店里当营业员，40 岁就下岗了。

◎ 遭冷水

我写第一本书《21 天掌握当众讲话诀窍》，也是因为敢于行动。

刚开始写书时，我以为我的课很受欢迎，只需要把讲课录音整理成文字，就变成了一本对话体书，一样会受欢迎。

于是我信心满满地将书稿发给凤凰卫视出版中心主任张林，请他提意见，我们是同一个部队的战友。他看后很不客气地指出：你这是对话，不叫书。他让我推翻全部书稿，从头来。

没办法，我买了十几本写演讲的书，学习、对比，再接着写，终于出版了。

万事开头难。因为有了想法，敢于付诸行动，第一本书才能写成；有了自信，才有了后面几本书的问世。这本书的出版，是我的第五部作品了。

3. 快试：趁热打铁

当条件允许，一定要趁热打铁，而不要纠结于得失，以至羁绊了行动。

《佛经》讲了这样一个故事：

两个和尚，一穷一富，都想去南海朝圣。

富和尚很早就开始存钱，穷和尚仅带着一个钵盂就上路了。

过了一年，穷和尚从南海朝圣回来，富和尚的准备工作还没完成。

富和尚问："尔困，何以往南海？"

穷和尚答："吾不往，则终日癫狂，行一步，则安一分。尔稳重，故尔在！"

翻译过来就是，富和尚问："你那么穷，凭什么去南海？"

穷和尚说："我不去南海，就心里难受。我每走一步，觉得距离南海就近一分，心里就安宁一点。你这个人个性稳重，不做没把握的事情，所以我回来了，你还没有出发。"

我之所以能在演讲教学上取得一点创新成果，与我的马上行动分不开。只要我来了灵感，就绝不迟疑和拖延。

◎ 起床改课件

2019 年，我在深圳力合商学院结业典礼上代表演讲班教授发言，指定的题目是：《领袖之光——为什么选择演讲课》。

为了说明"领导人要会做又会讲"的观点，我在课件中举了任正非、马云两个人的例子。到了当天早上四点假寐时，我突然想到，举例子应该去二留一。课件中虽然打出马云、任正非两人的图片，但是没有例子。蜻蜓点水，印象不深，不符合点状突破、以一当十的原则。不如只用任正非一个人的例子，并且要具体。

想到这个灵感是在早上四点半，我没有犹豫，翻身起床修改课件。

一是删，去掉马云照片，只留任正非一人的。为什么？因为这一年美国围剿华为，华为领袖任正非是当时的热点人物。华为屹立不倒，为国争光，大家对他更尊敬，说服力更强。

二是加，增加具体例子。要列出任正非这一年讲话中脍炙人口的语录，来说明领袖讲话的力量。我在网上找到"任正非最新语录"，经过比较选择，用了这些内容：

我若贪生怕死，何来让你们艰苦奋斗！

做好一切准备，与美国在山顶交锋！

骂美国政客，为美国企业说话！

不能使用民粹主义，这是害国的！

我不能为女儿、为华为而损害国家利益！

教育是最强大的国防！

正是任正非接受全球媒体采访时说的这些语句，凝聚了华为人的心，打动了中国人，打动了全世界有良知的人。

经过由两只拳头变成一只拳头的修改，例子更具体，论证更有力，"领袖之光"语言的力量，由此可见一斑。观众也印象深刻。

如果我当时想到了"去二留一"这个灵感时，还赖在床上没有行动，这个灵感就永远无法变现。

◎ **说做就做**

有一次，我在中山大学管理学院做讲座。讲座结束，很多学员围着我，与我互加微信。

回到酒店我突然想到，根据过去的经验，讲座后加的微信，多为凑热闹之举，日后也没有实际联系。怎样让微信真正用起来，成为我调查学习效果的一个工具呢？我想到一个主意，加微信要写感想，写写听课之后的真实感受。

这个主意行不行？我不知道。不试你怎么知道呢？我马上给加我微信的五位学员说，请他们把这次听课的收获发给我。

来看其中两篇心得。

甘蜜同学：

因为平时工作说话较多，加上不规范用嗓，我得了慢性咽炎，经常喉咙嘶哑。学习了殷老师的耳语练声法后，好像打通了任督二脉。用最大的力气发最小的声音，既练习了腰腹的力量，又解放了声带。我会坚持练习，希望 21 天后发出更美的声音。

段燕辉同学：

殷老师好，非常荣幸能听到这么精彩的课程。我是工程师出身，性格有点内向，虽然现在走上了管理岗位，但当众演讲，特别是即兴演讲一直是我的弱项。今天通过您的课程，我学到了练习当众演讲的方法，而且这些方法简单、易学和实用。

我相信按照这些方法去不断练习，一定会提高自己当众演讲的能力。

趁热打铁，快，我才能收到这些讲课效果的信息反馈。如果过了两天我再去落实这个想法，学员难以想起当晚的感受，黄花菜都凉了。

4. 恒试：反复实践

灵感产生后，光敢试还不够，要反复试。有的灵感，试一次可以成功；有的灵感，要在实践中反复试验，才会成功。所以，我们需要具有死磕到底的精神。

◎ 试出来的教学工具

我独创的"手机两查两拍"教学法，也是通过持之以恒的尝试，才在教学中总结出来的。

两查，就是用手机查生字，用手机查案例。

两拍，就是让学员用手机互拍，学员用手机拍老师。

别人上课，都是要求学员收起手机，而我的课则反着来，学员一定要带上手机。我把手机变成了上课时一种有趣的教具。这个创新是怎么来的？就来自我的反复尝试。

我怎么想起来用手机做教学呢？还是受学员的启发。上课时，总有学员用手机拍我的PPT课件，或者我在现场演示的练习内容。我就琢磨，能不能把手机也融进课堂教学呢？

于是，在有稿讲话训练中，我先设计了用手机查资料的环节。为了培养学员养成一丝不苟查字典的习惯，我专门准备了"覃、阚、缪、单"等做姓氏的多音字，让学员用手机上网查读音。没想到，学员觉得这个方法又好又有趣，就以小组为单位，你查"覃"，我查"单"，热火朝天，气氛好不热烈。用手机查字典，在有趣的设计中，达到了我的教学目的。

接下来，我又想到用手机查案例。

我在网上看到了罗援少将的一篇演讲稿《中美贸易战是什么？为什么？怎么办？》。这就是经典的演讲结构啊！于是我总结成"三么"说——是什么？为什么？怎么办？我准备将它用在教学当中，让学员学习。

原打算把演讲稿复印之后发给学员，可是文字太长，6100字，如果用纸打印出来，就太浪费了。索性还是用手机查。我在课件上打出罗援少将的照片和演讲题目，让每个学员用手机搜索这篇文章，然后小组讨论"三么"结构。一尝试，效果很好，有趣还节约。以后，只要是篇幅较长的教学案例，我就让学员用手机上网查，再也不用纸质资料了。

再来看两拍。

手机还能有什么用？我还不罢休，我又设计出学员用手机互拍视频法。

微笑练习就一个字：引。为了让学员能看清楚自己的微笑是否标准，我就让学员两人一组互拍视频，拍完了自己看，看自己的微笑是否标准。在有趣的拍摄过程中，学员自己给自己做老师，纠正微笑练习中的毛病。

顺着这个思路，我又让学员在"定耳舞诀"的每个教学单元中，增加了练习互拍视频的环节，拍视频、看视频、评视频，手机拍视频成了我演讲课教学中的一道独特风景。

让学员用手机拍老师，就是在课程结束时，我把课后练习内容重新演示一遍，学员边看边用手机拍，当作课后对照练习的参照。

5. 人人自带创造力

马斯洛说："创造力是每一个人都有可能发展的一种能力。把创造力限制在少数科学家、文学家和艺术家的多产创作上是一种陈腐观念。创造性是作为人类一员的每一个人都具有的天赋潜能。它和心理健康的发展密切相关，在心理健康发展的条件下，人人都可以表现出创造性。"

既然创新是"天赋潜能"，为什么95%的人对创新不敢想呢？主要是觉得创新是大人物的事，离我们太遥远。

◎ 学生反问我

老师可以创新，学生也可以创新。

一个周末，我在华南理工大学管理学院论坛上做《演讲与口才》的讲座。提问阶段，一位坐在后排的女生举手提问：

女生：殷老师，我讲话语速太快，怎样克服？

我：第一，练习"停三秒"。通过"各位老师，一、二、三；各位同学，一、二、三；大家好！一、二、三"，每句话停三秒，坚持每天100次，21天就可以学会停顿，变成习惯，把节奏放慢了。

第二，加手势。语言和手势相比哪个速度快？语言快，手势慢。每句话加上手势，手势就自然把语速带慢了。比如，什么叫"三乐"呢？第一乐叫自得其乐，第二乐叫知足常乐，第三乐叫助人为乐。每句话都加上手势，语速自然就会放慢了。

这两种方法，天天坚持练习，21 天后你的语速快问题就可以解决了。

女生：老师，那是不是说，"停三秒"解决的是句与句之间的停顿，加手势解决的是字与字之间的停顿？

我：没错，你总结得非常好！让我很受启发！我过去只想到这两种方法可以练习语速放慢，但没有想到它们一个是针对句快、一个是针对字快。真的是教学相长，你就是我的老师。谢谢你！

过去我只是总结出了克服语速快的两种方法，但是这两种方法之间是什么关系，并没有想清楚。这位同学总结成"字停法"和"句停法"，就让我的教学方法和逻辑更严谨、条理更清晰，这也是往前推进我的教学理论的一个小创新啊。

我的"珍珠"四论说

什么是"珍珠"四论呢？

发散思维捡"珍珠"；

收敛思维选"珍珠"；

灵感思维穿"珍珠"；

形象思维饰"珍珠"。

"珍珠"四论，是我自己总结的一组讲话和写作的创新思维方法，我一直在使用，非常有效。

1. 发散思维捡"珍珠"

发散思维是指一种不依常规，用多种思路、多条路径，寻求多样化答案的思维过程，包括同中求异原则、正向求反原则、多向辐射原则。发散思维捡"珍珠"的目的就是打破固化思维，放开思维的空间，把讲话稿写出新意。

写作中，发散思维可以分成两步。

（1）写什么？用天女散花式

当不知道写什么内容时，可以把能想到的先记下来。

我担任过三届中国电视艺术家协会金笔奖论文评选的评委。一开始，我也不知该讲评什么。

我就在看每篇论文时，把三言两语的感受记下来，记多了，再从随手记下的感受中选出题目。

我在看一篇有新意的论文时，引起共鸣了，就在论文的空白处记下"客舍青青柳色新。哪儿新？领域新、观点新、论据新、结构新、文笔新"一段文字。

看到两篇从头到尾没有小标题的论文，就随手记下来："要有条有理。条，是观点；条，要简明；条，要醒目。"

最后，我就从上百条的随记火花中筛选，确定了要讲的三个问题：文如其人，有条有理，"珍珠"四论。

（2）怎么写？用定点发散式

当确定了"写什么"之后，还要围绕着主题进行第二次思维发散，让写作内容充实、饱满、有新意。

来看个例子。

某次，我在力合商学院做演讲点评老师。30 位学员上台讲，我一对一地点评。点评后，我准备写一篇解决演讲常见问题的博客文章。怎么写？第一步"天女散花式思考法"，先把当天看到的学员的问题全部记录下来，一共七点。通过梳理，聚焦在"演讲怎样满足听众需求"这个问题上。

接下来进行第二轮发散思维：定点发散式。

围绕着"怎么满足听众需求"的主题，又列出了这些思考火花：

韩愈说师者"传道、授业、解惑"，解听众的哪些"惑"？思想之惑，方法之惑。

马斯洛的五种需求理论。

对症下药法：听众有什么症，我有什么药？

道、法、术：给听众讲"道"，还是讲"法"，还是讲"术"？

我在网上找资料开阔思路。找到了演讲目的有两点：一是解决听众思想上的困惑，二是给听众解决问题的方法。

看了网上资料，我总结出演讲要满足听众三种需求：一是解惑，二是给方法，三是解惑＋给方法。

经过两轮发散思维，我写出了下面这篇文章。

演讲要满足听众三种需求

演讲的目的，就是满足听众需求。具体说来，要满足听众的三种需求：解惑、给方法、解惑＋给方法。

一、解惑

就是通过你的演讲，解除听众心中的疑惑之处。

例如，我在演讲课堂上希望教书育人合二为一，所以就推荐学员读《论语》。但是很多学员不知道为什么要读《论语》，我就要"解惑"了。我给学员讲道：《论语》是经典当中的起点，是中国传统文化的根本。读了《论语》你不会得抑郁症。"

为什么这么说呢？因为《论语》从头到尾一万六千字，没有一个"愁"字，通篇都是让人快乐，不忧愁的。

我们以《论语》开篇第一段为例。"学而时习之，不亦说乎；有朋自远方来，不亦乐乎；人不知而不愠，不亦君子乎。"

第一句，"学而时习之，不亦说乎"，讲的是学习做人道理、做事知识，并加以练习和实践，有了进步，内心就会觉得很喜悦。这是自己内心的乐。

第二句，"有朋自远方来，不亦乐乎"，讲的是自己有德行，所以志同道合的朋友很多，朋友从远方而来看望自己，切磋交流，相处得开心愉快。这是与人相处的快乐。

第三句，"人不知而不愠，不亦君子乎"，讲的是别人对自己不理解，不了解，委屈自己，误会自己，我也能够不生气，坦然处之。这是受到委屈时候的不生气。

学员们听了我对《论语》第一段话的讲解，认识到了读《论语》能提高自己修养、开阔胸襟。这就达到了演讲帮人解惑的目的。

二、给方法

就是当听众"众里寻他千百度"，找不到解决问题的出路时，你能给他提供大道至简的方法。例如，很多人想学习科学用气发声方法，解决自己声音嘶哑、声音不悦耳的问题，可是一直找不到。于是，我就在演讲中，把耳语练声法教给听众，让他一说悄悄话马上肚子累，体会到气沉丹田的感觉，这就是给方法，给听众科学用气发声的方法。

一位听众学了我的耳语练声法，经过 11 天的课后练习，给我发来邮件："我之前接触过一些发声练习方面的知识，胸腹式呼吸、三腔共鸣、张大口咽肌训练、刮舌，非常玄妙，不好掌握，没练几天就练不下去了。通过耳语法的练习，我的声音有了很大改变，第一次感觉自己的声音很动听。"

这就是给方法的演讲例子。

三、解惑＋给方法

就是既解除听众的疑惑，又给出实用的解决问题的方法。具体的演讲结构可以用"三么"法：是什么？为什么？怎么办？

例如我在课堂上讲耳语练声法，就是用的"三么"法。

第一，是什么？耳语练声法就是用悄悄话的形式快速掌握气沉丹田的练声方法。

第二，为什么？讲耳语练声法的好处：三美（美声、美身、美神）两不（不吵、不累）。

第三,怎么办? 讲练习耳语的方法:一是微笑练,二是小声练,三是加手势练。

这里,通过第一个问题,回答了耳语练声法"是什么";第二个问题,回答了"为什么"要练习耳语法;第三个问题,回答了学员"怎么练"的问题。

以上就讲了满足听众需求的三种方法:解惑、给方法、解惑＋给方法。

上面就讲了发散思维捡"珍珠"的两步:写什么? 用天女散花式发散思维;怎么写? 用定点发散式思维。

2. 收敛思维选"珍珠"

将想到的所有讲话或写文章的素材,一股脑儿记下来,这是发散思维捡"珍珠",从捡回来的素材中精挑细选出最优质的材料,就是收敛思维选"珍珠"。

◎ 手机互动法是怎样被选中的

有一次,我给深圳一家公司的培训师做内训,这家公司是专门给外贸企业做落地辅导培训的。公司负责人提出了一个特殊要求:教给在场的培训师一招学了就能用的互动法。

按照老习惯,先发散思维捡"珍珠"。我列出了主持和讲课中十种常用的互动方法,经过收敛、压缩,其中四个独创的方法胜出:手机互动法、现场体验法、视频对比法和学员仿招法。

对这四个互动法进行比较和筛选后,就将手机互动法放在课堂上重点练习。

什么是手机互动法? 就是学员之间用手机互拍进行的一系列教学法。来看例子。

第一步,老师演示。"各位领导、各位同事:大家好! 我叫殷亚敏。我今天演讲的题目是:'携手同行(双手握在一起),合作共赢(两手伸出大拇指)'。"

第二步,学员模仿练习。我边加动作边说"携手同行",学员边说双手边握在一起;我再加上动作说"合作共赢",学员说的时候,两手同时伸出大拇指。

第三步,学员双人练习。两人一组,一起练习两遍。

第四步,拍摄视频。一个学员练习,另一个学员帮他拍视频。然后互换角色练习和拍摄。

第五步，看视频、写小结，小结要写出三点：优点、不足和怎样改。

第六步，两人一组，互相读小结。

为什么最后选中了手机互动法呢？因为它有四大好处：趣教、自教、互教、全练。

一是趣教。一般情况下，老师上课时都要求将学员的手机收上来，以防分心。我是反其道而行之，允许学员上课带手机，手机在课上成为学员的学习工具，这种教学方式得到学员的认可，他们开心。

二是自教。自己看视频，给自己当评委，给自己挑毛病，效果好于别人挑毛病。

三是互教。两个人一起练习，互为老师，取长补短。

四是全练。这个方法把现场体验、学员仿招和手机互动融合在一起。

我在课后收到了许多学员的反馈：殷老师倡导的手机互动法，形式新颖，有趣好用，能达到了一箭多雕的效果。

3. 灵感思维穿"珍珠"

灵光一现，一个好点子来了。"灵光一现"的前提一定是冥思苦想。通过冥思苦想偶然得之，终于豁然开朗。

化学元素周期表，是门捷列夫在睡梦中排列出来的；"圆舞曲之王"约翰·施特劳斯在灵感突降时，没有纸，就脱下衬衣，在衣袖上谱出不朽的《蓝色多瑙河》。

…………

灵感思维穿"珍珠"，就是通过顿悟找到一根绳子，把闪光的材料点巧妙地穿到一起。

怎样穿"珍珠"？我用的是口诀穿。什么是口诀？就是把几个观点压缩成一个常用词，例如"三农"就是把农村、农民、农业三个词意压缩成一个词。

浙江电视台王森的一等奖论文《论财经节目主持人的特点及定位》，他的论文结构就是一个口诀：深浅真正。深，专业见解深入；浅，浅出，把财经术语变成大白话；真，真情实感，真诚的态度；正，正确导向。

王森告诉我，为了想出这个"深浅真正"的结构，他花了两天时间，是突然想到的。就是这一念灵感，将论文巧妙地穿起来了，特别好记。我再给他个建议：如果反过来，变成"真正深浅"，这四个观点就更上口好记了。

苦想是人的意识在工作，通过苦想，大脑印象深刻，才会进入潜意识。潜意识只有在放松状态下才工作，灵感往往会选择这时候到来。

4. 形象思维饰"珍珠"

形象思维就是凭借事物的具象或表象进行联想。说白了，就是要会打比方。

用形象思维饰"珍珠"，就是要找到通俗易懂的讲话与写作材料，让观众和读者好听好看好记。具体包括两个方面：一是将讲话与写作的观点形象化，二是将讲话与写作举出的例子或论据形象化。

◎ 冰糖葫芦与口诀

现在重点说说观点形象化。

口诀，就是把两个以上的小观点变成常用词。目的是让观众记住演讲者的一串小观点。可是我过去每次把这个口诀的定义告诉学员的时候，总有学员不明白它的定义。

怎么办呢？我一直在思考怎样找到一个形象的说法。有一天逛街时，我看到一个卖冰糖葫芦的小摊，来了灵感：用冰糖葫芦比喻口诀。

后来，我在介绍口诀定义的那一页课件上，贴上了一张冰糖葫芦的图片。上课时指着图片说：口诀就像这个冰糖葫芦。你看，这一颗一颗鲜红的山楂，就是讲话的一个一个的小观点；这根竹扦，就是穿起小观点的口诀。没有这根竹扦，冰糖葫芦就是散的，用竹扦穿起来，一拿就是一串。口诀就是穿起小观点的竹扦，目的就是让观众记住一串的观点。

这么形象化的比喻，学员对口诀的定义全明白了。

我最近在读学者鲍鹏山的《好的教育》一书，他很喜欢用口诀来表达观点。

他在书的序言中用"三望"——回望、失望、眺望，告诉读者为什么出版此书。

他说：人生境界有"三谋"——谋生、谋智、谋道。

为了弘扬孔子教育，他说，我们需要"动手、援手、拍手"……一个个口诀穿起了他的观点，好记，且深入人心。

"珍珠"四论所说四种思维方法之间有什么关系呢？发散思维与收敛思维有前后的逻辑关系，一定是先发散思维，再收敛思维。灵感思维和形象思维则是贯穿在前两个思维过程当中的，没有时间先后的顺序，不要教条化，而要灵活运用。

一切创新都是为了解决问题

一切创新都是为了解决问题。为什么？陶行知说："创造始于问题，有了问题才会思考，有了思考，才有解决问题的方法，才能找到独立思路的可能。"

因为大多数人害怕问题，所以抓不住创新的机会，机会则被善于拥抱问题的少数人抓走了。

我总结出七种常用创新法，都是我用过且行之有效的。

1. 不重复

在做事的过程中，既不重复自己，也不重复别人。

回想这些年来，我之所以在写作新闻稿、主持词、演讲与口才课程中能有一点创新，与我"不重复"的习惯紧密相连。

35 年的广播电视职业生涯中，我曾经获得第二届"金话筒"银奖、第三届"金话筒"金奖、中国新闻奖三等奖、中国广播新闻奖一等奖、河南省电视专题节目一等奖、广东省新闻奖一等奖。选送的节目只有达到有新创意、新结构、新观点、新人物的要求，才有可能在竞争激烈的新闻评奖中脱颖而出。

我的不重复，是既不重复自己，也不重复别人。

◎ 先过自己这关

2019 年 10 月，我在珠海担纲主持《道不远人——南怀瑾先生的文化自信》公益讲座节目。上一年主办方做过一场类似的讲座，也是由我主持，所以这次的总负责人就让我继续沿用上一年的开场白。

我原来也想如此，省事。最后，我的内心还是让不肯重复自己的执拗占了上风，静下来后，想着怎样把主持词写得更好。

上一年，也就是 2018 年 11 月 4 日的讲座，我的主持词是这样写的：

尊敬的各位来宾、各位热爱南怀瑾老师的南粉：

大家下午好！欢迎大家出席《忆百年怀师——纪念南怀瑾先生百年诞辰》公益讲座。

我是主持人殷亚敏。

今年，是南怀瑾先生百年诞辰，北京、上海、台北各地都在隆重纪念。

我们为何隆重纪念和缅怀南师？因为南怀瑾老师堪称一位立言、立功、立德的当代伟人。

　　先说南老师的立言。上下五千年，纵横十万里；经纶三大教，出入百家言。这是对南老师立言的高度概括。举两个小例子。南老师26岁在峨眉山闭关三年，已经通读《大藏经》。《大藏经》4200卷，23000册；道家经论名为《道藏》，8000多卷，南老师在《老子他说》里讲到，他也通读了。四书五经，南老师更是在少年时就已烂熟于心。

　　读书数十万卷，融会贯通，厚积薄发，所以南老师才能著作等身，毕生弘扬中国文化的著作已出版54种，等到出齐，将达70种左右。这些著作将全部由东方出版社出版。

　　《人民日报》原副总编辑周瑞金讲，南老师的书，深受士农工学商、各阶层各党派读者喜爱。读者群从十几岁到九十几岁，各年龄段全部覆盖。包括我们中央的一些领导，原副总理吴仪女士，她读老师的书，还在老师生前专门到太湖大学堂拜访过老师。还有全国政协主席汪洋，他也读老师的书，而且在干部大会上引用老师的思想来教育干部。王岐山同志也因南老师的书，成为南老师的故交好友。

　　再说立功。国共两党达成"九二共识"，汪辜进行历史性会谈，基础是南老师奠定的。金温铁路盼了80年，七次未能修成。南老师筹集4000多万美元，呕心沥血，历经五年，终于修成首条中外合资铁路。最后自己分文未取，全部股份交还国家。

　　何谓立德？南老师的儿子说：父亲视天下人为儿女，视儿女为天下人。我读南老师书十年，和广大读者深有同感：父母给我生命，南老师给我慧命。

　　这正是千千万万受南老师道德文章教化、改变人生轨迹者的肺腑之言！环顾当今中华大地，传承文明、教化人性，功德完满者，谁人能出南老师其右？

　　今天，我们在珠海举办《纪念南怀瑾先生百年诞辰》讲座，就是要接过南老师手中的中华文明火炬，为再造超越汉唐盛世的中华民族百年辉煌，尽绵薄之力！

《忆百年怀师——纪念南怀瑾先生百年诞辰》珠海公益讲座，现在开始！

读后，我决定："三不朽"的结构要修改，内容只用一部分，于是重新构思。在2019年的讲座中，我用了如下主持词。

各位来宾、各位朋友、各位热爱南师著作的读者：

大家下午好！

《道不远人——南怀瑾先生的文化自信》公益讲座现在开始。

侠骨柔情天付予，

临风玉树立中衢。

知君两件关心事，

世上苍生架上书。

早在七十多年前，南怀瑾老师才二十岁出头时，他在四川的一位患难之交钱吉先生就写了上面这首诗赠给他。这位至交可谓有眼力，善识人。如今，南老师已经离我们远去，细数先生的功德才发现，能概括他一生功业的，就是关心苍生、关心文化两件大事。

先说关心苍生。国共两党达成"九二共识"，汪辜进行历史性会谈，基础是南老师奠定的。金温铁路盼了80年，七次未能修成。南老师筹集4000多万美元资金，呕心沥血，历经五年，终于修成首条中外合资铁路。最后自己分文未取，全部股份交还国家。

再说关心文化。

南怀瑾老师毕生弘扬中国文化的著作已出版54种。等到出齐，将达70种左右。这些著作将全部由东方出版社出版。

《人民日报》原副总编辑周瑞金讲：南老师的书，深受士农工学商各阶层各党派读者喜爱。读者群从十几岁到九十几岁，各年龄段全部覆盖。包括我们中央的一些领导，原副总理吴仪女士，她不光读老师的书，还在老师生前专门到太湖大学堂拜访过老师。还有全国政协主席汪洋，他也读老师的书，而且还在干部大会上引用老师的思想来教育干部。

铭记南师的教诲，弘扬中国文化，需要滴水穿石，久久为功。到今天为止，我们珠海市的南师弟子已经是连续第三年举办"弘扬南师精神"讲座了，而且每届参会人数在全国各城市中规模都是最大的。

今天我们特意邀请南怀瑾先生的幼子、南怀瑾文教基金会理事长南国熙先生和南师弟子、中国资本市场资深专家李青原女士来到珠海，聊一聊南怀瑾先生的人生经历和故事，说一说南先生的思想及教化，一起追忆南师、缅怀南师，一起了解、承继和宣扬中华优秀传统文化，坚定文化自信，担当文化使命！

完成修改后，我算是过了自己这一关！

我先后主持了一百多场名人讲座，每次拿到主办方提供的主持稿，我都不会照本宣科，而是反复搜集、阅读主讲人的资料，对主持稿进行修改，让主持词更加精准、传神。

◎ "蜗牛"穿词

2008 年，我在《珠海文化大讲堂》主持一期俞敏洪先生的讲座，事前发给我的主持词是这样的：

俞敏洪老师，历经三次高考，考入北京大学西语系，1985 年，正式于北京大学毕业，之后留校任教。

1988 年，俞敏洪计划出国，同年参加托福考试考了 663 分。

1989 年，由于美国开始对中国紧缩留学政策，出国未成。后来俞敏洪从北大辞职，在培训学校打工，随后发现观念相差颇大，于是萌发了自立门户的念头。

1993 年，俞敏洪正式创办北京新东方学校。2003 年，新东方学校注册成立了新东方教育集团，俞敏洪身兼董事长和总裁职务。

2006 年 9 月 7 日，新东方在美国纽约股票交易所正式挂牌上市，成为中国教育在美国上市第一股。

这样的介绍过于呆板，我花了一天上网搜集俞敏洪的资料，冥思苦想，用"蜗牛"这个词把主持词穿了起来。

俞敏洪老师是一只蜗牛。

这是他自己在多场演讲当中反复讲的一个故事，他说只有两种动物可以登上人生金字塔顶端：一种是展翅高飞的雄鹰，一种是坚持不懈缓慢爬行的蜗牛，而俞老师就是那只蜗牛。

他大学连考三年考上了北京大学西语系；他 1993 年开办新东方学校，从教 13 个学生开班，至今走过了 15 年，到 2008 年，在 37 个城市办了分校，一年培训 150 万人次，他本人登上了中国财富榜的"金字塔"。

他还在攀登另外一座"金字塔"：每年出钱资助 2000 名大学生，帮助他们完成学业，他在扬州办了一所私立学校，他梦想中的私立人文大学在筹备当中。

俞老师像是一只安装了电动马达的蜗牛，今天上午在深圳演讲，一点钟刚到珠海，三点钟就要开始演讲，今天晚上还要到中山大学珠海校区去演讲。

这段主持词中，我使用的都是精确数字。这些数字散落在不同资料里，需要仔细寻找，还要认真核对。例如，俞敏洪"每年出钱资助大学生完成学业"的数字，我在网上查到，2005 年是 1500 名，那么时隔三年之后，这个数字是多少呢？讲座前，我专门跟他核对，了解到最新数字是 2000 名，我便在主持词中引用了最新数字。

以这样一种不肯重复别人的执着，我把主持词写出了新意，让俞敏洪印象深刻。

当《21 天掌握当众讲话诀窍》即将出版时，我向俞敏洪老师发去邀请，希望他帮我写推荐语，他很痛快地答应了。利用坐飞机的空当儿，他看完了书稿，并写下推荐语：

殷亚敏老师在多年的实践后，高度总结了训练当众讲话能力的这本书。我们都知道，一个人不仅仅要有能力，而且还要有把自己的能力推销出去的能力，那就是说服力和演讲能力。

殷老师提供的"定耳舞诀"四字真经解决方法，对于那些希望提高自己当众讲话能力的人来说，是难得的指导。大家按照殷老师的方法做一做，放大胆子练一练，奇迹也许就会发生。

养成了不重复的习惯，我便在写作、主持、讲课中不知不觉创新，不知不觉进步。

2. 拥抱问题，也发现了机遇

很多人遇到问题，不是放弃，就是绕开。实际上，问题正是创造的契机。拥抱问题，解决问题，往往就是新的创造。

◎ 制造"切肤之痛"

成年学员听课经常会存在这种问题：上课激动，下了课不动。

我的演讲与口才课，前十年也一直存在这个问题。课堂上，学员学习耳语练声法的热情都很高，但是课后真正坚持练习者很少。不练习，气沉丹田的方法就不能变成自己的肌肉记忆。

怎么办？我一直在思考怎么解决这个问题。

我分析学员课后不练习的心理原因是缺乏制约，练习和不练习，没有什么约束。

有一年在东莞讲课时，一个学员讲了一个故事。他说，对于行动力不强的人，让他肉疼，他才能行动。比方说你把他的钱包扔到墙那面，他肯定马上翻墙，将钱包捡回来。

由这个故事，我受到启发。如果和个人利益无关，他绝对不干翻墙的事儿。自己的钱包被扔到墙外，这是和自己切身利益挂钩了，自然就行动了。那我怎样让学员的练习和自己的切身利益挂起钩呢？

在和学员的讨论中，我设计出一个课后练习的方法：210元练习法。建立一个 21 天练习群：

　　1）选一位群主，管理练习群的考勤及资金；

　　2）建群后，练习 21 天为一个周期。从规定的第一天起，每人连续 21 天在群里打卡一次，上传《人一之》练习的音频、视频或照片，直至 21 天结束；

　　3）为互相监督和激励，参与的学员，每人上交 210 元给群主，缺席打卡一天、缺席上传练习资料一天，群主扣该学员 10 元，21 天结束时，根据出勤情况，群主清算资金并退还。扣除的资金，学员集体商量处理。

　　这个方法真灵。自从 2017 年建立了 21 天练习群后，课后练习的难题得到了有效的解决。每个班建立的 21 天练习群，自愿参加的学员，少的有一半，多的有 90%。例如清华研究院总裁演讲班 17 期，40 名学员，参加 21 天练习的学员有 38 人。

　　什么是问题？毛主席说，问题就是矛盾。解决矛盾，关键是要找到造成矛盾的原因。

　　我给学生的期末口试打分，原来的做法是，一星期后公布分数。个别学生看到分数时，觉得老师给他的成绩低了，就扯皮。有学生发邮件问我，为什么他的分那么低？因为都是现场打分，那么多人我也记不住，就说不清了。这个问题让我头疼，但我一直想着怎样解决。

　　我先找出产生矛盾的原因。分析后发现，我给学生打的分没问题，客观准确。只不过有的学生自我感觉很好，高估了自己。因为从考试到公布成绩，间隔半个月，我已经记不清为什么给他们扣分了。如果能让学生当场看分，有疑问，我当场解释，矛盾就会化解。

　　找到症结，就有了解决方法。我改变了以前的做法，当场打分，考试结束后便让学生看到分数。

　　这种方法有两个好处：一是学生问得及时，我答得及时，学生没有疑问，也不会投诉了。二是学生能及时认识不足，及时反省。

来看温同学拿到口语考试成绩后的感悟。

期中口语考试那天，大部分表演的同学举手投足之间都隐隐透露出一丝紧张。我暗自安慰自己，经过昨晚的反复练习，今天的口语考试应该可以顺利通关。出乎意料的是，我居然成为为数不多的低分成员之一。

殷教授语重心长地对我说："你朗诵的气息力度和动作的完整性让我印象深刻，但是每一个动作的高低掌握、力度控制，这些细节的忽视是扣分的关键原因。"

那一刻，自责、失落、懊悔顿时涌上心头。自责的是，教授反复强调一学期的细心习惯的培养，为何我却仍如"秋风之过耳"？

我不敢面对教授质疑和失望的眼神。

懊悔的是，细节即平时点滴的细心，为何自己未能细心地琢磨过练习的动作是否达到了标准要求？1%的错误，会带来100%的失败。那次，我真正理解了细节的真谛。我为粗心付出了代价，更坚定了要做一个细心人的信念。

3. 逆向思维，解决"正向"不及

可以说，我的"定耳舞诀"演讲训练法，大都是逆向思维的产物。别人从正面想问题，而我从反面想。

耳语练声法，是练声不出声；"三定"练胆法，是内病外治；"双人舞"练情法，是通过手势调动内心的情感。

再如，拘谨是很多人上台讲话的状态。什么是拘谨？就是自己把自己给"拘"住、"捆"住了。

怎么样解开这种被"拘"被"捆"的状态呢？

知乎上有人说，你要从内心相信。我对外界的反应只要出于内心，不违法、违背道德，那么就是合理的，我就要坚持。

实际上，光靠内心相信是不行的，你已经形成的拘束状态，比如，脸上表情放不开，肢体动作放不开，呈现出的仍然是一副受拘束的样子。怎么办？用反向思维：先打开手，后打开心。

◎ **手开，心也开**

我在演讲课堂上让学员练习耳语《稀奇》，手一打开，心就打开了。《稀奇》的内容是这样的：

"稀奇稀奇真稀奇，麻雀踩死老母鸡。蚂蚁身长三尺六，八十岁的老头躺在摇篮里。"

先用耳语说三遍，体会气沉丹田的感觉，然后就要加上手势练习了。结果，夸张风趣的手势一做，人就马上放松、兴奋了。

为了强化这种逆向思维的效果，这时我说，请大家记下八个字：手一打开，心就打开！上台拘谨、性格内向的学员，每天练习20遍《稀奇》，练习一个月，性格就变得外向开朗了。

4. 交叉组合不相干事物

将两个不相干的东西有机结合，进行创新。

我在教学中，布置了专业交叉和兴趣交叉两种作业，有效培养了学生的创新能力。

（1）专业交叉

让学生将自己的专业和演讲课交叉来创新。

我在大学所教的演讲与口才课是一门选修课，学生来自影视、新闻、国际政治、公共关系、环境科学、计算机、会计、财务、应用经济、教育共四个年级十个专业。为了培养不同专业学生的创造性思维，我布置了一份别出心裁的期中作业，逼着每个学生将所学专业和演讲与口才课结合，交出一份创意作品。

这份作业逼出的创新成果出乎我的意料：计算机专业的学生把我的"定耳舞诀"教学内容制作成教学软件，市场营销专业的同学制作了一份当众讲话课的市场培训推广方案，心理学专业的同学通过仪器验证了微笑对大脑的好处，学广告制作的同学为演讲与口才课设计了广告标识。

◎ **主副交叉**

温静同学是新闻专业的，她用新闻写作和新闻摄影知识，将自己在演讲课上拍摄的照片、采写的新闻稿制成一本电子纪念册，她的交叉创新受到了老师、同学一致的好评。

来看她的作业。

出色地完成期中创意作业——电子纪念册，我深刻感受到了用心做事带来的快乐。虽然是第一次制作电子杂志，当时有很多与我创意相同的同学，但是当自己的电子书被评为最受同学欢迎的创意作业之一时，我坚信是用心做事的态度带给了自己这份荣誉。

回首期中作业，从创意的构想到实施，从精心挑选的每一张照片到精心制作的每一个模板，以及整本书的语言编排，每一页、每幅图、每个字，我都付出了心血和时间。那份热忱不是为了完成任务，而是想努力用心做好，为自己热爱的演讲艺术课程留下美好回忆。

把所学专业同演讲与口才课做交叉创新的作业，让每一位同学都体会到人人皆可创新，也增强了自信心。

（2）兴趣交叉

将个人兴趣、特长和演讲课交叉，达到创新。

能作曲会弹钢琴的就将我这门课的内容自己填词、谱曲、演唱。会演小品的，就设计电视购物的桥段，推介老师新书。这样，交叉的范围更宽，学生更容易发挥。

若玉同学的专业是广告，喜欢金庸小说，选修了武术课，就把武林秘籍和演讲课的内容结合起来，交了份创意作业。

她画了一张图，叫《讲话能力修炼大法》。

总结出"殷氏"秘籍。四层内功分别是：胆、声、情、识。热门方法是:《人一之》、笑定、眼定、站定，耳语练声法，"双人舞"练情法，"一简二活三口诀"练识法。

完成这个作业让她真正体验到，原来武术和演讲的交叉整合，也可以写出有创造性的广告推广文案。

5. 移花接木，是转化不是照搬

移花接木，就是将别的领域的有效方法，借用到自己的专业中使用。

葛优给中国移动神州行做过的一个广告可谓家喻户晓。这个广告当中，葛优伸出大拇指的手势让我印象深刻。我就把它移花接木，用到我的演讲课上。经过反复琢磨，就有了"清华演讲班真棒"这个设计。

◎ "清华演讲班真棒"的出炉

演讲课一开场，我先设计了这样一个练习：什么叫有魅力的讲话呢？我们来做一个试验：

用三种方式来说"清华演讲班真棒"这句话。第一遍，面无表情地说；第二遍，面带微笑地说；第三遍，微笑加伸大拇指的手势说。等学生说完，我问：上面三种讲话方式，哪种最好？学生答：第三种最好。

我又问：为什么第三种最好？

学生答：因为加了肢体语言、手势和表情。

我说：对，有魅力的讲话，绝不能只用口讲，一定要口、手、脸共同参与，才能达到最佳效果。

学员通过亲身参与的体验，自己得出了正确结论。这个练习，就是移花接木获取灵感的果。

我在演讲课上设计了一个演讲题目，《职业规划"三要"说》。一要好，就是选择自己最热爱的职业；二要小，就是职业选择要锁定到职位，而不是行业；三要早，就是确定了自己热爱的职业以后，要及早去实践，感受体验。

大多数学生并不知道自己到底热爱什么职业，怎么让他们找到爱好呢？有一天，我在网上看到一位讲自信心课程的澳洲华人讲师，讲到一个21选7，再选1的数字游戏。第一步，先让学员列出21件令自己骄傲的事情；第二步，从21件事情中选出7件最骄傲的事情；第三步，看看这7件事中有没有统一规律。

我就移花接木地把"21选7"用到帮助学生进行职业规划上。

◎ "21选7"法

张同学和黄同学，通过"21选7"的方法，确定了自己的职业兴趣是做记者。

张同学：

职业规划"三要"说

各位老师，各位同学：

大家好。今天我和大家谈谈我的职业规划"三要"说。

第一是要好（爱好）。我常怀仁慈悲悯之心，哀叹人间疾苦，所以希望成为一名记者。

第二是要小。我希望成为一名报道社会新闻的记者。

第三是要早。我从大一起就向各类报纸、杂志积极投稿。

黄同学：

很庆幸，我在演讲课堂上接触到了职业规划"三要"说。作为选上这门选修课的屈指可数的大一学生，我根据老师的"21 选 7"法在《曾经的成就》中将自己好好地审视了一遍，为自己找准了目标所在，即做旅游卫视的随同口译员，并开始为此付诸行动。

我每周会在图书馆翻阅大量翻译类杂志，对有价值的内容及时摘录；每次在英语课上做报告时，我都会以"三定"严格要求自己，并做到语言有韵律、内容有条理，就连外教也为我的演讲展示竖起了大拇指，赞叹说："Wow, excellent！"那一刻，我收获的不仅是一份肯定，更是对自己未来的一份自信。

6. 转换空间，催生灵感和勇敢

在教学中，我将演讲训练场地从教室搬到露天舞台，就是将空间做转换的创新。

◎ 冲破束缚的广场表演

范同学：

13 周的演讲课程中，最令我难忘也令我蜕变的是在 F 区广场当众表演"一字悟"的那一次。

那堂课我是和演讲（2）班的同学们一起度过的。面对一张张陌生的面孔，坐在小角落里的我本想跟着大家默默地完成这次课程，没想到殷老师要求全班同学到 F 区广场表演"双人舞"，害怕当众出丑的我心里隐隐担心着。

当天的情况很特殊，UIC（北京师范大学－香港浸会大学联合国际学院）正在举行五周年教师聚餐会，地点就在 F 区广场，人来人往，热闹非凡。我们被分成三个小分队，每队占领 F 区一个显眼区域，然后轮流稳步上台，笑定、眼定、站定之后，对着台下所有"观众"说："各位老师，各位同学，大家好！我的'一字悟'是'胆'！"

　　很快轮到我了，在高高的台阶上站定之后，我看着向我露出鼓励笑容的殷老师以及帮我数着"一、二、三"的同学们，不由自主地上扬起嘴角，紧张的情绪也放松了。当我用洪亮的声音表演完，也在内心为自己鼓了一次掌。

　　这节课告诉我，要冲破自己对自己的束缚，勇敢地去做那个最棒的自己。

　　现在的我不再害怕和陌生人交谈，也不再害怕对着陌生人演讲，我相信这对于我日后的职业生涯有着很大的帮助。在前几天的一次采访中，我作为一名实习记者，从容地和《南方都市报》的记者站在一起，共同采访了广东省教育厅的领导。

7. 链条式创新：1+1＞2

　　所谓链条式创新，就是在一个创新成果基础上继续叠加创新的举措。

　　为了培养学生的孝心，做到教书又育人，我创新了《父母之长》演讲稿作业。

　　怎样让学生写好《父母之长》呢？

　　先用发散思维捡"珍珠"法列出父母的五个优点；

　　再用收敛思维选"珍珠"法选出最闪亮的一条；

　　最后用"一简二活"法写出《父母之长》的"一字悟"。

◎ 先写后读，再写再读

父母之长

各位老师，各位同学：

　　大家好。我是蔡梦琪。今天我来夸夸我的父亲。在我眼里父亲有五个优点：很孝顺、很热心、有担当、很幽默、脾气好。

　　在这五个优点里，我觉得我父亲最大的优点是很热心。

　　举个例子。去年年三十，爸爸正开车带着我和妈妈去奶奶家吃年夜饭。

路过火车站时，他发现路边站着一个拉着行李箱的人，那个人看起来很着急。爸爸就停下车问他发生了什么事。原来他是来走亲戚的，结果被人偷了钱包，现在没钱也没手机，联系不上亲戚，只知道亲戚家的地址。

爸爸听说后就问他要了地址，决定先把陌生人送到他亲戚家，我们再去奶奶家吃年夜饭。由此可见，我爸真的很热心。

在首次创新的基础上，第二学期我将创新延伸，让学生把《父母之长》作业读给父母听。学生读后，父母的反应之强烈让他们深受感动。

之后，我再次延伸创新，让学生写一篇"一字悟"，即父母的听后感，人人都在小组和班上读。通过不断地延伸创新，就将孝心演讲练习变成一个创新教学的链条。

各位老师、各位同学：

大家好！

我叫宋××，今天我演讲的题目是《父母之长》。我父亲的长处是有恒心。他曾经长期坚持每天学习英语，即使深夜归来，也要读半个小时英语。这是我所没有的恒心与毅力。

谢谢大家。

《父母之长》读后父母反馈：

爸爸：哈哈，没有，没有。你自己也要努力啊，意识到自己的不足就去改进。现在学校有这么好的条件更要努力学习英语啊。

宋同学感悟：

爸爸一直都不太会表达自己的感情，但是我还是从他的三言两语中听到了他的开心。与父母多交流，说好话也要用在父母身上啊。把父母当成朋友对待，会让我们彼此了解更多。很多话我总是不好意思说，通过这次的作业，我真的感触良多。

链条式演讲训练了先发散后收敛的思维方式，培养了先写后讲的习惯，同时发现了父母的优点，培养了孩子的孝心，两代人之间形成了有效沟通。

第四章

学演讲要有
一箭多雕思维

一箭多雕是投入产出比很高的一种思维方式。只要善于琢磨、善于总结，这种思维人人都学得会、用得上。

>>>>>>>>>>>>>

在掌握演讲技能的过程中，学一个，练一个，会一个，这叫一箭一雕。如果通过一个练习掌握两个技巧，三个技巧，或者更多技巧，那就是一箭多雕。

什么是"一箭多雕"

"箭"指做事的方法，"雕"是要达到的目的。一箭多雕思维就是做一件事，达到两个甚至更多目的的方法。

通过演讲教学，我体会到了一箭多雕的好处。

比如，耳语练声法的练习，有三个效果：美声、美身、美神。

美声，练出悦耳动听的好声音；美身，耳语练习时肚子累，达到腹部减肥的效果；美神，气沉丹田之后，全身放松，让人气定神闲。这样一讲，学员学习耳语练声法的积极性就更高了。

◎ 学员峻梅的"一字悟"

谦

今日反省，生活中做人做事，处处离不开一个"谦"字。唯有守着这个字，才能让自己时时警惕，止恶扬善。

今日跟小区物业联系一事情。我用微信打字联系对方的工作人员之时，就写了"小××，有没有空，方便的话，到我家跑一趟"。心里想着这样一来，就省得我出门了。

因为对方年龄二十出头，比我小了将近二十岁。知道自己"倚老卖老"了，而且心里觉得他是物业我是业主，他理应为我做事，我是"上帝"嘛。当意识到自己"以大欺小""恃强凌弱"的心态后，我开始调整自己，站在对方角度考虑，问他何时方便，告诉他自己什么时候有空，他那个时候方便的话，我去跑一趟物业来办理。如此做了以后，感觉自己坦然舒服了很多。

以上就是我体会到的"谦"字，这个字可以让我谦卑，清醒地知道自己是谁，待人少些傲慢多些理解，真正地尊重别人，就是尊重自己。

这篇"一字悟"写得很好，好在一箭双雕上。

第一雕，稿——就是练习了最佳的讲话稿写作法。

一个字的观点：谦，观点简练，好记。马上举出自己联系物业的例子，紧扣观点。通过事例表达了自己对"谦"的感悟。"观点加例子"的说服力非常强。

第二雕，做——学习传统文化落实在行动上。

古人讲：满招损，谦受益。《易经》八八六十四卦，仅一卦只有吉没有凶，就是谦卦。峻梅同学是南怀瑾老师的学生，跟着南老师的书学习传统文化，不在你讲多少，而在你是否身体力行。而在这篇"一字悟"中就体现了她是真学真干。觉察到自己念头中的傲慢心，马上就改正，十分难得。"修行"二字，"修"是修正自己的错误，"行"是按照传统文化的要求规范自己的行为。这样做了，就会尝到"学而时习之，不亦说乎"的"喜悦"。

这篇"一字悟"，让我也很受启发和触动，真的是教学相长。过去，我只强调，写"一字悟"是培养先写后说的能力，没注意到还可以和自我修行相结合。通过学员的"一字悟"，我悟到了。

技能是"箭"，效果是"雕"

怎么样培养一箭多雕的思维呢？这里介绍我常用的三种方法：想做结合、不知足、耳语练声。

1. 想做结合

每次课前备课，我都会想，还有哪个教学内容能做到一箭多雕？日久天长，就成了我的教学习惯。

给大学生上课，想着要一箭多雕，给企业家上课，也琢磨着要一箭多雕。

（1）先想后做

先想好做一件事带来两个好处的构思，再付诸实践。

◎ 是工作，也是课堂作业

三年前，我在清华总裁班上课时，又想到一个新的一箭多雕教学法。

讲课中，有个演讲稿件是"一简二活三诀四说"的写作练习，我一直在想：怎样把练习和学员的实际工作相结合？在给总裁班讲课的第六年，一位学员的课堂练习作业启发了我。

他是一家医疗设备公司老总，在课堂上用"一简二活三诀四说"的方法写出一份他在周会上的讲话稿。

各位同事：

大家好，首先非常感谢大家在上个月的付出，在私立医院谈判、招标等几个项目上得到了公司的认可。

12月的工作重点概括为三个字：快、准、早。

第一是快。要加快各项返利的发放速度，包括三个部的产品线，以及一级商到二级商和二级商到医院两段。Q3的返利本月底必须完成。

第二是准。目前广东、广西、云南都在进行药品招标，有的产品会突破公司最低中标价，所以各位要提前了解规则，预测大致的降价范围，提早一周发给公司管理层审批。

第三是早。12月是冲销售的关键时刻，绝不允许断货发生。再加上年底是物流繁忙时期，之前发生过不能准时发出的情况，所以需要提早备货。

12月的发货第一周就要全部完成，大家在第一周发给我审批。争取提早发出。

以上是12月工作重点，再强调一次：快、准、早。请按时完成，为今年画上圆满的句号。

这篇演讲稿，学了写作，又省下回家熬夜写周会讲话稿的时间。我把他的讲稿作为模板放在了后来的课堂教学上，鼓励学员学以致用，回到单位讲什么，课堂上就写什么。学员开心又省时，对这种一箭多雕的教学模式赞不绝口。

（2）边想边做

在做的过程中，变一箭一雕为双雕，甚至多雕。

◎ 别扭能养出好习惯

有一段时间，我每天的锻炼从游泳改为快走。刚开始觉得很单调，一个小时走8000步，有点坚持不下来。我就想：走路的同时再干点什么，才能消除单调？

留心一看，有人在走路的时候戴耳机听东西。我也边走边戴耳机听《樊登读书》。戴了一次，戴时间长了耳朵不舒服。后来又改为把手机拿在手上听《樊登读书》。一本书大约45分钟，听得耳朵疲劳了，再换着听听方清平的相声。

这样，我坚持着边走路边听书，每天走一个小时路听一本书，身体和精神双收获，一举两得，挺开心的。春节这一段时间我听了《爱因斯坦传》《活法》《大学的终结》《苏东坡传》等书。

再比如刷牙、刮胡子，这些都是生活中我每天都要做的事。我过去都习惯右手刷牙，当我看到《右脑思维》这本书上说，创意创新靠右脑，右脑靠左手锻炼。于是为了让右脑更好使，就改成了左手刷牙。

刚开始用左手很不习惯，但是我坚持了21天，新的习惯养成了。现在不但刷牙，刮胡子也如此，都用左手，做好了个人的日常清洁，锻炼了右脑，挺开心，这也是一箭多雕。

这些司空见惯的事，只要参照一下一箭多雕的思路，都可以找出一举多得的做法。不妨试一试。

（3）先做后想

事后通过总结，发现一箭多雕的规律，并再次用到实践中。

◎ **地铁上练功**

广东省朗诵协会 12 期培训班学员曾嵘就是通过事后写小结，逐渐体会到坐车练声两不误的好处。

之前总想练声，苦于没空间，怕打扰他人，结果一直没练成。殷老师教授的耳语法非常实用，刚刚在地铁上就练了一段话，阿弥陀佛 N 遍，《人一之》10 遍，既练了气息，又不用担心影响他人，太棒了！

能够及时总结，举一反三，指导以后的实践，这就是坐地铁练声得到的好处。

◎ **心甘情愿做家务**

我这人比较讨厌做家务。过去上班忙，太太就放我一马，承担了全部家务。可是退休在家，除了外出讲课、主持、参加朗诵会，在家时间很多。太太就宣布："赦免期"已过，现在要开始做家务啦。首先给我布置的任务是三餐后刷碗。

刚开始真是不想干。硬着头皮刷了两天碗筷发现，刷碗的时候，虽然身子不动，但是随着手的不停晃动，肠胃里的食物得到很好的消化吸收。过去，吃完饭就坐在电脑前写作，总是感到胃不舒服。现在刷完碗再坐下写作，不舒服的感觉就没了。

原来这刷碗的活儿是一箭多雕的好事啊：完成了太太布置的任务，有利于健康和写作。退休八年多了，每天我都心甘情愿地餐后刷碗，还多次得到太太的口头嘉奖。

◎ 出版之后的再总结

《21 天掌握当众讲话诀窍》出版之后，我接受了中央人民广播电台《财经夜读》节目主持人刘静的采访，其中有这样一段对话。

刘静：您认为，讲话技能的提升能给大家带来怎样的机遇或者变化？

殷亚敏：我认为，学会当众讲话技能，最大的好处是一个"全"字，带来的是成功快乐的完整人生。人生的幸福快乐实际上包括三部分：身心健康、做人成功、做事成功。掌握了当众讲话的技能，可以让人身心健康，人际关系和谐，事业进展顺利。

第一是身心健康。

比如，当众讲话的用声技巧，看似平常，实则事关身心健康。不掌握当众讲话的科学用气发声方法，就会给你带来生理上的痛苦。根据调查，有 46.1% 的教师都存在咽喉不适等职业病，很痛苦。

一位上过我课的小学老师说："一直受声带闭合不紧的困扰，说话非常费力。往常上课只要两天不使用麦克风就会声音沙哑。想过寻找嗓音研究所的帮助指导发音，但遍寻未果，今天蒙殷老师指导，茅塞顿开，获益良多！"

你找不到练习胆量和自信的方法，可能会带来终生的精神痛苦。一位读者对我说："我的胆识不够，每当我讲话时都特别紧张，一直打败不了这个拦路虎。讲话不到一分钟，我的心跳就'怦怦'的，接着我的声音开始颤，每次都特别痛苦，却毫无办法。"这是当众讲话无胆造成的生理和心理上的困扰。没有亲身经历，是无法体会这种痛苦的。

通过耳语练声法可以掌握科学用气发声方法，当众讲话时，气息通畅，声音悦耳，嗓子不累，思维清晰，为你解除了生理上的痛苦，同时带来心理上的愉悦。通过"三定"练胆法，当众讲话可以做到沉着流畅，讲话紧张和口吃的状态不再，更会让你体验什么是"自信人生二百年，会当水击三千里"的喜悦。

第二是做人成功。

人际交往的对象无非就是生人和熟人两种。不掌握当众讲话的技能，别说与生人无法交往，就是与父母、亲人的交往都会形成隔膜和障碍。我曾经对学生进行过一个《父母之长》的当众讲话练习，要求学生找出父母的一个长处，提炼成一个观点，举出一个例子，人人上台讲；然后再将这个内容通过电话讲给父母听；最后再把父母的反应写成听后感，上台讲出来。

一位同学写道："在最后的几节课，殷老师让我们写《父母之长》，说实话，以前我从来没有考虑过这个问题，也没有人问过我这个问题。静下心来仔细思考，很快我就列出了父母的 10 个优点。演讲的时候，我很自豪、很骄傲地向大家说，我有这么优秀、这么出色的父母。

"之后，殷老师又让我们把自己所写的《父母之长》念给父母听。我犹豫很久，才鼓足勇气给他们打了电话。

"当我读完《父母之长》后，父母都哭了。这十几年，父母肩上的担子太重了，要工作，还要照顾生病的奶奶，支撑整个家庭。他们从不敢懈怠半步，一直坚强地往前走。那一刻，他们被我这个女儿的理解深深地感动了。这次通话是一次心灵沟通，我重新审视了自己与父母的关系，我们的心靠得更近了。"

你看，通过这个训练，学生打破了与父母的心理隔膜，体验到沟通的快乐。

第三是做事成功。

我把讲话和做事分了三类：会讲会做是一流人才，会做不会讲是二流人才，不会讲不会做是庸才。事实确实如此。

一位读者在邮件中告诉我："我是一名参加工作多年的公务员，到现在都不能很好地在众人前大胆讲话，人一多就会不自然地紧张、脸红。这也影响了我的两次升职，因为面对演讲科目，我退却了！"

而掌握当众讲话的技能，则带来应聘、考学、升职等学业、事业上的机会和成功。例如，在"三定"练胆训练中，有一个练习是让学生将微笑变成肌肉记忆，就是天天对着镜子练习"引"字100遍。因为说这个"引"字的时候，眼睛笑眯眯的、嘴巴往上翘，坚持这样的训练，就能养成微笑的习惯，给观众留下"未曾开口已有情"的好印象。我的一位学生就是因为练好了微笑，考研顺利，进入香港中文大学。

还有一位大四学生，被一家跨国公司成功录取了。事后，他回忆道："录取后的一次偶然机会，我和其中一位面试官一起吃饭，悄悄问她：'主管，你当时为什么会选择我啊？'主管说：'第一，你的成绩还可以；第二，你回答问题的情况还算比较好；第三，你的笑容让人觉得很诚恳。'还记得第一节课，老师说我笑得不定，让我回去练习'引'字发音。真没想到一个'引'字的发音练习会对我有如此大的影响和作用。"

专访里我讲的"学会了当众讲话的技能，可以让人身心健康，人际关系和谐，事业进展顺利"，就是一箭三雕。

总结出这个观点，并不是在写书之前，而是在出版之后。写书的时候，我只想着让读者学会当众讲话的技巧。当主持人发来采访提纲，提出"讲话技能的提升能给大家带来怎样的机遇或者变化"这个问题时，我反复思考，用书面总结梳理出"学会演讲，对一个人的生活有全面的影响"这个观点，作为对主持人的回应。

2. 不知足

都说知足者常乐。在追求事业进步的过程中，因为我的不知足、不满足，才有了持续的改进和进步，这是不知足带来的收获。

◎ 时间换来进步

来看个费了十年工夫，从一箭一雕到一箭双雕的例子。

"芝麻这么小,西瓜这么大",这是我让学员练习"双人舞"的一项内容。这个练习小段,已经用了十年,但是一直只有一箭一雕,就是用来练习手势的生动性。"芝麻这么小",右手的大拇指和食指捏在一起,代表着手中的芝麻很小;"西瓜这么大",两手张开,比画出一个大西瓜的形状。

隔了十年,在最近的练习中,为了生动形象,我让学员两人一组,一人练习,一人拍视频,以便看到加手势和脸部表情的重要性。

这一看视频,我突然意识到这个练习,是练习面部表情的很好材料。因为说"芝麻这么小"时,眼睛是眯起来的,脸上的肌肉是缩成一团的;说"西瓜这么大"时,脸上的肌肉是拉开的,眼眶张大,嘴大张,两副表情的反差非常大,正好用来练习脸部肌肉,解决多数学员面无表情的问题。

于是,"芝麻"练习变成一箭双雕:既练手势,也练眼神。练习时,我先示范:说"小"时,眼睛要眯起来,手指捏起来;说"大"时,眼睛要睁大,嘴张大,双手夸张地比画出一个大西瓜。

这样一来,学员练习了手势,练习了表情,有了一箭双雕的效果。我也从中享受到教学微进步带来的小惊喜!

再来看一个我在不断探索中,从一箭双雕到一箭四雕的例子。

在每次的演讲课上,我首先安排学生练习双人主持,让两位同学在讲台上进行三分钟演讲或表演节目。就是希望能一箭双雕:让学生练胆并养成合作意识。

到了第二年的演讲课,我又想到一箭三雕:将双人主持和学生的兴趣与艺术修养结合;第三年又想到一箭四雕:和学生的考研就业结合。慢慢地,双人主持承载的好处越来越多。

◎ 京东大鼓说申研

来看一个把练胆和申研、协作、京东大鼓结合起来的双人主持节目。

2013 年 10 月 16 日

林清莲、张怡宁：各位老师，各位同学，大家好！

林清莲：我叫林清莲。

张怡宁：我叫张怡宁。

林清莲：怡宁啊，我发现 UIC 的牛人特别多。

张怡宁：噢？是吗？

林清莲：我上周特意去问了一位学姐和学生发展处的老师关于读研的事情。从交流当中，我知道 UIC 近三年来，每年有超过 50% 的毕业生选择读研深造，他们分布于全球近二百所大学。而我今天准备介绍一位牛人。

张怡宁：他是？

林清莲：她叫欧阳邓妍。（指着 PPT）而我们今天演讲的主题是：带着梦想去飞翔——欧阳邓妍申研经验分享会。

张怡宁：她是 2012 届毕业生，是美国哥伦比亚大学房地产专业的研究生。今天，她已经在纽约曼哈顿生活和学习将近一年了。

张怡宁：好厉害啊！她当初是如何得到哥伦比亚大学垂青的呢？

林清莲：因为她是 made in UIC！（停顿）她是名副其实的大学霸，CGPA3.8 分，雅思成绩 8 分，GMAT720 分，同时她担任过学生会财务部副部长，也参加了学校举办的台湾省游学活动、泰国义工和加拿大暑期课程。你说，这么一位美貌与智慧并存的学姐怎么会不得到哥伦比亚大学的垂青呢？

张怡宁：的确好厉害啊！哎，我最近在学一门传统艺术，叫作京东大鼓！我觉得我可以把她的申研经验唱出来！

林清莲：真的假的？唱来听听！

张怡宁：好嘞，我试试看！

火红的太阳刚出山，纽约城走来了半边天。大街上走过来一个人啊，她的名字叫欧阳邓妍啊。

邓妍她今年有 25 岁啊，录取她的大学叫哥伦比亚啊。

这位学姐可不简单，她林黛玉的身子学霸的胆。

你看她的分，她 CGPA 有 3.8 呀，雅思也都上了 8。

学习好，也不顶啥，也要把社团活动加。

学姐说，义工游学暑期课程，学生会也是个好地方啊。

学姐这个脑袋是威力无边，它两头窄那个当不间儿宽，不遇上 case，它也不颤，遇上了 case，是两头颤那个当不间儿颤，多难的问题也搞得掂啊。

张怡宁：怎么样？

林清莲：噢哟，太厉害了。

张怡宁：别急着高兴，别忘了上周末欧阳邓妍学姐给我们说的三个非常有用的申研经验！

林清莲：（拍脑袋）瞧我这记性！实现梦想要三"早"。（向前走一步，手势）这第一"早"，是考试早。雅思、托福是申研的前期工作，要有足够的备考时间，所以呢，最好就是越早准备越早考。

张怡宁：这第二"早"，是申请早。有很多大学申请也是有名额的，报满为止，所以一定要早点申请。

林清莲：这第三"早"，是起床早。早起的鸟儿有虫吃。让我们从今天开始，好好学习，天天向上，练好本领，赢取未来！

张怡宁：以上就是我们今天的主持内容。

林清莲、张怡宁：谢谢大家。

我教演讲课已经十七年了，始终在探索一箭多雕的做法。为什么不厌倦？因为享受探索的快乐、发现的快乐。

3. 耳语练声

在耳语练声法教学中，我和学员共同总结了很多一箭多雕练习法。这里重点推荐三个：耳语练习"百炼成钢"、"引"字和"阿弥陀佛"。

（1）100 遍"引"字

每天 100 遍， 用耳语练习"引"字，一是练习气沉丹田，二是练习微笑，让嘴笑、眼笑、微笑变成肌肉记忆。练了耳语，又练了微笑，学员告诉我，还有一个好处。

来看清华大学国际研究生院总裁班一位学员的分享：

◎ 今天练习了吗

今天，我来分享一下上了殷老师的演讲课后的练习过程，经过 21 天的连续练习，平时阅读文件信息也用上耳语了，现在晚上在家闲坐时，我太太也经常问："今天练习了吗？"

上周五，女儿放假回来，当问到她目前在校情况和出国留学的准备时，女儿说到正在备考语言，对面对面的口语考试有压力。太太就说，你爸爸也在上演讲课程，每天都坚持练习呢！有些技巧可以学一下，对你有帮助啊！他天天示范做"引"字加手势，还说这个比较好！

女儿和太太都跟着我练习，屋内气氛欢乐起来了！

我感到这些演讲课，成功推动了全家人向上学习，增添了家庭生活的色彩！

全家练"引"字，既练气，也练笑，还让家庭和睦，不就是耳语练"引"射的"三雕"吗？

（2）200 遍"百炼成钢"

每天 200 遍， 耳语练习"百炼成钢"，有三个好处。一是练气，二是练调，三是练字。

练气。 只要用耳语练习"百炼成钢"这四个字，马上就会觉得小腹收紧，气沉丹田，坚持练习，就能养成气沉丹田的习惯。

练调。 就是练习普通话的声调。普通话有四个声调，而"百炼成钢"这个成语中，四个声调全有了。"百"，是第三声，从半山腰下到山底又爬到山顶；"炼"，是第四声，又从山顶下到山底；"成"，是第二声，再从山底爬到山顶；"钢"，是第一声，在山顶上平着走。

用"百炼成钢"这四个字练习声调标准的核心方法是：练习时加手势。把四声变成手势，用手势指挥着声调的准确变化。

"百"，右手做打钩的动作。从左肩起，下到丹田位置，再往上扬到右边头顶的位置；

"炼"，右手做下坡手势。从左肩起，斜着下到右大腿根儿位置；

"成"，右手做上坡手势。从左大腿根儿起，斜着上拉到右肩膀位置；

"钢"，右手从左肩平着拉到右肩位置。

手势看得见摸得着，所以手势标准了，声调自然就标准了。

练字。就是让吐字更加饱满。

吐字饱满的关键是要放慢语速。用耳语练习"百炼成钢"这四个字，每个字的语速是三秒钟。为什么要放慢？因为吐字一快，就只能练习声母，却练习不到韵母，少了韵母的吐字练习就做不到吐字清晰、饱满。因为吐字饱满的关键是把每个字的声母、韵母的音发全了。那么只有放慢语速。所以练习"百炼成钢"，每个字用时三秒，就可以强行放慢，把字音发全了。

练习"百炼成钢"这四个字时，用耳语，加手势，放慢语速，一箭三雕：练气息，练声调，练吐字。

读者小张：

我原来说话很快，练了"百炼成钢"之后，发音从简短、急促转向慢和圆，有韵律感了，普通话也比过去标准了。

（3）200 遍"阿弥陀佛"

每天 200 遍，耳语练习"阿弥陀佛"也是一箭多雕。一是练气沉丹田，二是字音响亮。

南怀瑾老师讲：

一切众生既有生命，首先发音的一定是"阿"，它是开发的、上扬的，示现生命的生生不息。例如婴儿所发的第一声以及开始学说话都是"阿"的发音。

"弥"是时间、寿命、无限延长、延伸、连续绵远，无尽止地延续、伸展。"陀"是光明，无限的光明，无量的光明，无边无际无尽的光明，大而无外，小而无内。

阿（a）是开口音，嘴巴张开，在喉部、胸部发音。从语音学角度讲，汉语的基本音节有 400 个，"阿"这个音就占了 165 个。所以发好"阿"这个音，就会让你的吐字发音响亮饱满。

一箭多雕的"多"

一箭多雕的思维方式，它开放、投入产出比高、说服力强，且自得其乐、术中传道。

1. 开放，没有"防火墙"的思维

做一件事情，只求一个结果；一条道走到黑，道两边有风景不看，有野果不采。这是单向思维。什么叫开放思维？就是一条道走到黑的同时，顺便看一下路边的风景，顺手采一点路边的野果。

一箭多雕，就是多向的、开放性思维。

◎ 孙子背古诗

孙子背古诗词，是好事，但若让他硬背，他背不出来。孙子四岁时，只会背一首唐诗《出塞》。

原因在哪儿？我每次都是直来直去地让他背古诗，只考虑我的愿望，没考虑孙子的兴趣。我这用的是单向思维。

有没有一个办法，他高兴，我满意，两全其美呢？

有一天，孙子在《环球人物》杂志的封底上认出了董卿阿姨。我突然想到，董卿主持了三届诗词大会，好像有小朋友参加。能不能找个儿童参加诗词大会的视频，从而调动孙子喜欢诗词的兴趣呢？我从网上找到了七岁半的兰州孩子沈子扬参加诗词大会的视频。把视频放给孙子看，没想到孩子连着看了两段沈子扬出场的视频，还看了康震、蒙曼两位老师的点评。

看了两天，也就是三四遍吧。孙子就不经意地把沈子扬在场上答题中的诗词名句背出来了。"海上生明月，天涯共此时""海内存知己，天涯若比邻""长风破浪会有时，直挂云帆济沧海""日出江花红胜火，春来江水绿如蓝"……都会背了。

他脱口而出康震老师的话"三六九，往上走。祝选手更高、更快、更强"，蒙曼老师开头引用《春江花月夜》中的四句"春江潮水连海平，海上明月共潮生。滟滟随波千万里，何处春江无月明"也背下了。我惊喜连连。

这就是开放思维打开思路的所得呀。通过看他喜欢的视频，满足了他的兴趣，也满足了我让孙子背古诗词的愿望。两个结合，他的需求、我的需求，这下都做到了。

2. 功倍：呈现叠加效应

如果用"箭"来比喻技能，用"雕"来比喻结果，可以分为三个档次：

低档次，有箭无雕。做事无功而返。

中档次，一箭一雕。做一件事，达到一个目的。

高档次，一箭双雕甚至多雕。做一件事达到两个或多个目的。

一箭多雕思维，提高了投入产出比和做事效能。

◎ 求学与孝心

教学中，我通过一箭多雕的思维方法，收到了多重教学效果。来看看金同学期末演讲考试《三孝说》。

各位老师，各位同学：

大家好！

今天我演讲的题目是《三孝说》。

百善孝为先。什么是三孝呢？

这第一孝叫口孝。

上大学是我第一次离家这么远过独立生活。以前天天和父母在一起，很少对他们直接表达爱或想念，觉得没必要。现在远在珠海，我每周至少跟爸爸妈妈通两次电话，问问他们的身体和生活，也不再觉得矫情，而是直截了当地说："爸爸妈妈我好想你们，我爱你们。"

这第二孝叫财孝。

从12岁有固定生活费开始，我每年都坚持给父母送生日礼物。那些礼物大多是小工艺品或者卡片，虽然不贵重，但都是从我的生活费里节省下来的。

进入大学后，第一次实习是在上海一家实业公司，实习两个月拿到2000元工资，给妈妈买了一个她一直很想要的按摩靠背。当妈妈看到我用自己的努力赚来的钱回报她时，紧紧抱住我，说："女儿果然是妈妈的贴心小棉袄。"

这第三孝叫才孝。

进入大学后，父母一直告诉我，要学习和能力两手抓。我的成绩一直优良，但父母也并未特别地多加赞许。让他们发自内心感到骄傲的是在大二下半学期，我作为 UIC SIFE 的六名演讲人之一，代表 UIC SIFE 和 UIC 整个学校，参加华南区公益项目比赛并以小组第一入围全国赛，之后又从上海全国赛逾100支队伍中脱颖而出，荣获全国二等奖。父母专门从长沙飞到上海观看比赛，在半小时的比赛中，他俩为我全程录像。我在台上用流利的英语自信地展示自己，爸爸在台下一直对我竖大拇指加油鼓劲。成绩出来后，我们一家人拥在一起，爸爸妈妈激动地说："宝贝女儿，你真是我们的骄傲！"

大学生的期末考试，通常是把一学期所学知识记牢就行了，而我通过《三孝说》的期末考试，既考查了学生一学期所学的演讲知识和技能，又培养了学生对父母的孝心，这就是一箭多雕。

◎《人一之》"雕"了啥

我给学生布置的课后必练耳语作业《人一之》，也贯穿了一箭多雕的思路。

练习内容是这样的："人一之，我十之；人十之，我百之。百折不挠，滴水穿石。"练习要求：一要用耳语法，二要加手势，三要每天20遍，坚持一学期。

这个练习就达到了三个目的：一是学会了气沉丹田。全班95%的同学觉得说话声音洪亮了，讲话再多嗓子也不累。二是活动了经络。学生说，学习累了，练习之后，觉得经络通畅，神清气爽。三是培养了恒心。每个班都有90%以上的同学，一天不落地练习《人一之》，整整一个学期。

3. "赚" 来了喜悦

做一件事能达到两个以上目的，投入没变，产出更多，我就觉得赚了，这么一想，能不开心吗？

◎ 看似无效实则有效

再来看一个祖孙两代开心，外加博友开心的例子。

我教孙子演绘本剧也是用一箭多雕法。

太太千挑万选，给孙子买了一套十本的中国古代圣贤绘本书。圣贤有孔子、孟子、李白、司马光、岳飞、包拯、李时珍、鲁班、诸葛亮、王羲之。

我一直在想，怎样让孙子更全面地从圣贤绘本中受益，就想试试演绘本剧，根据绘本中的故事情节编成小话剧来吸引孙子。

和太太商量后，先拿绘本《司马光》中的片段进行了第一次尝试。书中"姐姐找弟弟"一段中，孙子扮演司马光（小弟）正在花园里读书，忘了吃饭，姐姐到花园里来找司马光回家吃饭。

我让孙子坐在沙发上看书。我化了装，头上戴个花头巾扎个小辫子，腰上围条纱巾，出场时四处张望，喊小弟，终于找到了正在看书的小弟："小弟，你看书入迷，都忘了吃饭了。你在看什么书啊？"孙子当时才两岁，只会说："看这本书。"我说："我看看，哦，是《地球的秘密》啊。"然后就拉着他回家吃饭。看我的打扮，孙子被逗得笑个不停。

这次试验，两个收获：一是乐，这种方式寓教于乐，孩子喜欢。二是教，游戏中不知不觉讲了读书要专注刻苦的道理。但有个不足：就是我成了主角，孙子是配角，没有让孩子唱主角，锻炼不多。

第二次尝试，做了改进，为了让孙子喜欢，他要演主角。

这次选取绘本《岳飞》中的两个片段进行表演。一段是岳飞风雪中习武，一段是岳母刺字。

岳飞风雪中习武一段，孙子扮演岳飞，奶奶扮演小伙伴，我担任解说。他们两人先躺在床上，我说旁白："北风呼啸，大雪纷飞，小伙伴们躺在被窝里不想起来。可是岳飞呢，时间一到，马上起床，带着剑就要出门练武。"

这时，孙子就从床上起来，拿起宝剑，下地准备出门。

奶奶说："岳飞，今天就别练了，天太冷了。"

孙子说："今天不练，明天不练，这样怎么能练出功夫呢。"

我旁白："岳飞说完，就冒着风雪出门了。"

孙子就开始"嗨嗨"，练起了自编的即兴拳脚来。

我又扮演师傅周侗，夸奖岳飞是最有出息的徒弟。

之后又演了"岳母刺字"一段。

孙子扮演岳飞，奶奶扮演岳母，掀起孙子的上衣，假装给他刺字，口中说：

"精忠报国"。然后孙子就表演骑马，带着爷爷、奶奶这两个"岳家军"出征了。

这个绘本游戏，让祖孙三人皆大欢喜。

为什么说它是一箭多雕的教育法呢？

第一，乐。孩子乐，每个孩子心中都有一个英雄梦，孙子扮演岳飞这样的正面人物，当然开心。爷爷、奶奶和孙子一起玩得如此投入，尽享天伦之乐。

第二，教做人。演"岳母刺字"，给孙子播下爱国的种子；岳飞雪天习武，培养他从小就不怕吃苦、持之以恒的精神。

第三，教语言。他把剧中的语言都记住了，而且能够完整说出来，词汇丰富了，语句流畅了。遇到不懂的词句，像"急中生智""精忠报国""北风呼啸"，他会主动问，我们就借机解释。

第四，练体魄。打拳、骑马，运动量大，孙子在游戏中锻炼了身体。

第五，培养自信心。小孩子都很腼腆、害羞。通过全身心投入，一遍遍的表演，得到家长的赞赏，孩子的自信心大大提高了。有一天早上，他跑来告诉我：我过去很害羞，现在敢上台，不害怕了。

我把这个与孙子演绘本剧的案例发在了博客上，博友山楂米看后留言：

谢谢殷老师的分享！！等宝宝大一点就开始演起来，主要想锻炼他的胆量，小孩子都有腼腆的阶段，这种方法太妙啦！！

我的回复：

孩子小的时候，可以开始在他身边读绘本。记着，要手舞足蹈地读。从出生就可以开始对着孩子唱儿歌，朗读诗歌。看似无效，都有效，都会进入他的记忆。我孙子的节奏感，就是在他两三个月时，我天天对着他唱歌、朗诵培养出来的。凡是努力，都有效果；凡是播种，都有收获！

这个例子可以说是一箭 N 雕了。不光自己有用，还对博友有用。我现在又将它用到了书中，更多的读者可以受益，其乐无穷啊！

4. 说服力强，惠及众人

当你告诉别人，做一件事情可以达到两个或两个以上的目的时，对方就很容易被说服。

◎ 松弛的眼皮怎么紧致

在《领导干部21天提升当众讲话魅力》这本书里，我介绍了一个练习眼定的方法：睁眼法。书中是这样介绍的：

具体练法：在眼的前上方3到5米处找一个点（绿色最好，黑色也行），睁眼看一秒钟，闭眼一秒钟，这样反复睁眼、闭眼连续100次，而且坚持早晚各100次。

为什么练睁眼？它有三个好处：

第一是眼皮不松。

说起来我练这个功也是被逼出来的。年过五旬之后，脸部肌肉越来越松弛，眼角开始往下牵拉，成了三角眼，上台主持也好，表演节目也好，形象就受影响。后来我看到一个电视访谈，一位年过六旬的京剧演员双目炯炯有神，眼皮一点儿都不松。他介绍说，他每天都要瞪大眼睛盯着一个地方半个钟头，几十年如一日。于是我就下定决心练瞪眼，要把松弛的眼皮再练回去。

开始练的时候，因为眼肌松弛，睁起来很困难，坚持了一个月，我就能感到眼部肌肉有力了，三个月时，我照镜子发现牵拉的眼皮开始复位，双眼皮又恢复了。

第二是眼睛有神。

可以尝试一下，如果眼睛漫无目标地看东西，眼神是散的，而看定一个点时，眼睛聚焦起来，就会有光泽。一有光泽，眼睛自然有神。

我自己也是在偶然当中发现睁眼法可以练眼神。年轻的时候，在部队宣传队练过舞蹈，演过话剧，后来学播音，做主持，但是从未专门练过眼神。随着年龄增大，眼睛也显得越来越没神。而我自从开始睁闭眼练习，我的学生都反映：对殷老师的第一印象就是他的眼睛好有神啊，感觉我们在课堂上的每一个动作都逃不出他的目光。

另外，练眼神的同时也是练心定。每次练习一睁一闭 100 次，非常枯燥，枯燥其实是对人的注意力和定力的磨炼。

第三是眼睛黑白分明。

常言说人老珠黄，意思是人年龄大了，血液循环慢，眼睛中的红血丝越来越多，眼白就发黄，变得浑浊，自然就难以黑白分明了。而我通过睁眼法练习，眼球得到运动，血液循环加快，眼球里的血丝越来越少，眼白越来越多，眼睛就显得黑白分明了。

无论年轻人还是老年人，坚持练习睁眼，就可以让眼睛黑白分明，炯炯有神的双眼瞬间吸引了大家的目光。

◎ **读者服气**

几位读者按照书中的要求进行眼睛练习，都取得了很明显的效果。

读者休闲人：

首先是"亮"。即眼睛感觉比以前明亮、有神了。每天早上 6:30 起床，打开窗子，望着窗外的山，练习 15 分钟睁眼。可能是我以前从未这样近距离看过自己眼睛的缘故吧！当我盯着眼睛看时，发现我的眼睛明亮、清澈、有神，笑容也很好看。

读者小杨：

每天用睁眼法练习，感觉眼睛比以前舒服了，也有神了，这一点家人都能看得出来。

为什么这些读者这么相信我书中介绍的睁眼法？就是因为这是一箭多雕，书中介绍了练习睁眼的三个好处——眼皮不松、眼睛有神、眼睛黑白分明，读者被打动了。

《领导干部 21 天提升当众讲话魅力》已经出版 10 年，到现在还经常有读者发邮件，向我询问一些用眯眼法练习的问题。

5. 术中传道，教育的终极目的

大学总裁班课程大概分为道、法、术三类。我的演讲课，是典型的术课，就是教学员掌握当众讲话的技能。

中植资本管理董事长、深圳清华研究院总裁演讲班 19 期的段迪同学，对我的课的评价是：术中传道。殷老师在教授知识的同时还教做人。

我认同她的评价，这正是我追求的境界。

虽然我只是个兼职老师，但一直把教书育人当成自己的追求。

"授业"的时候"传道"，以身教、练教、视教，让我的演讲课术中传道，一箭多雕。

（1）身教：为人师表

以身作则，教育学生。

怎样把敬业精神传递给学生？让他们感受到我课前的认真准备、课中的严谨热情。

怎样让学生学会谦卑？我每次开场向大家问好，鞠躬都是恭恭敬敬的九十度。

怎样教会学生一视同仁？点评时，我对每一位学生都是先肯定优点，再指出不足。

怎样教会学生舍与得？我的课件和视频，都无保留地让他们复制；课程结束后，帮助他们修改演讲稿。为了鼓励他们坚持练习，建立 21 天练习群。

（2）练教：先人的教导

圣贤的名言警句被我纳入演讲课练习中。

在现实的人生中，只为自己图取功名富贵的谋身者，便是凡夫。能舍生取义，只为忧世忧人而谋国、谋天下者，便是圣人。

南怀瑾老师说过的这两句话，我让学员先用耳语读，练习气沉丹田；再让他们从每句话中各提炼一个字，训练用一个字表达观点。学员概括出"凡"和"圣"二字，在"一简"的练习中便不知不觉学习了圣贤的教导。

再比如，"双人舞"练习《三乐说》：

幸福快乐的人生要做到"三乐"。第一乐，叫自得其乐；第二乐，叫知足常乐；第三乐，叫助人为乐。

"三乐"练习，练习了手舞足蹈、眉飞色舞，增加演讲感情的技巧，还学习了一种正确的人生态度。

（3）视教：名人示范

放视频，也是我用来传递做人之道的有效方法。

在深圳大学播音主持系讲课时，我放了一段视频，是李嘉诚接待长江商学院学员的。他握着马云的手，夸奖说："非常有名，整个厅都光亮起来。"

李嘉诚的谦卑，教育了很多自视甚高的学生。

有一次，我在广州的一个朗诵培训班讲课时放了一段王德顺老人的视频。

老人从 25 岁开始持之以恒地锻炼，50 岁开始练健身，70 岁有意识练腹肌，80 岁登上 T 台。

王燕同学说：

殷老师的课是练习最多的一种课，把深奥的理论与我们日常生活结合起来，我们需要做的就是百炼成钢。八十岁的王德顺老人都如此精彩，没有谁能阻止你成功，除了你自己。加油！

术中传道，事半功倍，一箭多雕。学生说，上殷老师的课，不仅学会了演讲，还收获了做人道理，终身受益。

第五章

现场找神灵，
实践出真知

稻盛和夫说："现场有神灵。"我把"实践出真知"看作它的同义词。而离开实践的真知就是无源之水、无本之木，自然看不到"神灵"。当众讲话是个技能，它需要通过实践不断学习和体会。

如何去实践呢？

>>>>>>>>>>>>>>

什么叫"现场有神灵"？

现场，就是你的工作岗位，就是工作第一线；神灵，就是你在第一线的工作岗位上创新的业绩。

每个人只有热爱"现场"，善于观察"现场"，"神灵"才可能降临，"真知"才可能出现。

答案藏在现场

稻盛和夫说，作为企业经营者，无论多么高明的战略，多么雄厚的资金，多么精良的设备，多么强大的产品，多么完美的网络，多么周密的制度……如果离开现场，这一切很快就会幻化成天上的云。

于是，稻盛和夫总结出这句话：答案在现场，现场有神灵。

我当初看到"现场有神灵"这句话时，马上引起共鸣。这句话就是"实践出真知"的同义词，也是我在演讲课教学中创新实践的真实写照。

比如，耳语练声法，就是我在教学实践中总结出来的最简单、最有效的练声练气方法。这个方法通过我的书、我的讲课、我的视频传播，让百万人受益。

卡耐基是公认的演讲学世界级教父。国内流行的卡耐基演讲训练八法，讲到声音训练，是这样说的：

练声法即是要练习嗓子，要保持气息充足，声音圆润，所以在练习的时候要学会用气，吸气要深，小腹要收缩，胸部要打开，把更多的气吸入。

但是，演讲时怎样让声音洪亮，怎样解决讲话多了嗓子疼、嘶哑的问题，卡耐基没有讲。怎样练气？他也没有给出方法。

国内的演讲书里讲到的练气、练声，全是从与播音主持有关的教科书里照搬而来的胸腹式联合呼吸法，这是唯一正确的用气发声方法，非常科学，但学习起来非常困难。因为它是从生理解剖的角度对人体内部器官做的分析和介绍，非常玄乎，一般人看不见、摸不着，很难一下子掌握。

比如，胸腹式联合呼吸，胸在哪儿？腹在哪儿？二者怎么联合？膈下压，膈又在哪儿呢？没学过人体解剖的一般人根本找不着。当初我在北京广播学院进修，从学习丹田用气发声的科学方法到真正掌握，大概花了十年。

为什么？因为这套理论很复杂，要循序渐进、分步骤练习。先练吸气，再练呼气，再练共鸣，再练吐字……要有很强的毅力，走很多弯路，经过很长时间才能基本掌握。说实话，虽然我长期从事播音主持工作，但我用气发声的状态时好时坏，很不稳定，尤其在朗诵诗歌时，常常为无法自如用气而苦恼。

2005 年，我开始为普通大学生上演讲与口才课。这门课每年只上一个学期，按照传统的用气发声理论，专业人士都要四年才能基本掌握，一学期的演讲课，不光要练声，还要练情、练胆、练识，学生难以掌握。能不能找到一种简单的、一学就会的用气发声方法，让他们快速掌握？

在北京广播学院（中国传媒大学的前身）进修时，我的老师曾经说过，用耳语也可以体会气沉丹田的感觉。于是我在教学中大胆尝试，让学生用这种方法练气、练声，并跟踪练习效果，进行书面总结。

三年教学，通过上千名学生的实践，我终于把耳语练声打造成一套完整、系统的声音训练方法，学生一听就懂，一学就会，一用就灵。

在教学现场，我尝到了实践出真知的甜头！

◎ 给口吃开偏方

"大舌头"是口语病的一种俗称，医学上称为言语不清，又叫吐词不清。

有一次，一位叫杨潇蓉的读者在博客里问我，他的一个朋友"大舌头"，怎样解决？

我给出一个办法：

想解决"大舌头"的问题，就要天天练习"引"字，每天早晚各100次。

好处是：

一微笑，舌头就变软了，变软就灵活了，就不会出现笨嘴拙舌的现象了。

一微笑，舌头就往后缩，一后缩，就用舌头尖说话了，吐字就清楚了。

让他坚持练习一个月，然后再给我复信，我跟踪辅导，把他作为一个研究案例。

按照我的方法练习一个月后，杨潇蓉回复了。

殷老师，今天替朋友向你汇报最近这段时间的练习进展，最大的收获就是舌头变得灵活了。

1）这段时间他一直按照您说的"引"字法，每天对着镜子练习15分钟，练微笑，练眼神。

2）另外他还加了一个锻炼舌头的动作，就是用舌头在牙齿和嘴唇中间来回转圈，正转30下，反转30下。

3）练习了两个星期，感觉舌头灵活多了，发音吐字也比以前清楚点儿了。总之，就是说话比以前舒服了。这是他自己说的，我真替他高兴。

为什么我能给出治疗"大舌头"的有用方法？

也是我在教学中我发现，凡是讲话结结巴巴的同学，都是因为紧张，而紧张的人，一定会全身肌肉僵硬，舌头也是肌肉，自然也是会僵硬的。

而微笑的最大好处是什么？放松。微微笑，舌头自然放松，就由笨嘴拙舌变成伶牙俐齿。通过微笑练习，学生讲话流利了，再也不结巴了。

正是这个来自教学实践的经验，让我举一反三，知道口吃是因为舌根僵硬，可以通过微笑练习法来解决。

回顾自己走过的路，我切身体会到在一线观察的甜头，现场真有"神灵"！实践出真知！

求真靠实践

学员的现场提问和现场发现的问题，总会让我认真思考，并找出解决方法。我的演讲理论和方法，我的演讲书，都是实践的果实。

发现问题然后解决问题，在不断向前推进的过程中，这些理论和方法没有停滞，在不断进步。

1. 现场是问题发源地

当众讲话的四大痛点——无胆、无声、无情、无识。这些不是我自己凭空想出的，是学员在学习中普遍存在的问题。当我在教学中发现了这些问题，就逼着自己冥思苦想，找到四大"药方"：耳语练声法、"三定"练胆法、"双人舞"练情法、"一简二活三口诀"练识法。

这些行之有效、一用就灵的方法，是我在教学第一线发现了学生演讲中的问题，从解决痛点的思路上总结出来的，在哪本教科书上都找不到。

到现在，我还保持着对教学现场观察的敏感性。我必须想办法解决在教学现场看到的问题。

◎ 解决教学死角只能在一线

2004 年，我受邀到北京师范大学珠海分校教播音主持课，教学经历给了我摸索新路子的条件。

在教学实践中我琢磨出了耳语练声法。我没有将这个方法和教科书进行对照，而是看在实践中是否有用。经过两个班一个学期的实践，我看到学生们通过耳语法练声，声音变悦耳了，说明此法有效。

课堂上，我让学生用悄悄话读"稀奇稀奇真稀奇，麻雀踩死老母鸡。蚂蚁身长三尺六，八十岁的老头躺在摇篮里"，我问：哪里累？绝大多数学生马上说肚子累。我说肚子累，就叫气沉丹田。

课间休息时，总有一两个学生对我说，老师，我还是嗓子累，找不到气沉丹田的感觉。

几乎每次上课，都会遇到这样的学生。现场出现的问题，逼着我想办法。我先降低悄悄话的音量，不行；又用手贴着嘴唇来说，不行……

有一次，我在顺德讲课，一位企业家说："老师，你教的方法我差不多都掌握了，很有效，就是找不到气沉丹田的感觉。"我让他用耳语来说《稀奇》，发现他说耳语时脖子往前伸，气往外送。我发现了问题所在：练习时气息全都往外送，没有往回收气。气沉丹田的关键是要解决气往回收的问题。

怎样解决？加肢体动作。我让他把脖子挺直，不要往前伸，并用右手做一个"把气息从外往里拉"的动作。这个手势一加，他马上说，肚子有累的感觉了。我意识到，方法找到了。

后来上课时，我就会主动问，还有哪位同学没有找到气沉丹田的感觉？有同学举手，我就马上让他做"从外往里拉"的手势。从此，再没有同学反映找不到气沉丹田的感觉了。这个教学中的小死角，老难题，就这样在教学第一线解决了。

◎ 让学生有机会展现

在现场找外援。谁是外援？我的学生。其实每个人身边的人都是外援。

耳语《人一之》练习的动作设计，就是在我黔驴技穷时，由学生设计出来的。

演讲课上到第三年时，我产生了一个耳语加恒心练习的灵感。

我在《绪论课》上对学生讲："只要每天坚持练习 20 遍《人一之》：'人一之，我十之。人十之，我百之。百折不挠，滴水穿石。'期末考试可以免试。前提，一是用耳语，练习气沉丹田；二是加手势，练习'双人舞'；三是天天坚持，练习恒心。"

同学们一听，有这样的好事，欢呼雀跃。

我接着说："但是我有个难题，手势怎样加？我一直没有想好。想请同学们帮个忙，把手势设计出来。"

60位学生，分成十个小组，群策群力，设计动作。最后，各小组一一展示，从中选出了最佳动作。尤其是最后一句的动作，设计得非常形象："百折不挠"，左手往前打出拳头；"滴水穿石"，左手拳头摊开，右手握拳，从上往下砸到左手掌中。十二年前由学生设计的这套动作，使用至今，成为练习耳语的经典动作。

◎ 出口如何成章

学员常说自己当众脱稿讲话易忘词，怎么办？还有学员在聊天时，特别推崇脱稿讲话，认为这是高水平演讲的表现，希望我多教他们如何脱稿讲话，有朝一日自己也能出口成章。一个学员说，两个学员说，几乎每次互动都有学员提出这个问题。

一开始，我回答不好这个问题，因为我没有研究过脱稿讲话。问的学员多了，就是逼我去思考，去回答。

有一次，我看到马云在济南《十人看十年》论坛上一个演讲视频，他是带着提纲演讲。

看过后，我又找了很多马云演讲的视频，发现他有时候带提纲，有时候不带。为什么？我问自己。

答案是，若是马云重复讲的内容，不带提纲，因为熟能生巧。凡是第一次讲的话题，他一定带提纲。《十人看十年》济南论坛上的演讲内容，是他第一次讲，他也怕忘词，所以要带提纲。

我就总结出：要想出口成章，先要出手成章。

只要条件允许，一定要抓紧时间写演讲稿。来不及写稿子，就写提纲；来不及写提纲，就写关键词。总之，当众讲话和做任何事情的思路一样，凡事预则立，不预则废。

在课堂上，学员还经常提出一个问题：突然点我发言，一下子蒙了，怎么办？

又是学员"逼"我研究。后来我总结并独创一套即兴讲话准备法：心理准备、文字准备。

（1）心理准备：手有粮心不慌

在会上突然被点名要做即兴讲话，这令很多人头疼。怎样预判？我的实践是通过"两级"观察法来进行心理准备。

"两级"观察法是我通过实践创造出的新名词。"两级"指的是顶级、同级。

顶级。就是看参加会议的人员中，自己是不是级别最高的人。如果是，你就极有可能做即兴讲话。

◎ 不准备，就硬着头皮登台

有一位学员是某出口行业协会会长，他告诉我，有一次副市长带领他们这些行业协会会员到卫生检验检疫技术中心参观交流。参观之后，副市长突然让他讲话。由于没有准备，他一下子蒙了，没话可说。

他是行业协会会长，是同行人员中级别最高的，在这种情况下十有八九要讲话，应该提前做好准备。

我自己就吃过这方面的亏。

在一次演讲比赛中，我是五位评委中资历最深的，也是唯一获得过金话筒奖的，让我最后讲评就是大概率事情。但是我以为既然主办方事先没有和我说，自然不会让我讲评。

比赛中，我只顾给每位选手打分，根本没有考虑讲评的事。到最后，主持人突然说："有请殷亚敏老师对今天的演讲做总点评。"我感觉很突然，又不能拒绝，硬着头皮上台，讲得当然很不全面。

这次教训让我学乖了。以后当评委，只要看到自己是评委中年龄最大、资历最深的，就早早做笔记，为最后讲评做准备。

同级。参加会议时，当与你级别相当的人都已发言了，往往你也跑不掉，要早做准备。

◎ 只做听众是偷懒

有位学员说：

"有一年春节前，我参加中国建筑的年终客户答谢会。有位排名第二的客户发言结束，主持人马上点到我，让我讲话。我一点儿准备没有，很尴尬，自己都不知道讲了什么。"

我："主持人为什么点你发言呢？"

学员："因为我是中国建筑最大的客户。"

我："这就对了。因为你是最大的客户，所以这种场合，你来讲话才有代表性。排名第二的客户都发言了，那你肯定跑不掉。以后再遇到类似情况，你就不能只当听众，要趁早做发言准备。这样，你就不会手足无措了。"

这个案例中，排名第一和第二的客户，属于同级别。同级别中，有一人讲话了，另一人就要早做准备。

单位开中层会议，也属于这种情况。生产总监发言了，设计总监、财务总监、人力资源总监……都得准备，千万不要坐等突然袭击。

早做准备，就不会被动。让你讲，能讲得精彩；不让你讲，就是一次写讲话提纲的训练，没什么损失。

如果你在参加会议的人员中，属于顶级和同级这两类，以后就不要光带耳朵当听众！

我把自创的即兴讲话"两级"观察法教给学员后，他们都说，过去觉得即兴讲话是突然袭击，无迹可寻，现在学了"两级"观察法，就可以做到有备而来，不怕了。

要强调一点，新名词并不是随心所欲地乱创。新名词从实践中来，还需回到实践中去，要经得起实践和时间的检验。

（2）文字准备：发言提词器

在现场要抓紧分分秒秒，把最想讲的内容写下来。时间充分，就写完整提纲；时间不够，就写关键词。

◎ 晚宴上的即兴发言

2021 年 7 月 25 号，我应邀参加我的老领导彭台长的钻石婚晚宴。参加这场晚宴的人员中，除了老台长家人就是台里的老同事，而在老同事当中，我的职务最高，老台长又是我事业上的贵人，我就估计，主持人点我讲话的可能性比较大，于是边听老台长的致辞，边做发言准备。

我先在脑子里大概想了一下要讲什么，提炼出三个关键词：祝贺、感恩、学习。手头没有纸笔，我就把三个关键词记在了手机上。

果不其然，老台长致辞之后，主持人马上点我讲话。

于是，我从容地做了下面的发言。

今天应邀参加彭台长夫妇的钻石婚宴，感慨很多，我想讲三个词：祝贺、感恩、学习。

一是祝贺。祝贺彭台长和夫人钻石婚庆典礼。人生难得钻石婚啊！夫妻携手，能够庆贺 40 年银婚已是不易，50 年金婚更加难得，而 60 年的钻石婚更是稀有珍贵，令人羡慕称道。所以彭台长夫妇恩爱，携手同行，风风雨雨共同走过了婚姻生活的 60 年，可喜可贺。让我们对彭台长夫妇风雨同行 60 年的钻石婚表示衷心的祝贺和祝福！

二是感恩。借此机会，感恩彭台长对我和在座的各位老部下、老同事的提携和关爱。彭台长是一位慈悲仁厚的长者，不光对家人、晚辈充满了慈爱之心，而且对自己从事的新闻事业充满了热爱，对我们珠海电台的老同事、下属也是充满了关心和提携。正是因为彭台长的提携和帮助，才让我有了事业上的成绩。

古人说：仁者寿。意思是说，先有仁爱，后有长寿。彭台长正是因为对家人、对朋友、对同事有一颗一视同仁的爱心，上天才回报给他们夫妻 60

年的恩爱婚姻，三世同堂的天伦之乐。

三是学习。就是以彭台长的婚姻为榜样。今天我们这些晚辈参加彭台长钻石婚晚宴，看到彭台长把一颗象征着永远爱情的钻戒戴在夫人的手上，那一刻，我们每对夫妻心中都是饱含着感动和羡慕。

所以最后祝愿大家，向彭台长学习，倍加珍爱自己的伴侣和家庭，都能迎接自己的银婚、金婚、钻石婚！

这次发言，得到了热烈的掌声。

2. 课堂是灵感的试验田

"烈火炼真金，实践验真理"，我想出来的教学方法，有没有用，是真还是假，是对是错，必须放到教学实践中进行检验。一个灵感能否成为行之有效的方法，须用实践支持。

我的课堂，就是我开辟出来的一块试验田。

◎ 当场改正

清华大学深圳研究院总裁演讲班的课是 2+1 模式，即连续上两天演讲课，接着练习 21 天，再进行一天的实践加讲评课。人人都要上台演练，我在台下点评。

讲评课上得多了，我就发现一个问题，就是点评完了就完了，学员改没改，我不知道。怎么解决？脑子一直在想。

有一次，总裁演讲 17 班汇报课，我突然冒出一个主意：讲评时指出了缺点，马上给出方法，让学员按照正确方法当场当众练习。我随即在点评中使用。

比如，有位学员朗诵无形象，我指出后，让她加手势把朗诵过的一句诗再练习一遍。"会有一轮崭新的太阳"，第一次，她手指太阳，眼睛未看太阳，我马上纠正："眼睛要看着太阳。"

这样，再来一次，手到眼到，她马上看到了太阳的形象，朗诵的声音中有了形象，就有了真诚的感情。我又让她带着全班学员练习三次，自己强化了，全班也都受益。

当场改正的好处：

对学员本人，是改错为正。

"改正"二字很有意思。"改"是改变，是指出问题，给出方法；"正"是正确，是"改"的目的和效果。如果只是当场指出问题，是"改"而未"正"；如果让学员随即按照正确的方法练习，能做对，这才是改正。

对全班学员是很好的示范。

教一人，而全班明。朗诵中存在不会加手势和眼神的学员，看到台上学员改正后的效果，就知道自己应该怎样改正。

从此以后，"当场改正"就是我上好讲评课的一个必用方法。

有稿讲话是讲话者常用的一种讲话形式。问题是：讲话时，多数人的眼睛始终盯着稿子，不敢抬头看观众。

我的学员也多有这个问题。

怎么解决？前读后看。就是前半句看稿子，后半句看观众，就能克服只埋头看稿，不会看观众的毛病。

效果如何？

练习中，很多学员都存在同一个问题：念后半句看观众时，看观众的时间太短，后半句还没读完，担心再后面的句子看不清，就赶快低头看稿子。我提醒多次，就是改不了。

写教学小结时，我记下这个问题，并想到一个办法：定格练习。就是把稿子分解成一句一句来练习。念后半句时，让学员眼睛看观众，定格，我逐一检查，再重复三遍，强化正确记忆。

这个办法灵不灵呢？我还要在课上检验。

◎"定格"练习法的出炉

清华学员致辞的讲话稿作为有稿讲话训练稿，一共十二句：

今天，在这春风和煦、百花盛开的季节，深圳地区的清华校友相聚这里，共同纪念我们的母校百年华诞。请允许我代表清华大学深圳同学会的校友，向我们亲爱的母校表示最最真挚的祝福。祝百年清华更加欣欣向荣，更加朝气蓬勃！

先分解。例如："共同纪念我们的母校百年华诞"这一句，前半句"共同纪念我们的母校"看稿子，后半句"百年华诞"看观众。

再定格。读完"百年华诞"后，我就喊停，然后逐一检查学员，看谁的眼睛没有看观众。没有看观众的，马上纠正。

最后重复。把这句话练习三遍，加深记忆。

每一句都是分解、定格、重复练习，学员就完全掌握了前读后看的方法，解决了只顾低头看稿的老问题。

"定格"练习法通过了课堂检验。我就把"定格"练习法延续下来，在教学中一直使用。

死书本引不来活"神灵"

有的人虽在现场，却没有"神灵"光临，为什么？我想，因为大脑被教条捆绑，重理论轻实践。

1.书本仅是获取方法的渠道之一

教条就是只信书本。

书本不是检验真理的标准，实践才是，我们常说"实践是检验真理的唯一标准"，但并不常用，因为人有唯书本的惯性。

这个惯性是怎样形成的呢？是由学习的经历形成的。每个人都是先上学，后工作。上学，就是从书本中学，工作就是从实践中学。这个先后顺序，就让我们习惯性地信书本，遇事先找书本。

我这个从来没有写过书的人，之所以有勇气写《21天掌握当众讲话诀窍》，并且这本书成为演讲类畅销书，就是因为我重实践，不迷信书。

我仔细看过《卡耐基传》，知道他的演讲书不全是他毕生经验的积累，大量内容是他刚出道时对实践的总结。在公众演讲领域，他只是一个开创者，对于演讲口才的理论和方法，还有大量的工作需要后人大胆探索，留给我们的研究空间很大。所以要在实践中，自己去摸索，去创造。

正是因为不唯书，让我有勇气在演讲教学的实践中积极探索，大胆创新，形成一套独特的教学理论和方法。

2. 好方法出自实践而非设计

只讲为什么，不讲怎么做；只有理论，没有方法。

在传统的播音和朗读教材中，都强调要情景再现，通过"情景再现"来调动播讲者的真情实感。怎样调动真情实感呢？要设身处地。怎样设身处地呢？没有具体的方法。

我自己在播音主持和朗诵诗歌过程中，因为找不到"设身处地"调动感情的方法，陷入了很长一段时间的苦恼。

后来，我通过独创的"双人舞"练情法（手舞足蹈，眉飞色舞），从根本上解决了播音、主持、朗读、朗诵时调动感情的问题。

◎《致橡树》的朗诵辅导

我曾经通过微信给一位叫潘红英的学员做朗诵辅导。

第一次，她发来《致橡树》的朗诵视频。我看到，朗诵全程无动作，眼睛只看观众，而不是看诗中的形象。我随即指出问题："练习时要加手势。"

第二次，她发来的视频略有改进。朗诵中，她加上了简单手势，但没有眼神，也就是手眼不协调，不同步。比如她朗诵"我如果爱你，绝不像攀缘的凌霄花，炫耀自己"这句中的"凌霄花"时，虽然手在往上指着花，但眼睛还是看着观众。我又指出问题："第一，手眼要一致，手指哪儿，眼睛看哪儿；第二，念出的每一句诗词都加手势；第三，朗诵全过程只看想象中的形象，不看观众。"

我将一段自己朗诵的《相信未来》视频发给她，让她感受我在朗诵时是怎样加手势、表情和眼神的。

她第三次发来的视频中，每一句都加了手势，而且手到眼到。比如，"根紧握在地下（手握起来），叶相触在云里（手指着云，眼睛看着云），每阵风吹过（做风吹的手势），我们都会互相致意"（做招手的手势）。

通过手势加眼神、表情的方法，她真正掌握了如何声情并茂的朗诵技巧，后来在总裁班的春节晚会上，她朗诵了《致橡树》，受到同学们的一致赞扬。

◎ 一个好方法完胜数条理论

留言者 zxwzlt 于 2010 年 8 月 8 日对《21 天掌握当众讲话诀窍》的评价：

这本书是市面上所有教口才的书中最有料的一本，因为它没有空泛地讲一大堆原则，这是市面上大部分口才书的通病：空有一大堆原则，一条可操作的具体路子都没有，而这本书正是给出了一条可操作的、实践性极强的路子。

尤其是作者的一个观点改变了我多年在口才学习中的迷惑，他指出：练口才是先练笔再练说，先出手成章再出口成章。一语惊醒梦中人。他还提倡多背诵，任何语言都是靠背诵习来的，别无他法，只有背的东西多了，内化成自己的语言才能厚积薄发，出口成章。

我的三本书：《21 天掌握当众讲话诀窍》《领导干部 21 天提升当众讲话

魅力》《练好口才的第一本书》，这几本书里除了理论，更多是易于上手的方法，它们简单好学，读者、学生很容易照着做。这些方法都是我在实践中的发现和总结。

捕获"神灵"的几种实践法

怎样在现场找到"神灵"？可以借助多种方法，比如听、看、问，比如动手做、写、拍等。

1. 五官尽其用

（1）听：耳朵捕捉信息

◎ 找到起作用的共同点

我的观点——"一人上课，全家受益"，就是听来的。

过去，我讲课时上来先讲这门课对企业家怎样有用。"只会说不会做，是三流人才；只会做不会说，是二流人才；会说又会做，是一流人才。"可是这句话对普通员工来说，好像吸引力不够。

有一次，我给郑州市人社局组织的高端人才讲课，一位中年女学员课后对我说："老师，听你的课太值了！一人学习，全家受益。你讲的'笑定'，对孩子学微笑很有用；你教的'双人舞'练情法，我回去就要用在孩子的课文朗读上。"

这一句话让我突然开悟，对啊，"一人学习，全家受益"。因为来上课的学员，本人迫切需要学习演讲的，会自己花钱学习；但有的人并没有学习演讲的内在动力。尤其是单位组织的培训课，一般都是单位出钱，领导要求人人必来，不听要登记、扣分，属于抓"壮丁"抓来的。

怎样调动他们的积极性呢？全家受益，就是一个非常吸引人的理由。

激励他们共同学习的点在哪里？孩子身上。不管他自己想不想学，但是一说对孩子有用，他肯定想学。因为做父母的都希望一代更比一代强。

受这句话启发，后来再有这样的培训课，我上来就开门见山："今天这门课不光让你自己受益，更会让你的孩子受益。是不是这样呢？大家可以亲自检验。"这话一说，台下的不管是企业家还是公务员、教师，只要是为人父母，都坐直了，眼睛亮了。

到现在，我一直对告诉我"您的课，一人学习，全家受益"的女学员心存感激！

（2）看：观其行

在我的演讲课教学中，有时候，光听不行，还要善于用眼睛观察。

◎ 为什么学员的动作总是和我反着

在我的演讲课教学中，用眼睛观察也是非常重要的。

耳语练习《人一之》的内容是这样的："人一之，我十之。人十之，我百之。百折不挠，滴水穿石。"这个练习还需要加手势。说"人一之"，我出左手，有的学员永远出右手。我在观察中发现了这个问题，然后就琢磨为什么会错。

后来发现，是我面对面教动作的缘故。我左手在做动作，而台下学员看到的是在他的右面，有的学员反应不过来，就出右手做动作。

找到了问题的原因，我就调整方位，自己背对学员做《人一之》动作，这样学员做动作的方向自然和我一致了。

◎ 反复观察拎出难点

看一个我在讲台上通过敏锐观察有收获的例子。

"芝麻这么小，西瓜这么大"，是"双人舞"练情法的一个重要练习内容。

练习"芝麻"时，我观察着各个小组的练习情况。发现有三位学员的手势和表情特别夸张生动，本小组学员禁不住哈哈大笑。

我就让这三位学员上台给全班演示一遍。他们非常兴奋，在台上表演时，讲"芝麻这么小"，脸上的肌肉缩成一团，眼睛眯成一条缝；讲"西瓜这么大"，两眼睁得像铜铃，嘴张得能塞进一个拳头，两手比画的西瓜有磨盘大，全班热烈鼓掌。

后来，我就把挑选学员上台演示当成一种游戏教学法。

这样做的好处是：

本人开心。被老师请上台，这是老师的认可和表扬。

全班开心。看着同学上台表演，像是看节目，很好玩。

示范。对全班学员来说是动作表情的一个标准示范。老师教完又来个学员教，印象更深刻。

多数情况下，并不是看一次就能发现问题，往往要反复看才能发现问题所在。

例如，上台紧张者一定不会笑，就是我在教学现场观察后发现的演讲痛点。

这个痛点，不是一次就能发现的。

刚开始教学时，我注意到，60 位学生上台演讲，其中 80％没有笑容。一个学期如此，下一个学期还是如此，我就从中总结出：心里紧张，就皮肤紧张，脸上的皮肤绷紧，就不可能笑。笑，一定是在放松状态下做到的。

找到了不笑的原因，我接着去找解决方法。用嘴咬筷子，试了，不行；说"茄子"，也不行，只是嘴在笑，眼不笑。最后受曲黎敏《从头到脚说健康》这本书的启发，才找到了方法——用"引"字练习微笑。

这个例子说明，想克服大难点，一次观察不够，一定要反复观察，反复琢磨。

（3）问：夯实知识的倒逼法

问，分为两问：己问、他问。

己问。就是你来提问，让对方回答。目的是了解实践中存在的真实问题，以确定你开的药方是否奏效。

我在讲课中就有经典四问：问声，问胆，问情，问识。

问声，就是讲耳语法之前，先问学员：讲话多了嗓子疼、嗓子嘶哑的学员请举手？结果 80% 的学员举手。

问胆，就是讲"三定"练胆前，我先问：上台讲话紧张无胆的学员请举手？ 90% 的学员举了手。

问情，就是讲"双人舞"练情法之前，我先问：上台讲话缺乏感染力的学员请举手？有 60% 的学员举手。

问识，就是讲"一简二活三诀四说"之前，我先问：觉得自己上台讲话没有条理、没有说服力的学员请举手？还是 60% 的学员举手。

通过这四问，一是学员知道老师真的了解他们的演讲痛点了；二是我心中有底了，知道我找出的演讲四大痛点准确，开出的药方对症。

他问。就是让对方开口提问，了解对方的疑惑难点，好对症下药解决问题。

他问，是我每次上课必用的方法。每次下课前，我都要设置互动环节，学员问，我来答。

但是每当开始提问，往往一片沉寂，这也是中国人的通病。我教演讲课十几年了，不管是给企业家讲课，还是给公务员、大学生讲课，几乎无人主动提问。

怎么办呢？

我采取了两种方法：人人写、人人问，小组推举一个代表提问。

如果学员人数少，我就用"人人写，人人问"的方法让学员提问。

2017 年 5 月 27 日和 28 日，我在广州中山图书馆为省朗诵协会第五期高研班的学员讲授朗诵艺术课程，中心内容就是耳语练声法和手势练情法。在结束前的互动中，我要求每位学员都写出问题并向我提问。

我选出其中的八个问题，记录如下：

1）问：朗诵时低音下不来怎么办？

答：这是因为嗓子用力，脖子绷紧，声带绷紧，不够松弛，造成高音上不去，低音下不来。要坚持用耳语练声法练习。天天练习悄悄话，目的就是练气沉丹田。气息通了，高音上得去，低音下得来。所谓气息通，就是上下之间通，让你声音高的上去，低的下来。

有位清华总裁班的学员，是排名世界第一的某管理培训公司咨询顾问。小伙子身高 1.8 米，很有男子汉气概，就是一开口，声音又尖又细，自己很苦恼。他专门从上海飞到深圳学习耳语练声法。回去后，他用在课上所学的耳语法练习"百炼成钢"四个字，每天 200 遍，持续练习 21 天后，便做到了气沉丹田，声音变得浑厚了。

为什么他的声音尖细？是因为用嗓子说话时，脖子用力导致声带绷紧，自然发出尖细的声音。耳语法练习能让气息通畅，胸腔有共鸣，声带放松，靠气息来振动声带，也就恢复了本来的男声。

你和这位学员的问题一样，也是低音下不来。练习耳语一样可以解决，你只要做到每天坚持。

2）问：背诗歌时吐字不清，怎么办？

答：练习"百炼成钢"四个字。第一用耳语法练习；第二放慢语速，每个字后面数"一、二、三"；第三加上四声的手势。每天 200 遍，坚持练习 21 天，就会气息通畅，双唇和舌头肌肉发达。

尤其是通过放慢语速的练习，让"百炼成钢"的每个字的字头咬准，字腹拉开，字尾收住，这样就能吐字清楚，字正腔圆。这四个字练好了，可以举一反三，整个吐字就清晰有力了。

3）问：一首诗歌朗诵时的表达方式是必须要遵照原作者的喜怒哀乐，还是可以按照自身情绪来表达？

答：一般来说，都要根据原作意思来表达，但是也有例外。我觉得海子的《面朝大海，春暖花开》就可以用两种方式处理。按照海子的原意，最后一句话"我只愿面朝大海，春暖花开"是孤独的，带些伤感的。但是我们普通人喜欢这首诗，就是因为喜欢"面朝大海，春暖花开"的字面意思，向往"春天，大海，鲜花"这样的意境，而不是要步海子后尘，孤独地走向大海。可以按照自身的理解来表达，在幸福美好的高潮中结尾。

4）今天学习的耳语练声法和手势练情法适合孩子们吗？

答：悄悄话练习，孩子们也适用。因为现在很多孩子爱大喊大叫，把嗓子都喊坏了，所以让孩子通过耳语练习学会如何用气，声音就会好听。

手势对孩子朗读课文也非常有用。我曾经应邀到深圳的两所小学，广州的一所中学，专门辅导老师和学生朗读课文，用的就是手势练情法。每句课文一加手势，马上生动形象。非常好学，也非常有效。

比如："燕子去了，有再来的时候；杨柳枯了，有再青的时候；桃花谢了，有再开的时候"，加上手势便读出了形象，读出了情感。孩子们也可以改变坐着不动的状态，无拘无束。加手势完全符合孩子的天性。

5）问：殷老师，我在美国读大学，辅修了戏剧台词。在戏剧表演中也可以加手势吗？

答：是的，先做手势，然后张口，很快进入剧情，表达更生动。你举一段台词例子我们来具体说明。

学员黄以宁：比如《简·爱》中的对话片段："你以为我穷，低微，不漂亮，我就没有灵魂没有心吗？你想错了！"

她原来读得很平淡。辅导她每一句加上手势后，马上就有感情了。

6）问：《新闻联播》和朗诵的感觉应该不同，对吗？

答：是的。和朗诵相比，播音时的感情要平淡、客观。朗诵时情感高低起伏更大。比如："黄河之水天上来，排山倒海，汹涌澎湃，奔腾叫嚣，让人肝胆破裂。"用播音腔读很平静，语速适中；而朗诵时就激情澎湃，语速很快。

7）问：您讲到朗诵中要通过手势来表达形象和情感，我们跟着您做得很好。可是换一首诗，自己就不会加动作了，怎么办？

答：第一，道法自然。诗歌中的形象都是从生活中来的，我们的手势也要从生活中找。比如"撑着油纸伞，独自彷徨在悠长、悠长又寂寥的雨巷"，生活中怎样撑伞，你就怎样做就行了。这就叫道法自然，不必完全模仿老师。

第二，反复琢磨。诗歌中的动作想要做到准确、自然、大方，需要反复琢磨，不是抬手就能做出来的。我在朗诵程维的诗《杜甫》时，有一句"你进入船舱，如同进入一种宿命。沧海一粟，把你放大到无限，又缩小到极致"。"放大到无限"，我原来设计的是从左往右横拉开的手势，面前像大海一样开阔。后来导演说这个动作体现不出"无限"的意境，我就改为将手往右前方延伸，眼睛也往手的方向眺望，就有了"无限"的意境。

8）问：舞台朗诵时是否每句都需要加手势？

答：第一，初学朗诵时一定要用手势，上台时可用可不用。

我在讲课时强调了"手势，是朗诵初学者快速入门的秘诀"，就是说，初学朗诵时，加手势可以准确表达形象和情感，通过外在带动内在，一定要多用。上台表演时，用多少手势自己决定。比如，徐涛老师朗诵时，有手势，但不多，往往是在高潮的句子中加上大幅度的手势。如"我依然固执地在凄凉的大地上写下：相信未来"，他动作的幅度就非常大。濮存昕老师朗诵时手势较多，他朗诵郭小川的《祝酒歌》时，几乎每一句都有手势。这都是个人习惯。

第二，手势可以少，但是眼神不能少。

眼睛是心灵的窗户。眼睛能看到每一句诗歌的形象，说明你内心的形象是饱满的。眼睛看到形象，才能触景生情，感情油然而生。如果眼中无物，内心一定是苍白的。比如，"轻轻地我走了，正如我轻轻地来，我轻轻地招手，作别西天的云彩"。句中"走了"，眼睛要由近及远看；"来"，眼睛要从远往近看；"招手"，眼睛要看着远方的晚霞。只有你看到了，你的声音里才会有形象，你看到了，观众才能看得到。

如果学员人数比较多，我就让他们先分组讨论，再由小组推举一个代表提问。

◎ 我把问题当宝贝

我在清华大学总裁班讲课时，若第二天下午下课前的提问环节无人提问，我会马上说：现在各小组讨论提问的问题，由一位代表举手提问。结果各小组都提出了学习中的问题。

1）学了两天的课，可以现场表达，热度三分钟，下课后又开始紧张，怎么办？

答：课后加强练习，变成习惯，才能将三分钟不紧张变成永远不紧张。

2）因紧张而忘词，怎样解决？

答：先写稿，再背稿，再浓缩成提纲，最后带提纲上场。

3）说话如何克服语言混乱，如何提升逻辑性？

答：就是学会用"一、二、三"，第一点，第二点，第三点。反复练习

《三乐说》。什么叫"三乐"？第一乐叫自得其乐，第二乐叫知足常乐，第三乐叫助人为乐。

4）如何克服会议上讲话啰唆？

答：第一，先写提纲，按提纲讲；第二，讲话内容不要超过三点。

5）时间把控不好，主题讲不完，怎么办？

答：关键在事前准备。先彩排，通过彩排对自己的演讲时间心中有数；要学会"三时"法。

第一，问时。讲话前要问清楚主持人给自己讲话的时间长度，做到心中有数。

第二，分时。按照给定的讲话时长，将要讲的几个问题细分时间，列出一张讲话时间表。

第三，对时。将手表和讲话时间表放在讲台上，每讲一个问题就将手表和时间表对照一下。

一问一答中，气氛轻松了，敢于提问的人也越来越多。

为了便于从学员提问中发现普遍性问题，我让学习委员把所提的每一个问题都记下来，课后交给我。对我来说，它们都是宝贝，我会一一认真分析研究。

提问能带来什么好处呢？

第一，解惑。学习本来就要传道、授业、解惑，"解惑"是重要的学习内容。通过问与答，消除了学员存在心里却又没说出来的疑惑。

第二，增新知。对老师来说，这是发现新问题，解决新问题，增加新知识、新理论、新方法的机会。比如，通过学员提问"怎样演讲不超时"，我就把总结出的"三时"法添加到教学中。

第三，积资料。有些提问，我现场的回答不够完善，事后再思考学生的提问，做出系统的书面回答，将文字发表在我的博客上，让更多人受益。同时，这一篇篇博文也为我写书做了准备。

2. 从实践到实践

在实践中总结出的方法是不是管用，一定要经过实践的检验。

我的"定耳舞诀"四字经，从教学实践中产生，效果如何？我非常注重对学生的检验。检验的主要方法就是让学生每次上课都要写一字感悟，通过作业了解真实的学习效果。

我在北师大珠海分校、北京师范大学－香港浸会大学联合国际学院、暨南大学珠海校区、深圳大学任教共七年，教过的学生上千名。通过他们上万份学习心得的反馈，我对耳语练声法、"三定"练胆法、"双人舞"练情法、"一简二活三口诀"练识法的实践效果很有自信。

一位网友在看过《21天掌握当众讲话诀窍》后留言：

耳语练声法，让人茅塞顿开。为了练气息，我对生理学、医学、深呼吸、瑜伽冥想基本研究了一圈，仍然效果不佳。因为从理论到实践似乎仍缺一座桥梁。而这本书提供的耳语法，直接进入实践，让我惊喜。

感谢作者，给我带来了练口才的真正理念和方法。

来看一份 UIC 的金同学上演讲课的学习心得。

演讲与口才：爱与梦的四部曲

我是一个喜欢说话的女孩：爱沟通，爱演讲，也爱主持。同时，我还是一个喜欢音乐的女孩：爱听交响乐，爱弹钢琴，也爱唱歌。演讲说话和音乐有很多异曲同工之妙，都是通过声音给人带来美的视听感受。

能打动心灵的音乐就是好音乐，极品的音乐甚至能打动人的灵魂。当众讲话亦是如此。以前自己对演讲和主持只是有兴趣，从未受过专业培训。大学最后一年，我选修了演讲与口才课，虽然四个月的时光如同音乐中流畅的音符转瞬即逝，然而积累的学问与感悟却丰实饱满。我把对演讲的喜爱，对这门课的学习感悟和交响乐结合，谱成一部属于我自己的"爱与梦的四部曲"。

第一乐章：一"听"钟情

早在大一就听闻过这门课程，可惜连续几年都不够"手脚敏捷"，抢不到。这个学期初我旁听了殷亚敏老师的第一堂演讲课，他的磁性嗓音就像音乐的前奏轻快清新，立即引人入胜，我被深深吸引。这一"听"钟情，坚定了我要选修这门课的决心。通过演讲与口才课的学习，也创造了自己很多个"第一次"。

第一次持之以恒。一直以来我都被父母说是浮躁善变的人，兴趣广泛却不专，能力各通却不精。殷老师第一堂课就跟大家说："如果能坚持每天练习20遍《人一之》，就能豁免期末口试。但这是你们对老师、对同学、对自己的承诺，你们要诚信，要对自己负责，挑战自己，提升持之以恒的能力。"因为这番话的鼓舞，我选择了挑战。别人能做到，为什么我不能做到？正是这股好胜要强，鞭策并督促了我一个学期的坚持练习，虽然其中有过松懈倦怠，有过灰心想放弃，但都很快调整了心态，真正实现了四个月来的持之以恒。

第一次"手舞足蹈"。以前的演讲与主持，走的都是比较规矩正统的路线，虽然端庄得体，却稍显单调木讷。一个学期的演讲与口才课下来，无论是《八百标兵奔北坡》还是《面朝大海》等，都让我学会了"双人舞"，从而使我的当众讲话声情并茂，绘声绘色。刚开始缩手缩脚放不开，当我成功表演了《速度、力量、激情》，释放了自己之后，感受到了眉飞色舞和手舞足蹈的魅力。

还有第一次在人来人往中大声练胆，第一次学会用悄悄话练气息……好多好多难忘的"第一次"，都是这专业演讲课程带给我的独特感受。

第二乐章：跌宕起伏

当乐曲演过第一乐章，便开始阶梯式升温，音符韵律循环往复，跌宕起伏，让听众的心情跟着音乐变化。我的演讲课，也渐渐在锻炼中，有了高低起伏。期中口试，因为对《望庐山瀑布》一诗的很好理解，对殷老师动作的仔细琢磨，加上在宿舍的额外练习，我和课代表卢倩以93分并列全班第一。这是我在演讲课上拿到的第一个第一名，给了我极大鼓励。

然而，同样在期中的创意表演中，我因为创意结合得不恰当，表现形式也不够创新，只拿到了83分。这10分的差距，让我心情沮丧，从高峰跌入低谷。

知道自己不该得意忘形的同时，也看到了我的同学们的许多过人之处。在双人主持环节，我和钱程是《前程似金》栏目的主持人，当时也被殷老师表扬说具备了些许"专业水准"，我心里生出了小小的骄傲，觉得这也是对自己主持经历积累的一种认可。然而在《我之长》的分享中，看到了更多同学的活力、勇气与无限创意，林琴琴的"零售业巨头"，孙爽的"旅行背包客"等。她们不仅想法独特，还运用了定、耳、舞、诀来演绎，生动又幽默风趣，让我自愧不如，感叹强中自有强中手。

正是这样跌宕起伏的锻炼与成长，让我受益匪浅，通过自我学习、互相学习收获了更多经验与技巧。

第三乐章：高潮升华

我们学习了用耳语发声，学习了"三定"，学习了手舞足蹈，仅仅课堂上的练习，还无法检验我们在现实演讲和社交沟通中的应用。我将课上分享的《父母之长》，在课后表演给爸爸听，他兴奋了好久，因为他听到了来自我的表扬，感恩父母带来的愉悦，第一次真正出现在我的心中。我看到因"好脸、好话"给自己的生活与人际关系带来的改变，从而升华到一个新阶段。

这个学期，我被选为第二届教育展的学生代表。开幕式上，我担当礼仪时始终抬头挺胸，微笑示人，得到了来宾和老师的一致好评。站在舞台上，我心中一直默念殷老师教我们的"引"字，展示出自己最美的笑容。展览会上，我又为香港高校组做来宾接待和现场宣传，一整天八个小时不停为咨询的学生和家长介绍，两天下来，嗓子居然丝毫不累，因为我坚持用腹式呼吸发声，丹田用气，放松了嗓子。校友分享会，我是活动主持，因为自信的台风、清晰悦耳的谈吐、挺拔的身姿和现场的灵活应变受到了活动主办方的赞许。这些实践把我对演讲口才技巧的理解与应用推向了高潮，让我真正做到了学以致用，获益良多。

最终乐章：延伸沉淀

当音乐经过了海浪式鳞次栉比的节奏与高潮迭起的韵律后，终要回归平静与柔和，在遐想中结束，却引人延伸思考。这门课让我获益颇多，除了对演讲口才技巧的学习，更多是对人生的感悟。殷老师在每周的课上都会跟我们分享一个字、一个词，或一个金句的人生感言。这些经常被很多同学忽略，但我认为，它们对我的影响更重要，不仅是人格塑造，也有更长远的人生。像对"仁""活在当下""信"的理解；对"三乐"和"三孝"的诠释；对"活在当下""简单练到极致就是绝招"的履行等，对我都有指导意义。

就拿"信"来说，我持之以恒地练习《人一之》，既是履行了我对他人、对自己的承诺，也是诚信的最大表现。四个月下来，我把每次的感悟都进行总结并写到一个小本子里，遇到低谷、难关或者困惑，我就拿出来看一看读一读，通过领悟、学习、沉淀，为的就是在未来的人生路上，升华自己的人格，积累我的精神财富。

音乐的生命力是由乐曲本身决定的。演讲的生命力，表现在演讲内容和演讲人所用的技巧与情感，最重要的是真心。音乐和演讲一样，声音好听固然重要，把握技巧固然重要，你满怀爱与梦想的全情投入，才能演奏出让人过耳不忘、深入灵魂的交响曲！

这一篇篇心得，检验了我的演讲教学理论和方法，因为这份价值，我才有自信写书，才敢录成视频，让读者和网友受益。

讲一个我面对顶尖级权威也敢于发表自己观点的故事。

十一年前，我应广西师范大学邀请，参加播音主持教学研讨会。中国传媒大学的播音教学权威，也是36年前我在北京广播学院播音系进修时的恩师张颂教授也参加了这次会议。我的耳语练声法和"双人舞"练情法，用中传播音系的权威理论看来属于离经叛道，但我仍然自信地在会上宣读了我的论文，并在学术交流会上，让老师和同学现场练习了我的耳语法和"双人舞"练情法，事后得到了张颂教授的充分肯定。

我为什么这么胆大和自信？就是因为我的理论和方法都是在实践中被反复验证过的，并且我教过的学生和学员多是一学就会、一用就灵。

3. 写，现场的保存与复盘

为什么要写小结？

现场得到的灵感和信息如果不马上记下来，就像狗熊掰棒子，掰一个，扔一个。写了，才会把现场情况做复盘，才会在独处中把现场情况做分析、总结和提升，从感性认识上升到理性认识，从而指导以后的实践。

◎ 好好说还要好好记

我曾经发过一篇博文，讲的是好话要说出口的感悟。

太太每天做早餐，我不觉幸福。有一次，太太外出几天，我得自己做早餐。先写东西，一起身，没得吃，怎么办？只有自力更生啦。手忙脚乱忙活了半个小时才吃到嘴里。自己这一做，才体会到了太太做早餐的不易。

于是，我把对太太的感恩终于说了出来。早餐时对太太说："每天有人做早餐吃，就是幸福啊。你不在家时，我自己要忙活大半天才能吃到嘴里。现在，一叫我吃早餐了，我起身就能吃，幸福啊。"

太太说："你要不说，我还一直以为你不懂得感恩呢。"太太很高兴我理解她的辛苦。太太的话也特别多，把我早餐刷碗的任务也给免了。

像这件事，如果不写，说过也就忘了。忘了，就无法提炼出"好话要及时说出来"的观点，没有这个观点，就无法指导自己以后的沟通实践。以后可能还是不会说好话，不善于和太太沟通。而写下来，总结出观点，就可以指导实践，以后就会和太太沟通了，夫妻关系更加和谐，这是多好的事啊。

◎ 一个五分钟演讲该说什么

有一次，我参加"领袖华宴"企业家高端交流会。19位与会嘉宾，一人一个五分钟演讲，结果无一例外的都是感谢，介绍自己，介绍公司，最后干杯。这样的平铺直叙，缺乏吸引人的力量。

怎样解决？我将两天的思考写了下来。

如果给我五分钟，我该如何做？

我可以这样开场："我今天和大家分享三个字：缘，缘分的缘；话，讲话的话；痛，企业家讲话痛点的痛。"然后分说：缘——我怎样和大家结缘的；话——我职业的三个阶段，讲话、教话、写话；痛——企业家讲话四大痛点和解决方法。

用总分总的方法使演讲直入主题。

第一，确定结构。

比如，中信银行分行一位领导分享他教育孩子的心得，寒暄之后的开场白："我今天给大家分享教育孩子的三个关键词：读书、下棋、字典。"

这是开头总说。

每周带孩子去一次书店，让孩子学围棋，让孩子从小通过自己查字典来认字。

这是分说。

最后再总说，回应开头。

第二，观点要高度简练。

一句话，用一句话亮出主题。我今天分享的题目是"聪明人要下笨功夫"。

一个词。我今天和大家分享三个关键词："讲话、痛点、偏方"。

一个字。我在清华总裁演讲班讲课时，讲到学习演讲的三个阶段：仿、练、创，就是仿招、练招、创招。

这样规划的好处有哪些？

短。五分钟时间容不得你云山雾罩、啰里啰唆的时间被占据过多，后面讲内容就没有时间了。这是从演讲者自身角度讲。

清。开头就清晰明确地知道了你要讲什么，让听者不疑惑。如果开门不见山，听众不知道你到底要讲什么，就干脆不听了。

勾。勾住听众听下去。比如，我要讲"痛"，听众就带着问号，想了解企业家演讲到底有哪些痛点，克服痛点的方法是什么。

清和勾是从听众角度讲。

19 位企业家共处一室，每人五分钟讲话，这样的观察机会非常难得。通过现场的观察，发现他们演讲中共存的问题，那么事后我通过对这些案例复盘并写下小结，就能给出比较严谨又很有实操性的回答。

◎ 讲好话的前提是写

夸奖他人，让人与人之间的沟通快速、有效。为了让学生亲身实践并感悟它的好处，我设计了《夸三人》作业：

1）每个人课后要去夸奖三个人，同学、父母、老师、陌生人都可以。

2）忠实记录夸奖过程。

3）写出自己夸三人的感悟。

来看 UIC 的袁同学的《夸三人》作业。

这星期我们学到的是"两好"，就是"好脸"和"好话"，其中最重要的就是"好话"。下面就是我与我三个朋友之间的对话记录：

这第一夸，就是夸我的高中同学——黄剑波。

我:"我觉得你这个人吧,挺幽默的,只要有你在,准能让身边的人开怀大笑。"

黄:"是吗?有时候想到什么就说什么了。"

我:"这就是你的厉害之处了,幽默时刻伴随着你,而你也时刻为大家带来欢笑,给我们带来快乐。"

黄:"哎,这有什么,大家都是朋友嘛,跟你们在一起我也很开心,朋友在一起最重要的就是要开开心心嘛。是吧?!"

我:"没错。还有就是每次去广州找你都要你接待,真是麻烦你啦,你每次都那么热心真是让我很感动,我觉得能交到你这样的朋友真是三生有幸啊。"

黄:"大家都是哥们儿,你要是来广州不来找我,我还要教训你呢。以后记得有空常来啊,大家聚在一起才开心嘛。"

我:"放心吧,以后有时间一定还会去骚扰你的,你有空也一定要来珠海啊,让我也尽尽地主之谊啊。"

黄:"嗯,会的。"

这第二夸,是夸我的高中同桌——张扬。

我:"我发现你的处事风格和你的名字不一样啊。"

张:"怎么不一样啊?"

我:"你看,你的名字叫张扬,但是你的个性却很沉稳、谦虚和内敛。跟你同桌三年了,发现你什么事都是处变不惊,而且成绩好也不夸耀,帮助别人也不求回报。"

张:"这有什么值得说的,你历史学得也很好啊,有时候我还向你请教呢。至于帮人那就更没什么啦,大家都互相帮助嘛。以后你有什么事只要我能办到的肯定不遗余力。"

我:"还有,你的文笔这么好,怎么不去尝试着当一个网络作家啊。高中的时候你的文章可是有好多次被评为模范作文啊。现在我家里的那几本校刊可都刊印着你的大作。"

张："这都没什么啦，一山还有一山高，我离作家的水平还是有很大一段距离的。"

我："你现在的写作水平肯定也提高不少了吧？"

张："没有，差不多啦。如果你以后要写什么需要润色的话可以找我，我不能说能帮到什么大忙，只能说帮你看看，提提意见咯。"

我："真的啊，那我先谢过啦！"

这第三夸，是夸我的大学同学——邱祥竞。

我："小邱，咱们是来大学的第一天就认识的，算算也快四年了，这几年来承你的照顾，无论在学习上还是生活上，都感谢你的热心相助啊！"

邱："你这就见外啦，大家都是朋友，互相帮助是应该的嘛，我也只是尽我所能。"

我："这四年麻烦你的事可以说真不少啊，学习不懂的要向你请教，你每次都倾力相助；电脑出问题了找你帮忙，你也是不遗余力啊。而且，不只我，很多人说起你都是两个字：热心。我发现受过你'恩惠'的人不在少数啊。"

邱："这些都是小事啦，反正以后，有事您说话。只要我帮得上忙的，肯定在所不辞。"

我："不管怎么说，还是得谢谢你啦！"

感悟：通过这次对几个朋友的夸赞和对话，我发现有些时候即使是再亲近的朋友，你对他夸赞一番他也会很高兴。当然在一开始的时候，可以看出，我对他们的夸赞还有点让他们不好意思，不过他们的脸上也会不由自主地流露出愉悦之情。

这是我没有想到的，以前总是觉得，大家都是好朋友，彼此也都那么熟了，没必要那么客气，太客气反而觉得有点生分了。但是，借着这次"三夸"的机会，对他们夸赞一番后发现，朋友之间的夸赞，会让彼此的情谊更进一步加深。通过这次谈话，我意识到，很多话还是需要说出口的，即使是面对你最亲近、最熟悉的人。让他们感受到你对他们的认同，也许是对他们一种最好的精神报答。

《夸三人》不仅是口语作业，我还要让学生通过写感悟对夸奖过程来个复盘。这样做，一是回顾了夸奖的全过程，脑子里像过电影，加深记忆；二是认真思考，到底给我带来了什么感悟，需要琢磨和筛选；三是更缜密和完整的思考，字句的选择和排列须通顺，有逻辑；四是可以保留。自己经常翻一翻，发给父母看一看，上课时每个人读一读，加深印象。写下这样一份记录会使讲好话的能力真正落地。

4. 批作业是换个角度感知现场

我让学生写出现场练习中的感受，我自己事后阅读作业进行观察。

学生的作业，虽然是事后写作，但它是学生对现场学习收获的认真反思。我可以从另一个角度感知现场，观察学生。

批阅学生作业，好处有这么三条：好，难，心。

一是好：通过看作业，了解学生现场学习的喜好。

比如，"双人舞"教学中，学生到底喜欢什么样的动作呢？看了学生"一字悟"的作业，我心里有了底。来看俞同学的一篇"一字悟"。

不知不觉，练习"双人舞"已经将近一个学期了。最有感觉的，就是"双人舞"《望庐山瀑布》中的"飞流直下三千尺"，以及"双人舞"《面朝大海，春暖花开》中"告诉他们，我的幸福；那幸福的闪电告诉我的，我将告诉每一个人"。

每天练习的时候，我都会很兴奋地连续练上几遍这几段语速和动作都快的，以协调语速和动作的配合，以及感情的培养。

读了这篇课后作业，我顺手写下这样一段文字：

学生为什么喜欢"双人舞"中快的动作？

1）好玩。

2）有变化。

3）动作带劲，过瘾。

4）可让学生多练些快的动作。

在后来的课堂教学中，根据学生的这一喜好，每次"双人舞"练习，我都会设计一些加快的动作内容，更好地活跃课堂气氛，调动学生的积极性。

二是难：通过作业，可以了解学生学习中的难点。

中小学生语文朗读的难点在哪里？我没教过中小学的语文朗读课，所以不知道。通过阅读学生的学习心得，我敏锐地找到了难点所在。

来看我博客里的一篇文章。

前不久，我在一个语言艺术教师资格培训班讲课。讲的是《声情并茂的讲课艺术》。其中的"双人舞"练情法，对提升中小学老师朗读课文能力很有帮助。

其中一位学员是中学语文老师，她在课后心得中写道："很多时候，朗读教学成了一件很可笑的事情。学生不爱朗读，觉得像模像样的朗读很搞笑，觉得朗读太投入了很肉麻。久而久之，会朗读的学生不再愿意好好读，不会朗读的学生再也不知道什么是朗读，还不以为然。

"殊不知，他们把学习语言、体会语言魅力的一大块内容丢掉了，学习语言成了死板的背书做题，再也不知道文字的魅力是什么。作为中学语文老师，我很痛心，但是又找不到办法，不知道从哪儿做起。学了殷老师的课，我发现朗读时加手势的方法特别管用。如果用这种方法引导学生，学生一定都能体会到朗读课文的乐趣和魅力。"

我反复看了这篇学习心得，意识到：中学生的课文朗读是个教学难点。难点在于老师没找到表达真情实感的朗读方法，所谓会朗读，实际上是做作的朗读，假。外在声音好像有高低变化，实际内心没被感动，不真挚，给人的感觉就是肉麻搞笑，学生当然不愿意学朗读。老师很痛心，却找不到解决的方法。

语文老师为什么说我的"双人舞"方法好？就因为"双人舞"方法，解决了朗读中缺乏真情实感的难点。简单说就是："手生景，景生情，情生气，气生声。"就是通过手势，一下子把课文中的死文字变活了，看到形象，自然触景生情。这个情是油然而生的，然后情带动气息，气息变成声音的高低强弱。感情真了，就能打动观众，去除了肉麻的现象。

看了这篇心得后我有两点感受：

两端。中小学课文朗读存在两个极端：无感情和感情假。而"双人舞"对中小学课文朗读很有针对性，既可以解决无感情的问题，也可以解决感情假、肉麻的问题。

关键。老师不会声情并茂地朗读课文是关键。所以通过"双人舞"方法让老师快速掌握朗读技巧，就抓住了"牛鼻子"，老师的示范让学生不喜欢朗读的问题迎刃而解。

三是心：通过作业，可以了解到学生在现场实践中成长的心路历程。

在教学现场只能看到学生外在的表现，但是看不到学生内心的想法。而通过作业，就可以了解学生所思所想，对学生有更加立体、更加全面的了解。

来看赖同学的期末作业：

殷老师布置的作业，可选择接受的是每天的《人一之》和"一字悟"，对我来说是一个非常大的挑战，是一个直接和我自己单挑的机会（我的批注：和自己单挑！非常有力）。我考虑了很久，最后还是接受了这个挑战。每天练 20 次《人一之》说起来很简单，做起来却不简单，经常会有学习、做作业很累想偷懒的时候。于是我选了一个自己每天都必须要经历的时间段：洗澡。在洗澡的时候练习《人一之》，同时将身心放松，最终我坚持了下来（我的批注：主观能动性调动起来，自然就会挤时间，想办法）。

我不仅仅将《人一之》坚持了下来，还将练成的恒心发散到其他方面。每天的哑铃健身，专心复习，做项目多累都会做下去。只要遇到类似困难，我就告诉自己挺一挺就过去了，就像《人一之》一样（我的批注：通过坚持练《人一之》，尝到甜头，自己就会举一反三，把恒心运用到其他方面了）。多谢《人一之》，多谢殷老师，我练就了恒心。

这篇期末作业，看得我非常激动，边看边写下了上面的批注。我也深切体会到了一名老师"传道、授业、解惑"带来的成就感！

5. 手机的"副"作用

用手机拍视频，把现场情况记录下来，事后仔细观察。这是手机时代与时俱进的教学方法。

通过反复看视频，观察的精度更高，现场情况不会转瞬即逝。值得好好利用！

◎ **用视频做反省**

我是在给孙子录视频的过程中，总结出这种方法的。

来看我的一篇博客。

拍视频、看视频是一种与时俱进的教育孩子的方法。我从中悟出来如何教育孩子，也悟出了自己的不足。

事情是这样的。

幼儿园马上要开学，老师布置的任务是，每个小朋友用课件方式讲自己暑假中有意义的事情。鹏鹏的爸爸制作好了课件，讲解课件的任务就交到了我这个当爷爷的手上。因为爷爷是教演讲与口才的，此任务义不容辞啊。

我用旁听生理论（在孩子旁边自顾自演示进行熏陶），先为孙子演示了三遍。孙子记住后开始讲，爷爷放课件，奶奶录视频。孙子能跟着视频一页页地讲，也很准确，尤其是还能自己组织语言讲内容。

不足是，语速有点快。我听到语速快了就在边上提醒孙子："慢一点，慢一点。"结果孙子马上不高兴，用尽全身力气说："不要慢。"就不讲了。平静了一会儿，才接着讲完。

这个视频，我看了不下四五遍。开始是看着好玩，到后来，我发现了自己教育孩子的问题。

平，要以平等之心对待孩子。

想让孩子尊重你，你先要尊重孩子。孩子正在全神贯注讲内容，这时候，大人突然打断他，孩子思路一下子断了，换成大人，也会不高兴，何况是三岁多的孩子。开始我还觉得孙子脾气大，后来仔细想想，孙子发脾气，根源在爷爷。因为爷爷打断了孩子的讲话，打断就是不尊重。我不尊重在先，孩子发脾气在后。先从自己身上找原因，就认识到，自己对学生点评，都能等到学生讲完了才点评，为什么对孙子就如此不礼貌呢？就因为他是小孩子，没有以平等之心对待他。

夸——教育孩子要多鼓励，少批评。

我说孙子"慢一点，慢一点"，这不是鼓励而是批评。本来三岁多的孩子能看着课件讲话，已经非常难得了。而我看不到这个难得的优点，上来就是批评指责，打击了孙子的自信心，伤了自尊心，孩子自然受不了。我专门写了《练好口才的第一本书》，重点讲应该如何讲好话，夸奖人。可是在教育孙子时，却把这个夸奖原则忘得一干二净。

通过反复看视频，我明白了教育孩子要先教育自己。孩子身上的问题，折射出的也是大人身上的问题。

我之所以能够写这篇博文，有这些反思，是沾了视频的光。所以，我想说，拍视频，看视频，是个很好用的教育方法。

为什么要拍视频？

有条件。

过去想拍视频，携带摄像机不便，但现在手机都自带拍摄的功能，所以人人都能拍。

留资料。

做过的事情，无法复原，如果不拍视频，也无法仔细观看，反复研究。第二是你身在其中，分身乏术，没有精力和时间去客观分析这件事情。而拍了视频，就留下了宝贵的资料，可以客观看，反复看，能从中提炼观点，总结规律。

我总结出小孙子做事很专注的特点，就是我看一段视频后得出的结论。那是在小孙子两岁多时拍的一段视频。他把 12 张拆开的月份挂历，铺到地上摆火车道。一直把 12 张图片全部摆完，而且每一张都衔接得很整齐。通过反复看这段视频，我才得出了"专注"的结论。

怎样看视频？

反复看。

反复看，才能发现问题，总结规律。比如孙子练演讲的这段视频，我看第一遍时，只是觉得好玩，尤其是发脾气那一段。

第二遍看，我发现他发脾气的时候，先是一提气，全身都在动，然后说出"不要慢"这句话，说明了"气先动，声才出"的发声理论。

第三遍，发现孙子发完脾气，后来又张嘴，没出声，应该是还不高兴，但已经忍住了。说明孙子也有反思，先发火，后忍耐。

到第四遍，我才突然意识到自己的过错。

看视频后要内省。

拍视频，看视频，不只是为了好玩，还要及时反省成人在教育孩子上的不足。成人总是只看到孩子的不足，而很少能看到自己的不足。只有多反省，才能比较客观地发现问题，认识问题。

手机人人有，视频人人可以拍，就怕你没有拍视频观察现场的意识。只要有了这样的意识，我们对现场的观察一定更加真实、准确，从而能获得更多的"神灵"。

6. 互联网是一个新现场

网络看起来是虚拟的，运用好了，也是一个新的现场，可以从中获得"神灵"。

我自己常用的网络现场包括：博客、邮箱、微博、微信。

◎ 30 年的痼疾

来看我在博客上回答博友提问的文章。

30 年的口误能改掉吗？

殷老师您好！

我日常总有口误，我应该怎么解决？有人说我说话没过脑子，我明明想得很清楚，可说出来就是错的，比如心里明明想让别人递下订书器，可说出的却是打印机；我连儿子和外甥的名字也经常叫混，这应该都是老年人的专利，可我从小就这样，30 年了也没改过来。还有说话时词不达意，不知如何解决。希望得到您的指点，谢谢！

我的回复：

口误的核心问题是，你脑子想了，但是嘴部肌肉没有参与练习，所以想的和说的不一致。

怎么解决口误问题？

第一，把容易说错的词用耳语法练习 1000 遍，让嘴部肌肉形成记忆。

比如你将外甥的名字叫成儿子的名字，那就将外甥的名字反复练习 1000 遍；容易把订书器说成打印机，就把"订书器"三个字用耳语练习 1000 遍，就记住了。这样练习的好处是：1）让嘴部肌肉形成记忆；2）同时练习了耳语，让你学会气沉丹田，声音变得悦耳又省力。

第二，重要讲话，要先写后背。

背 100 遍，再上台讲，就解决词不达意的问题了。写，是解决用词准确的问题；背，是解决语句流畅的问题。我主持了上百场名人讲座，开场白都是先写好，再背熟，再上场讲。每次朗诵，也都是把朗诵的诗歌背诵 100 到 200 遍，才能保证在台上脱口而出。

第三，用耳语练习微笑，就是练习"引"字。

每天练习 100 遍，让微笑变成肌肉记忆。这样当众讲话时就会放松，缓解紧张情绪。

按照以上的方法坚持练习，30 年的口误就一定能够改掉！

这位读者在网上提出的问题，我在面对面的教学实践中从未遇到过，而在网络这个虚拟环境里就会有人提出。我通过思考，解答了这位博友的提问，还丰富了我的教学理论。

　　需要强调的是，上面提及的六种方法可以单独用，也可以综合运用，无须将它们割裂。实践中，不可一味地死脑筋，认死理，盘活它们，灵活变通，才能使演讲技能得到提高。

第六章

好口才要
深思熟虑

好口才，不是巧于辞令，也不仅是脱口
而出，口若悬河。好口才，更需要条理清晰、
思想深刻、启迪心智、引发共鸣。

怎样做到?

>>>>>>>>>>>>>

深思和熟虑是什么关系？先有深思，后有熟虑。只有经过深入思考，才能得到一个成熟的、客观的思考结果。

"双人舞"练情法的由来

一个深思熟虑的思考结果，一定会经历"四过"：难过、想过、讲过、做过。

难过，就是在工作中遇到了绕不开的难题，且一直被它困扰。

想过，就是为了解决难题，逼着自己做艰苦、深入、细致的思考。

讲过，就是把深思熟虑后的想法表达出来。

做过，就是将你的思考结果拿到实践中验证。

我总结出的训练感情表达的"双人舞"练情法，从无到成熟落地便体现出"四过"的特征。

1. 难过：无从入手

怎样让讲话富有感情？传统教科书用的都是四分法：重音、节奏、语气、停连。这种方法只是对感情表达做了理论上的分析，并不是感情表达的练习方法，所以学生在练习如何表达感情时还是无从下手。

这就是我教学中遇到的一个难题。

2. 想过: 日思夜想

找不到演讲中感情表达的训练方法，怎么办？我曾绞尽脑汁地想，日思夜想。

有一天，和一桌朋友一起吃饭。饭桌上，我发现一位讲话很吸引人的朋友，他不只用嘴，还手舞足蹈、眉飞色舞，手势和表情非常丰富。

受到启发，我就琢磨手势对感情表达的带动作用，反复观察、反复实践后，总结出一套通过手舞足蹈、眉飞色舞，快速调动讲话感情的训练方法，也就是我常说的"双人舞"练情法。

比如，用两种方式说"速度、力量、激情"这三个词。

第一遍，只动嘴，不加手势说。

第二遍，加上手势说。说"速度"时，右手五指并拢做尖刀状，快速从后往前穿；说"力量"时，两臂抬起，两手握拳，展示肌肉力量；说"激情"时，两臂伸展，五指张开。

不加手势的第一遍，语气平淡，没有激情。第二遍，加上动作，浑身肌肉收紧，气息饱满，热血沸腾，满脸涨红，两眼放光，感情上来了，激情澎湃的语言自然脱口而出。

学员每次上课做这个对比练习，都会产生这么神奇的效果。

3. 讲过: 直面质疑

"双人舞"练情法，这个崭新的演讲感情训练法诞生了，如何面对专家和同行的质疑，它的理论依据是什么？我要讲清楚。

通过对相关学科的学习研究，我总结出"双人舞"练情法作为演讲感情训练法的两个依据：血流量增加，人体节奏一致。

先说血流量增加。中国著名的手移植专家、中科院院士顾玉东在一篇研究报告中说，当手做简单动作时，大脑的血流量会增加10%，做复杂或有力的动作时，大脑的血流量会增加 35%。

这就是做手势可以让大脑兴奋的奥秘。吃完午饭人会犯困，是因为血液都跑到胃里帮助消化，大脑处于缺血状态。大脑缺血，人就无精打采地想睡觉。反之，当大脑供血充足时，人就精气十足，情绪高涨。

当我们全身的肌肉收紧，手做出有力动作时，大脑血流量马上增加，也有了激情和精神。

再说人体节奏一致。人体是一个整体，节奏是一致的。当你做手势时，带动了气息、血液、皮肤、肌肉、声音，按照同一个节奏和谐地运动。

比如，说"速度"的时候，快速的动作一做，气息、血液、肌肉的节奏随之变快，声音也自然与手势节奏一样加快。绝不可能手势动作快捷，你口中却缓慢说出"速度"二字。

说"力量"的时候，一做有力的动作，双臂肌肉马上鼓起，声音自然也带出力量。不可能动作很有力，语言软绵绵。

说"激情"的时候，随着双手的五指伸开，双臂张开，声音也自然带出冲破束缚的激情。不可能动作奔放有力，说出的"激情"二字却柔情似水。

手有什么感情，口就有什么感情！

手有什么节奏，口就有什么节奏！

"血流量增加""节奏的一致性"，我在讲台上把这两个依据讲清楚了，学生相信；在论文和书中写清楚了，专家、同行和读者认同。

4. 做过：实践说话

是骡子是马，拉出来遛遛。总结出"双人舞"练情法后，我便将它用在教学中，反复检验。我的学生、学员和读者都反馈："双人舞"练情法，能调动讲话感情且易于上手。

◎ "动手" 习惯

一位学生讲：

我在练习《人一之》的时候，按照你的要求加了手势来训练。通过一个星期的练习，我现在讲话时不自觉地就想"动手"了，讲出的话比以前铿锵有力。

读者 gyi：

过去，我讲话死气沉沉，自己听着都没情绪。才练了几天"双人舞"，我就明显觉得这方法实在太好了。说话加上手势，明显感到语气生动形象，自己在讲话时也增添了自信心。

学员罗经理：

突破，我突破了以前自己在讲话时不敢加手势的障碍。手和眼配合练习"稀奇稀奇"的时候，我发现自己的讲话原来那么有感染力，这是从来没有过的。

在"难过、想过、讲过、做过"四个阶段中，"双人舞"练情法经历了从理论到实践的过程，终于站稳了脚跟，从此推广开来。我切身感受到自己在深思熟虑后创新成功的甜头。

深思熟虑的结果

深思熟虑，是为了少出错，不偏执，不短浅，去粗糙。

1. 少出错：控制成本与风险

通过深思熟虑，能正确认识和处理问题，少犯或不犯错误。

◎ 看客"下菜"

在一次总裁演讲班的点评课上，一位同学上台演讲的题目是《茶干小店：小投入，大产出》，介绍福建茶干小店的连锁经营模式。他先介绍了福建茶干的特点，又介绍了福建茶干的历史故事，再介绍了加盟茶干小店的投资回报。

演讲完，我做出了点评：

"你的演讲虽然条理清晰，观点明晰，课件也做得生动，但是演讲仍然不成功。为什么呢？因为针对性不强，没有看客'下菜'。

"台下的'客'，也就是听众，他们是什么人？都是总裁班的同学，也是企业主和管理人员，都是茶干小店的潜在加盟商。既然是潜在的加盟对象，那就应该把演讲重点放在投资茶干小店带来的投资回报上。关于投资回报，你在演讲中只说了一句话：'3万元投入，年销售30万，一年回本。'对怎么样投这3万元，年销售30万是怎样产生的，却没有讲。"

我接着问他："这些重点为什么没讲呢？"他说："时间不够了。"我说："不是时间不够，而是你没有看客'下菜'，没有根据台下观众的需求确定演讲重点。"

这些潜在的加盟商最关心的是什么？就是投入和回报。所以这个点就应该展开讲，还要算细账，即把3万元投入带来30万元年收入的细节讲透彻，其他内容可一带而过。确定了重点，就能做到主次分明，时间也会很从容。

虽然这位学员事先准备得非常充分，但效果很差，怎么造成的？就是他写稿前考虑问题缺少深思熟虑，没有做到详略得当，突出重点。

做演讲首要考虑的问题就是：听众是谁？他最想听什么？这个问题不考虑清楚，都是"瞎子点灯——白费蜡"。

2. 不偏执：追求和谐的灰度

考虑问题时要全面，而不是固执于某一点。

我在教学上能做到深思熟虑，但是在养生上有个毛病——过。一听到对养生有用的方法，就马上行动，往往用力太过，矫枉过正。

听说叩齿能够强健牙齿，到老了牙齿不掉。我就上下牙猛力相叩，结果用劲太大，一颗牙被磕出了裂缝。

听说黑木耳有降血脂的作用，我就天天吃，吃得太多，结果心跳总是过快，以致戴了两天起搏器也没查出原因。后来一反思，应该是吃黑木耳太过给闹的！赶快把量降下来。

过，就是只顾一点，不管其余。过了，非黑即白，就是偏执，不全面。而任正非的灰度理论，就是不偏执的最好体现。因为灰色是黑白两色的中和颜色。

任正非曾说过：

黑白融合，就是灰。换言之，黑与白是两个极端，在黑中增加点滴的白，就是灰；同理，在白中增加少许的黑，也是灰。在两个极端之间，存在的广阔空间就是灰，即由介于黑白之间的不同灰度构成灰色地带。

掌握合适的灰度，是使各种影响发展的要素在一段时间内保持和谐，这种和谐的过程叫妥协，这种和谐的结果叫灰度。

如果一个人只有铁骨铮铮，没有柔情似水；只有疾恶如仇，没有宽容妥协；只有固守原则，没有豁达变通，他的思维一定是单一的，不够全面。而任正非能把这些看似极端对立的要素完美结合，就是灰度理论的最好体现，正是他考虑问题深思熟虑的最好表现。

诗歌朗诵的节奏要做到慢中有快，也体现出中和、灰度的特点。

总体要慢。和演讲相比，朗诵的总体节奏是慢的。因为诗歌的文字凝练，如果语速太快，听众消化不了。

慢中有快。从头慢到尾，就会让听的人昏昏欲睡。

以李白的《望庐山瀑布》为例。

日照香炉生紫烟，遥看瀑布挂前川。飞流直下三千尺，疑是银河落九天。

朗诵时，如果这四句从头慢到尾，就没有节奏变化，太拖沓。而在朗诵第三句"飞流直下三千尺"时加快节奏，这四句诗因为语速变化听起来就有了节奏起伏的美感。

3. 不短浅：治了本才能治标

"人不可貌相""金玉其外，败絮其中"，就是说不要被表象迷惑。只有看清事物本质，才能找到问题的根源，从而有效地解决问题。

我见过一个演讲培训师在课堂上是这样讲课的：

在课上，他一会儿口若悬河，排比句一组接一组；一会儿伶牙俐齿说快板、绕口令，但是很少让学员现场训练，完全把演讲教学变成了展示自己的舞台。结果学习一天，除了觉得这个老师很厉害，其他一无所获。

这位老师的本意也许并不是卖弄自己，但是他一定没有很好地思考过演讲教学的本质是什么。

在17年的教学实践中，我体会到：演讲课的本质是让学员快速学会演讲技能，学以致用。

实现这个本质的最有效方法就是一个字：练。

演讲课，听不如看，看不如练。只有练习，才能让学生的大脑、肌肉、神经全部参与，只有全身心地参与，学生才能注意力集中，才能学会、学好。

在我的课上，绝对不会让学员坐着不动只听讲。讲五分钟，做一个练习，讲五分钟，再做一个练习。不光坐着练，还要站着练；不光站着练，还要两人面对面练，还要分成小组练，还要上台练，还要拉到教室外练……正是通过一次又一次的各种练习，学员才能理解透彻，记得深刻，把老师所教方法转化成自己的动作。

◎ 上手练，练，练

一位李姓学员写道：

今天，我在发声方面大有所得。一天下来，用耳语法练习数十次，只感到肚子累，没感到喉咙痛，我以后要继续坚持。

一位陈姓女学员说：

今天让我体会最深的是练习的重要性。例如，殷老师示范"三乐说"的时候，我真觉得自己做不到。但用老师的方法多次练习后，我做到了。要成功，必须练。

4. 去粗糙：精华靠打磨

碌碌无为之人，一定是做事粗枝大叶之人；有所成就之人，也一定是做事认真、精益求精之人。我深谙此理，一直提醒自己在教学中要做到深思熟虑，认真细致，让所做之事经得起检验。

◎ 30 秒与 180 分钟

有一天，我突然想到曾经看过王岐山同志任北京市市长时在雅典奥运会接会旗并挥动旗帜的视频。如果把这段视频放给学员看，来说明"简单练到极致就是绝招"，那就再好不过了。

我找到了雅典奥运会闭幕式的视频，将王岐山挥旗的片段从中剪辑出来。

为了说明"台上三分钟，台下十年功"，我先是留心数了数王岐山在雅典奥运会闭幕式上接过会旗后挥旗的时长，30 秒。

接着又查到一篇报道，介绍了王岐山练习挥旗的故事。

"王市长为了练好挥旗动作，在百忙之中抽出了半天时间进行练习。走上令全球亿万人瞩目的雅典奥运会闭幕式高台时，王岐山还在想：一定要使上腰劲，才能舞得好看、壮观。他说：'有幸代表中华民族来接这个旗，确实感到光荣和自豪。'"

我灵机一动，把半天的练习时间和现场 30 秒的挥旗时间进行比较。

二者相差多少倍呢？

我进行了换算，3 小时 =180 分钟，180 分钟 ×60 秒 =10800 秒，10800 秒 ÷30 秒 =360 倍。就是说，为了全球瞩目的 30 秒，王岐山付出了 360 倍的时间来练习。

课上，我放了这段视频，然后又讲了王岐山用超过 360 倍的时间来练习动作的苦功。

招商银行福州分行的一位学员说，王岐山挥旗的视频给她留下了深刻印象，激励她勤奋练习。

◎ 一偷懒就找不到感觉

我非常喜欢朗诵。著名诗人流沙河的诗《就是那一只蟋蟀》中用典很多，有大量古诗词的字、词、句，要字字明了，句句有出处，才能理解准确，朗诵准确。这就离不开深入细致的思考和琢磨。

比如这一段：

在《豳风·七月》里唱过，

在《唐风·蟋蟀》里唱过，

在《古诗十九首》里唱过，

在花木兰的织机旁唱过，

在姜夔的词里唱过。

起初，我仅凭着想当然朗诵，没有老老实实查资料。后来通过查诗中提到的这五首作品的原文和赏析，才对这五句有了比较到位的理解，对基调有了准确把握。

《豳风·七月》反映的是奴隶的悲惨生活，所以这一句要诵出"悲"。

《唐风·蟋蟀》是劝人勤勉的诗，所以这一句要诵出对农人的"敬"。

《古诗十九首》率真质朴，所以这一句要诵出"率真"。

"在花木兰的织机旁唱过"，要诵出年轻女子的"俏"。

姜夔的《齐天乐·蟋蟀》悲叹家国兴亡，要诵出"哀叹"。

《齐天乐·蟋蟀》是南宋词人姜夔的作品。起初，我只看了姜夔的简介，却偷懒没有读这首词。最早的朗诵，我仅仅突出了姜夔的超凡脱俗，没顾及这首词的特点，表达当然不准确。在我认认真真地读了《齐天乐·蟋蟀》的原文和赏析后，才找准了"哀叹"的语气。

《就是那一只蟋蟀》中包含大量古诗文词句和形象，先弄懂，弄清楚，是为准确细腻地朗诵奠定基础。不然，只能以其昏昏使人昭昭了。

◎ 马虎的毛病改掉了

看一个被称作"马虎大王"的马同学的例子。

我从小就有个毛病，做事不认真不细心，马马虎虎。小学因为马虎得了无数个 99 分、99.5 分，为此我哭了一回又一回，结果还是 99 分、99.5 分……对于因马虎犯下的一些错，自己都哭笑不得。

俗话说得好，细节决定成败。在学习过程中，殷老师很多事情上亲自示范了我们应该如何做。比如做完双人主持节目一定不要忘记把屏幕调回老师的课件，用完的道具一定要放回原位，书面作业不能有一个错别字，上课迟到超过五分钟就算旷课……这些看起来很简单的事情，但是要做好就需要心思细腻。

经过一个学期的考验，我敢说现在的自己再也不是"马虎大王"了！不做则罢，要做就做到最好最完美！

思考是美德

肯思、利他、反复、谦卑，是做人做事的美德，这些美德同时也助我们做到深思熟虑。

1. 肯思：找到独立的思路

为什么许多人不肯深思熟虑呢？我觉得主要是怕，害怕思考，总觉得那是大人物的事情，我们小人物不必如此。

我非常认同专栏作家黄文炜的一段话：

思想，两个字听起来似乎很崇高，以前我们都觉得只有领袖人物才有思想，其实普通人也可以拥有自己的独特思考——思想。

有思想，从日常、通俗的层次来说，就是让人觉得眼前一亮的点子，脑洞大开之事。当你的思想足够敏锐、新颖和前卫，能够让人听了心头发热，具备了社会价值和商业价值，你的经历和智慧就成了财富，你就可以用思想去影响人、帮助人，同时你的思想也照亮了自己的人生。

说起来，我们平凡人虽不应妄自菲薄，但在我的潜意识里，也曾有过"怕"的想法。

比如，当我写本章《好口才要深思熟虑》的时候，就产生过"怕"的思想。自己是小人物，我怎么能和任正非比呢？太不自量力了吧，要不然这一章不写了……

后来想到，任正非是通信行业中的深思熟虑者，马云是互联网行业中的深思熟虑者，我在自己擅长的演讲与口才教学领域中取得的成绩，当然是和深思熟虑的思维习惯密不可分的。如果我将在演讲与口才教学中深思熟虑的心得分享给读者，也是一件助人为乐的事情。

除了畏惧思考，还有许多人是懒于思，只做不想，嘴动心不动，将思考当作负担。

◎ 只要动脑，就有解决办法

我在演讲课教学中，也有个思考从懒到勤的例子。

两天的演讲培训课程，到了第二天下午，学员比较疲劳的时候，举办了一场演讲会，每个小组派一名代表上台演讲。既可以展示各小组的学习成果，又很有趣味性，各小组都很乐意参加。想出这个办法，我觉得不错，脑子就开始偷懒了，不愿再想更好的办法了。

这样实行了两年，我发现一个问题：有的小组选出的代表，没有按照我的教学要求讲，不能体现"一简二活三口诀"的演讲稿写作要素。被逼无奈，我又开动脑筋。

只要想，就一定会有办法。

有一次，睡到清晨假寐时，我想到了另两种方法：一是老师点，二是自己报。老师点，就是在保留各小组推荐人选的基础上，我再直接推荐一到两名演讲精彩的学员参加演讲会。对于有胆量、有自信的学员，可以自己报名参加。

三种方法并举，就可以三方兼顾。小组推，可以调动小组长的积极性；个人报，可以调动学员上台展示的积极性；老师点，可以保证演讲会按照老师的教学思路进行。

◎ 孩子教父母，该鼓励

爱迪生说："不下决心培养思考习惯的人，便失去了生活和工作的最大乐趣。"

思考带来的快乐，我经常能在教学中感受到。

在深圳一所小学小主持人高级班的教学过程中，我进行了一次创新。我给学生布置了一个课后作业:把课上学习的诗朗诵《我骄傲，我是中国人》的其中一段，教给爸妈，并录制视频，发到课后练习群里，大家互相观摩。

30个学生，回家后都兴趣盎然地按要求完成了这个作业：教父母，录制视频，发到群里。

通过看视频，我对每位小老师的表现都很满意。

"孩子教父母"这件事做完了，但是我的思考还没完。我一直在琢磨：这件事究竟有哪些值得总结的地方呢？经过反复思考，我总结出这个练习可以一箭五雕。

一是有趣复习。

自己练习，很枯燥，而教别人很有趣，很开心。因为好为人师是人的天性，每个孩子天天被老师教，被父母教，现在能够自己为人师，教父母，当然是有趣开心的。

二是练习效果更好。

要教别人，首先自己要对教的内容非常熟悉。如果只是自己练习，练好练坏没有一个标准。而教别人，自己须对诗歌内容背得熟，动作和表情发挥准确，拿捏到位。要"演"好老师这个角色，就得"逼"每个孩子更熟悉诗歌词句，对动作和表情掌握得更为娴熟。

三是学会当老师。

这个班的 30 位学员，都是学校选出来的主持和朗诵的骨干，担负着带动和影响更多学生提高语言表达能力的任务。所以他们除了自己学会，还要会教别人。设计这个作业，就是为了让孩子们在教父母的实践中，体验如何当老师，积累经验。

四是密切了亲子关系。

现在的父母工作忙，可能陪孩子的时间不多。而"让孩子当老师，家长当学生"这样一份作业，家长就必须配合。在教学过程中，孩子认真教，父母认真学，孩子和父母都很高兴，很开心，双方关系自然更和谐、更密切了。

五是相互取长补短。

传统的作业，是学生交，老师看。而这个视频作业，让他们发在微信练习群里，要求学生之间互相观摩。通过观看 30 个人的视频，每个孩子和家长都可以取长补短，更好地成长和进步。

当我把这五点思考写成文字发在博客上时，自得其乐的心情油然而生。

2. 利他：做事的原点

深思熟虑带来的决策，一定是利他的，不能损人利己。处处想着利他，最终一定利己。

什么是利他？就是把对别人有利、对社会有利、对国家有利当作考虑问题的核心前提。

因为利他，做出的决策一定是最全面、最成熟、最长远的。仅以利己为最优前提，你以为这样的决策是深思熟虑的，充其量只是一时的成功。

美国心理学家曾在3000人当中做过一次心理测验：你最担心的是什么？令人吃惊的是：约41%的人认为最令人担心也是最痛苦的事是在大庭广众之下演讲，而死亡排在第五位。

在十几年的演讲培训中，我虽然没有听说过哪位学员认为演讲比死亡还可怕，但是上台演讲害怕、紧张、打哆嗦的人，的确超过了90%。

一位学员告诉我，她是一个公司的董事长，凡是需要代表公司上台讲话，她都会推给总经理，结果别人只知道公司的总经理，而不认识她这个董事长。

还有一位学员，是猎头公司董事长，他说自己初入职场，第一次面对老总讲话时，吓得尿了裤子。

演讲之痛，痛在哪儿呢？我在教学中发现第一大痛点就是：无胆，上台紧张，害怕。

我教别人学演讲，就是希望帮助他们克服恐惧，享受快乐。我发明的"三定"练胆法，出发点就是利他：解决学生演讲中的痛点。我的目标就是要用这个演讲方法，帮助更多的人消除恐惧，树立自信。这些年我之所以乐此不疲地钻研演讲教学，每天练习耳语，每次讲完课坚持写小结，就是为了心中的目标：让更多的人在台上摆脱恐惧，战胜自我！

◎ 从苦恼到享受

学员小刘曾苦恼地写下自己的困惑：

我是一个很想展示自己却不敢展示自己的人，问题就出在我不够胆大，每当应该展示自己才华的时候我就畏惧了，怕自己不够优秀，怕自己发挥不好，怕这个怕那个。每次站到台上，讲话没有底气，手脚发抖，眼睛左看右看，像小偷一样。

不解决紧张的问题，我的课就是白教，学生就是白学。

为了解决演讲中紧张无胆的问题，我不断看演讲方面的书，冥思苦想，观察，实践，总结，终于总结出一套内病外治的反向思维训练方法，即笑定、眼定、站定。

还是这位小刘，在期末总结中写道：

这门课程学习的第一个内容就很好地帮助我解决了无胆问题。通过站定、笑定、眼定的学习与练习，我上台讲话时底气足了，手脚不抖了，也不会像一个小偷一样眼睛左看右看了。

这让我成功地跨出了第一步。上台演讲，到 F 区广场当众演讲，以及"双人舞"的运用，都让我的胆量得到了很大锻炼。

现在的我，不管在什么课上做报告都可以说得很精彩，完全没有了怯场的现象。我站在台上，看到台下观众的视线随着我的移动而移动，那一刻我第一次尝到了成为万众瞩目的焦点是一种多么兴奋而美妙的感觉！

期末总结，每位同学都在兴奋地讲述自己通过笑定、眼定、站定壮大了胆，克服了紧张和自卑，找到了自信和淡定。这样的利他，是我作为老师的幸福和荣耀！

3. 反复：凡事不谋求一蹴而就

深思熟虑得来的思考结果，绝不可能一蹴而就，一气呵成，要经过来来回回的反复。

◎ "21 天"是标题党？

讲个我起书名的故事。

我的第一本书《21 天掌握当众讲话诀窍》，有的读者只看书名，便会怀疑:"21天能练好当众讲话吗?""是广告吹嘘吧?"

我为什么敢于用"21天"做标题呢?

因为这是我经过反复思考,又经过实践检验的结果。

第一步,我在看资料的时候找到了行为心理学的理论依据。美国行为心理学家通过大量研究发现:21天左右就可以养成一个新习惯。心理学家的研究指出,一项看似简单的行动,如果你能坚持重复做21天以上,就会形成习惯;如果坚持重复90天以上,就会形成稳定的习惯;如果能坚持重复365天以上,你想改变都很困难。

第二步,我的教学实践验证了21天理论。无论学生、学员还是读者,按照"定耳舞诀"法进行练习,大都收到很好的效果,讲话魅力大大提升。

他们当中,90%的人声音变得好听了,讲话、唱歌时会用丹田气了。这种变化大多是在练习耳语法三个星期后出现的。

《深圳商报》的一位记者在我的课上学习了耳语练声法,练习了一个星期后告诉我:声音有共鸣了。

读者李平:

通过21天的练习,我有了下面的变化。

第一,我的声音有了很大改变,自己觉得柔和很多,第一次觉得自己的声音很动听。准确说,这是第一次真正接受自己的声音,真的很开心。

第二,我脸上的笑容多了。每当想起"稀奇稀奇真稀奇"时,我就想笑,昨天第一次开讲座两个小时,结束后,一个学员说我讲得很好,我很开心。

第三,我原来说话很快,练了"百炼成钢"之后,发音从简短、急促转向慢和圆,我想,这也是声音变柔和的一个方面吧。

读者老刘:

我过去不会用声,讲话一多,就声干、声累、声哑。通过练习耳语,我的声不干了,声不累了,声不哑了,声音还好听了!

读者zhangyi:

我才练习几天就明显觉得"双人舞"的方法实在太好了，说话加上手势，明显加强了语气和生动性，增添了自信，并使思维活跃。

还有对着镜子练"引"字，我上门牙中间多了一颗畸形牙，所以从来都不会露齿笑，一般都是抿嘴笑。可我练习"引"字时并没有一点排斥，镜中的我实在和善帅气，虽然有一点小暴露，但我也不在乎，以后我可以大大方方地笑了。

第一步是理论依据，第二步是实践证明，但两个理由我觉得还不够充分，又找到了第三个理由——第三步，符合量变到质变的哲学规律。

"不积跬步，无以至千里；不积小流，无以成江海。"做任何事情先要有量的积累，才能有质的变化。当众讲话训练也一样，很多学生、学员用耳语法坚持练习21天左右，不知不觉中嗓子不累了，气息通畅了，声音悦耳了。你只要按照"定耳舞诀"的方法，天天练习，21天后就逐步看到练习的效果，最后功到自然成。

为了让"21天"这个结论更理性和客观，我特意做了一个说明：

当然，21天只是个平均数。投入和产出永远成正比，每个人的勤奋程度不同，效果显现时间也不同。我的学生练习"定耳舞诀"四字经，快的一个星期就有效果，慢的两三个月才有效果。这种时间差距就是勤奋和专注程度决定的。

通过教学实践，我把21天理论总结为"三个三"：一是头三天，敏于行，马上开始练习很重要；二是坚持三周，就是21天，基本养成习惯；三是三个月，变成稳定的习惯。

4. 谦卑：承认自我的局限性

傲慢、刚愎自用的人，不会有成熟的思考；只有谦卑，多听取他人意见，才能得出深思熟虑的思考结果。

我将谦卑分为上谦、中谦、下谦。

◎ 甘当小学生的企业老总

上谦，就是对父母、师长要谦卑，认真听取他们的意见。

我在大学总裁班教授演讲课程已经十年了，教授的学员大多是董事长、总经理等高级管理人员。这些学员中，凡是声音变得洪亮，演讲水平突飞猛进的，一定是有一颗谦卑之心的人。

例如，国美集团陕西分公司总经理李芳芳，上完演讲课，严格按照老师的要求，一丝不苟地进行课后练习，还把带领下属和孩子练习的视频转给我看，练习21天后又主动写了心得发给我。

尊敬的殷老师：

因本人以前用嗓子过度，讲话时间长，嗓子就痛，而且特别累，故讲话超过一个小时，声音会沙哑。

另外，讲话语速快，太严肃。

通过殷老师生动、深入浅出的教学和训练，悄悄话练习让我发音正确，运用丹田发力；停三秒练习让我放慢语速等等，受益匪浅。

前两天给员工培训时，进行了尝试：一口气讲了三个小时，没喝一口水，气定神闲，逻辑清晰，而且气息平稳，员工们听得也很起劲！所以我非常受益。

您希望我们上完课回到企业，要带领员工和孩子练习。我回去以后就立即落实。

为了员工及孩子们能早日养成正确发音的习惯，故从第一天开始持续要求：大家一起练习！疫情在家，就要求将练习视频发至微信群相互督促，为了鼓励孩子一起坚持，每天和孩子看殷老师和群内其他人的练习视频，同时我也对孩子的练习进行点评，看到我的点评及鼓励后，孩子也增加了坚持21天练习的信心。

在寒冷的冬天，在疫情肆虐中，我们一起做着有温度、有意义的事情！经过21天的坚持练习，我不仅收获满满，更重要的是我以及孩子能够同频共振！好的习惯受用一辈子，这是一份成长的礼物，赠人玫瑰手有余香，感谢殷老师的大爱付出……

这些学员都是各个领域的佼佼者，依然对老师有一颗恭敬之心，存一份谦卑之意，教学相长，我经常被感动和教育。

◎ 放下傲慢心

中谦，就是在与自己平起平坐的人面前要谦虚。

我自己反思，当老师当久了，就常有傲慢心，不太容易接受平辈人的意见。比如，我经常在太太面前表现出傲慢。自认为，你我都是老师，但你教小学，我教大学，你的意见不值得听。

有一件事教育了我。

有一年"三八"节，我应邀到深圳市税务局给女税官做讲座。我写的讲座题目是"深圳市税务局三八讲座"，已经在讲课现场打出来了。我太太陪我同去，她看到这个题目，马上向我招手，告诉我"三八"后面要加个"节"字，要不会有谐音"死三八婆"，这是广东人的忌讳。

还有太太帮我指导朗诵的一个故事。

一次在佛山演出，我朗诵的《长征——浴血荣光》得到了导演刘康和观众的高度评价。而能有这样的朗诵效果，和太太的指导密不可分。

刚开始，太太说要为我把把关，我很不情愿。她听完我的朗诵，提出几个问题。

一个是基调。我开始朗诵得太悲，太压抑。太太指出来:应该是悲壮的、骄傲的，为红军中年轻的精英而骄傲。

一个是内容太散，气韵不连贯。"林彪，红一军团军团长，28 岁；长征开始那一年，少共国际师师长肖华，18 岁；长征结束那一年，廖汉生，24 岁，已经是红二方面军前锋师政委。"改成排比句:"林彪，红一军团军团长，28 岁；廖汉生，红二方面军前锋师政委，24 岁；肖华，少共国际师师长，18 岁。"就形成了强大的冲击力，让观众对红军将领们年纪轻轻干大事，留下更深刻的印象。

一个是没有讲给观众听。诵得多，讲得少。应该把自己当作研究长征历史的专家，现在要把红军可歌可泣的故事讲给年轻人听。

一个是手势带语言，我自己的理论自己却没有用上。如"34 师师长陈树湘，中弹被俘后，从腹部伤口处扯断自己的肠子，壮烈牺牲，时年 29 岁"，我在做"扯断"这个动作时，太缓慢，没有力度，缺乏催人泪下的力量。

听完太太的意见，很不舒服。我觉得我是广东省朗诵协会副会长，你的声音没有我好，你也没有上过大舞台朗诵，还来辅导我，不服气。

因为傲慢，就抵触，不听。后来躺在床上想，太太的意见真是说到点儿上了，这才心服口服，认真改正。于是行动起来，对内容当中比较拖沓的地方删减修改，加强手势的力度，讲述的语气增强。

改变既有的朗诵习惯并不容易，但是通过调整心态，变傲慢为虚心，终于让自己的这次朗诵有了质的飞跃。

这两件事都说明，当局者迷，旁观者清。人人看问题都有自己的短板和思维死角，只有经过旁观者指正，你的视野才会更宽、更广、更多元。

从此以后，我主动让太太来把关课件，我的傲慢心放下了。

◎ 宁愿丢面子

在思考问题时，能够虚心听取下级、学生、听众乃至孩子这些地位比自己低的人的意见，我称之为下谦。

一次，我应某地级市教育局邀请去做讲座。进入提问环节，一位老师问："做老师的对学生能够不发火，可是对自己的孩子有一团火的时候，怎么样能够压住那一团火，不要吓到自己的孩子？"

这个问题不是演讲方面的，是教育孩子的问题，我一时回答不好，但我马上说："这个问题我还回答不好，在座的哪位老师能替我回答？"

我这样一说，台下的一位老师便举手。我就说，教学相长，我们今天就是共同学习，共同成长。请这位老师来替我回答。

这位老师站起来，回答道："我既是一位老师，又是一位小学一年级孩子的母亲。我觉得发火最多的时间，就是辅导孩子作业时，这是普遍现象。当你火上来了，就停下来不要写了，首先要静下来，你去休息一下，让孩子也去休息。三到五分钟后，你的情绪抚平了，再给孩子进行疏导，两个人达到和谐共处了，再去写作业，效果就比较好。这是我的体会，也正是殷老师在讲座中说的'我们要努力做上等人，有本事，没脾气'。"

这位老师的回答触动了我的联想，我接着补充道："我非常同意这位老师的观点。孩子是父母的影子、复制品。你爱发火，你的孩子长大了也一定是个爱发火的人。你认识到身教的重要性，就会先去修你的心。同时，我建议你看尹建莉的书《好妈妈胜过好老师》，还要加入'樊登读书会'，樊登老师介绍了很多如何教育孩子的书，书中方法都很有效。"

正是由于这份谦卑的姿态，我承认了自己的不足，台下听众才敢站起来替我回答。正是台下听众的回答，又引发我的联想，让我对这个问题做了补充回答。试想，如果我当时放不下面子，硬要回答这个问题，那给出的一定是一个低质量、敷衍的答案。

◎ 小孙子是我师

再来看个我拜小孙子为老师的例子。

新冠疫情期间，小孙子在我家住了一个多月，我教他背了50多首古诗词。我都是用的什么方法呢？其中一个方法是识字与背诗结合。这个方法是我从孙子身上学到的。

有一天，我让他在电脑上复习《小鸡叫叫》中学过的汉字，认到"生"字时，他脱口而出："生当作人杰，死亦为鬼雄。至今思项羽，不肯过江东。"我一指"明"，他马上背出："明月几时有，把酒问青天。……"把苏轼的《水调头歌·明月几时有》从头背到尾。

我忽然意识到，这个方法好，可以将认识的汉字和背诗结合。我伸出大拇指，夸奖他："你这是一箭双雕啊！"

我开始有意识地用二人抢答的方式教他认汉字，背诗歌。我一指"春"

字，他就率先背出"春江潮水连海平，海上明月共潮生"。通过这种抢答的方法，他几乎每天都能把学过的 50 首诗歌背一遍。

如果我只是傲慢地认为我是老师、孙子是学生，肯定会对孙子发明的背诗歌法视而不见、听而不闻。因为存了谦卑之心，我才乐于以孙子为老师，总结出一个识汉字与背诗歌相结合的有效方法。

几种思考方法

不怕思考不深刻，就怕不爱思考。

思考也许是世界上最难的一件事。下面这些方法，会让你养成爱思考的习惯，循序渐进地做到深思熟虑。久而久之，你就能摆脱平庸，拥有独立思考的精神。

1. 浅思法：一事一问

怎样浅思？就是一事一问。一事有一问，一问就有一答。通过这一答，就上升到理论高度，提炼出一个观点。

◎ 按孩子的思维来

来看个我带孙子时一事一问的故事。

在带小孙子的过程中，经常会遇到孙子不听话的情况。我常感叹，学生好教，孙子难带啊！

我就问自己，有没有什么让孙子听话的诀窍呢？这一问，就开始留心了。

有天晚饭后，孙子只穿了一件长袖 T 恤，怕他受凉，他爸爸说，来把外套穿上。孩子玩得正高兴，顾不上，说了几遍，就是不穿。

我灵机一动，对他说："你今晚要到野外执行任务，如果不穿这件外套就容易暴露目标。"他说："为什么呀？"我说："你看你现在穿的这件衣服，颜色浅，中间有白色图案，敌人一下子就发现了。这件外套是深颜色的，穿到外面，敌人就很难发现哟。"他一听，马上就伸出胳膊自己把外套穿上了。

第二件事，孙子寒假时，白天在我们家玩儿，晚上回外婆家睡觉。为什么？他自己说，我们家室外树木多，晚上黑乎乎的，害怕。

春节到了，按照习俗，儿子、儿媳要带着他在我们家住两晚，让我们高兴开心。孙子非得回外婆家睡觉。妈妈怎么劝他，他就是不同意。这时我又拿出解放军思维对他说："不用害怕，今天夜里爷爷负责站岗保护你。"我这么一说，他就同意了，再也不说回外婆家了。

这两件事做完了，我就问自己：为什么孙子突然听话了呢？我就不停琢磨，最后找出了答案：

说孩子的话，孩子才会听。

从大人角度看，我讲的话有道理，孩子应该听。比如，该穿衣服不穿，就容易受凉感冒。儿子一家三口住到爷爷家，是孝敬老人。

孩子为什么不听？因为年龄小，他的生活经验理解不了这些道理，所以就不听。那么怎样让他听呢？得按他的思维讲道理。什么是小孙子的思维？当解放军，就是他考虑问题的角度。我就按照这个规律，用解放军的思维讲道理，他果然听了。

男孩有男孩的思维，女孩有女孩的思维，不同年龄段有不同年龄段的思维，只要大人留意观察，从孩子的思维出发，大人的话孩子就一定会听！

你看，通过自问自答，就做了一件事，明了一个理，总结出一个规律，可以举一反三，用在与孩子的沟通上。

2. 前思法：做足功课

凡事预则立，事前要认真、深入、细致地思考。

南怀瑾老师讲的一段话，我常看常新：

"豫兮若冬涉川"，一个真正有道的人，做人做事绝不草率，凡事都先慎重考虑。"豫"，有所预备，也就是古人所说"凡事以豫立为不劳"。一件事情，不经过大脑去研究，贸然就下决定，冒冒失失去做、去说，那是一般人的习性。"凡事都从忙里错，谁人知向静中修。"学道的人，因应万事，要有非常从容的态度。

做人做事要修养到从容豫逸，"无为而无不为"。"无为"，表面看来似没有所作所为，实际上是智慧高超，反应迅速，举手投足中早已考虑周详，做了最适当的决定。看他好像一点都不紧张，其实比谁都审慎周详，只因为智慧高，脑子转动得太快，别人看不出来而已。并且平时待人接物，样样心里都清清楚楚，一举一动毫不含糊。这种修养的态度，便是"以豫立为不劳"的形象。这也正是中国文化的千古名言，也是颠扑不破、人人当学的格言。

能当主持人的，都是聪明人，但有不少主持人自恃聪明，就经常依靠即兴发挥主持节目。我自己在 40 岁之前也常犯这种毛病。后来反复读南老师的这段话，在每一次的主持工作中都老老实实地在"豫"字上下功夫。

主持《珠海文化大讲堂》四年，每次的开场主持词我都要用一到两天做准备，先写后背。从 2004 年开始教课至今，我没有一次是不备课就上讲台的。

◎ 超长备课时间

讲讲我应邀为华为大学讲课的经历吧。这是我 18 年讲课生涯中最难忘的备课经历。

2019 年 7 月 10 日晚，我应邀为华为大学做了三个半小时的商务演讲培训课程。为了这次的培训，华为要求我做哪些准备呢？

第一步，提供华为高管演讲视频，让我了解华为高管的演讲内容和风格。

第二步，让我提供演讲中常见问题的视频，发给他们过目。

第三步，华为大学负责此项目的老师到华为云服务部门调研学员需求，并将需求发邮件给我：

如下为我们调研了解到的一些问题，供您参考：

1）准备不足，紧张不自信，老看提词器念稿。

2）声音语言：感染力不够，声音需抑扬顿挫有节奏；肢体语言生硬，不够生动。

3）内容材料：需更简洁有力，有金句总结，定妆照设计不足。

4）传播效果：如何让演讲更吸引人，语言表达更生动；如何讲好故事；如何展现强烈的自信。

5）控场：关注听众不足，需与观众更有效互动，把控时间。

建议您调整补充：

1）对演讲的认知。

2）案例参考企业产品发布会/论坛演讲场景，结合互联网行业特点。

3）除基本训练之外，补充些场景化的技巧，如：如何设计有力的开场等。

第四步，我根据调研需求写课件。

第五步，发给专门负责课件的老师对标审查，提出修改意见。

第六步，我再次修改课件。

第七步，华为大学确认课件，将课件更换为华为大学版本，对课件进行了美化。

第八步，到讲课现场将课件和视频结合，试播放。

第九步，正式讲课，华为大学直播团队直播，供华为约五百人的全球员工同步学习。

这九个步骤，就是华为大学做事前认真准备的最好例证。

正是这种一丝不苟、不厌其烦的前期准备，才让三个半小时的讲课取得了非常好的效果。项目负责人发来微信："昨晚效果非常好，方法真的很受用！"

从邀请我讲课，到我的课件得到华为大学认可，真像是过五关斩六将。

而这次难忘的备课经历，让我亲身感受到了华为人做事前深思熟虑、精益求精的精神！

前思法，也是我自己课前备课的一个长期习惯。

每次讲课前，我都要根据讲课对象写火花。什么是火花？就是围绕着每次讲课，我提前开始思考，想到一个相关内容，就马上记录下来。等记录完成，再浏览、思考火花，去粗取精，补充到课件里，让每次的讲课能进步一点。

◎ 去粗取精

2018 年 1 月，我第一次走进华为公司，为无线产品销售部门讲课。

华为无线部门在春节期间要参加巴塞罗那国际通信展，希望借我的讲课提高参展人员给各国高端客户讲解的水平。那次备课，我想到的思考火花大约有 30 条，写了 3000 多字。来看两个火花片段。

火花片段一

需要问培训方：专家演讲时间长度？面对客户高层具体职位？听讲的客户是专家吗？主要针对客户什么痛点？所有专家都是用同一个模板吗？专家的课件都是自己写的吗？要不要把讲的每一句话都写成讲稿，然后背下来？

通过上面的火花记录，我开始了精准地备课。

火花片段二

看华为轮值董事长胡厚崑演讲案例想到的"两比"——比如说，比喻说。

一比：举例子。

胡厚崑：善举例子——5G 带来低时延？什么叫低时延？

举例来说，在时延方面，以车联网和自动驾驶为例，在 4G 网络环境下，当智能汽车从发现前方有状况到自动实施紧急制动，车辆还会向前移动 1.4 米，这 1.4 米有可能带来很多危险。而在 5G 网络环境下，车辆移动的距离为 2.8 厘米。

二比：比喻。

谈及万物互联时代的生态，胡厚崑表示，需要建立起更强大的生态系统。在他看来，如今的产业生态和以前已经完全不同："过去，我们聚焦在人与人的连接，就像种一棵树，并竭尽全力让它长高。物与物的连接就像走进一片森林，我们需要融入生态，让森林茂密生长。"

这个火花后来就用在了讲课中。一是用华为高管例子，更有贴近性，更亲切；二是想到的"二比"——比方、比喻，这两个观点，有创新。

正是通过写火花，我对讲课中方方面面的问题做了全面思考，也让每次讲课不留遗憾。

3. 贵人语迟法：先走心再开口

古人讲"贵人语迟"。意即凡尊贵之人，多是有思想、有涵养的人，他们不抢话，不多话，说出的话每句都是有用的。别人讲话的时候，贵人不说话。需要说话时，贵人几句话就切中肯綮，说到点上。

为什么要"语迟"呢？因为语迟给了大脑一个充分思考的时间，提高了想问题的全面性。而话多话快，一不过脑子，就容易说错话。

◎ 急易出错

我在讲"双人舞"练习时，讲到要把"三乐说"作为课后练习重点。我先用课件展示："什么是'三乐'呢？这第一乐，叫自得其乐；第二乐，叫知足常乐；第三乐，叫助人为乐。"

我接着说，为什么要多练习？其中一个原因是练习可以脸上快乐，心里快乐。为什么呢？因为很多汉字有个特点，字面意思和表情同步，嘴上说快乐的"乐"字，脸上自然就是快乐的表情；说"愁"字，脸上就是愁眉苦脸。

随后我问学员："三乐说"中有几个"乐"字？抢着回答的学员说：三

个"乐"字。我说：错。仔细数。慢慢一数，学员才不好意思地说：七个"乐"字。

每次我做这样的提问，第一个回答者都毫不例外地说"三个"。这都是因为急，就容易出错。

贵人语迟，就是要学会慢思考。

放一放，凉一凉，这样的思考比马上回答会更深入，更周密。

◎ 理性多一点

有一次我在某培训机构讲课。休息时，我在这个机构的演讲班招生广告栏里看到，教演讲课的六位教师中，我排在第三，在我前边还有两位老师，心里就有点不平衡。既然把我排在第三，为什么讲课又让我第一个上，并让我代表教师讲话，说明我的课讲得最好。心里动了念头，准备找项目经理反映一下这个问题。——这是第一次思考，感性多，理性少。

后来一想，南怀瑾老师讲诸葛亮《诫子书》中"淡泊明志，宁静致远"，讲《道德经》中"功成名遂，身退"，都是要求看淡名利，不要追求虚名，自己这不是名利心又起来了吗？这种虚名有什么好求的呢？如果自己去和项目经理讲，你要把我排在前面，会有什么结果？一是自己的心就乱了；二是要占用自己的时间去理论；三是被人认为名利心太重，斤斤计较，有辱斯文。

而一放下名利心，自己马上轻松了，心里就踏实了。心一踏实，就宁静，"宁静以致远"，才能专心致志讲好课。讲好课，学员心中和口中自然会有公正排名，何必在意这个广告上的排名呢？这样一想，心中释然，就放下了。——这是第二思，用理性去想问题，更客观。

4. 换位思考：从他人之心出发

从对方的角度出发并考虑问题，这样能更好地把握与理解对方的想法和意图。尽量照顾到对方需求，并根据情况不断做出调整。

◎ 要讲老师最需要的

我在演讲课教学中，也是如此。

有一年，深圳东海小学邀请我做一小时的培训。

平时讲课，正常是两天，最短是半天，这次只有一个小时，怎样培训？站在我自己的角度考虑，最好是按照"定耳舞诀"四点讲，很省力。站到教师的角度，这样讲就有点面面俱到，重点不突出，针对性不强。

于是换位思考：一个小时，怎样有针对性地解决教师讲课中的痛点呢？一转换角度，我马上明确了讲课重点：删除"三定"练胆法和"一简二活三口诀"练识法，只讲耳语练声法和"双人舞"练情法。

只保留两点的好处是：第一，针对性强。老师的痛点是声音嘶哑，语言感染力不够，耳语练声法和"双人舞"练情法，就是针对这两个痛点的药方。第二，有实效。如果讲四点，每一点只能蜻蜓点水，而只讲两个点，就可以展开，增加现场练习的时间，老师们既听又练，就真正掌握了我教授的方法。

东海小学的微信公众号做了如下报道：

殷教授的《声情并茂的讲课艺术》，用其独有的人格魅力感染了在座的每一位教师；用生动形象的语言和肢体动作，让我们从身边熟悉的事例去感受讲话的艺术，所有老师在笑声中学习到了知识，在亲身体验中感受到了声音的魅力。

为了让每位听众记忆深刻，殷教授亲自解释并示范了耳语法，并且让在座的全体教师站立起来体验丹田发力的感觉；在指出耳语法即用悄悄话的形式用气发声的同时，殷教授也指出了耳语法的好处以及注意事项。学以致用，全体教师现场进行了"练恒心"小组练习，再加上有趣好记的动作，全场气氛热烈，反响极好。

如何让讲话有情，教师们在殷教授的引导下，用一句"芝麻这么小，西瓜这么大"，感受到了一句话加上面部表情和肢体动作之后在表达效果上的迥然不同。

一回生二回熟，老师们趁热打铁，再次运用殷教授教给的方法朗读了一段《岳阳楼记》："然则北通巫峡，南极潇湘，迁客骚人，多会于此，览物之情，得无异乎？"那种意犹未尽的体验感让所有教师抛去了一整天工作的疲惫。

5. 多维度的纵横思考

纵横思考法，包括纵向到底、横向到边、纵横交错思考。

（1）纵向到底：思考有深度

就是围绕着一个问题，由浅入深得出满意结论的思考方法。

◎ 学会手机记录的几个阶段

我在使用手机记录灵感方面经历了三个阶段，是纵向思考的一个例子。来看我 2018 年写的一篇博客。

第一阶段，只会听不会录。

从 2016 年开始，我加入了"樊登读书会"，开始听书学习。我先后听了《非暴力沟通》《高绩效教练》等书。当时有个遗憾，就是听书的过程中有了联想，产生了灵感，却没有办法及时记录。只好停下来，把灵感用文字记录下来，再接着往下听音频。不足是，手写得慢，记得少。

第二阶段，会听会录不会转文字。

从去年（2017 年）年初开始，我摸索到了录灵感法。就是听书中产生了灵感，马上用手机录下来。这样一来，记录的灵感多了不少。

记得去年（2017 年）10 月底，我跟团到欧洲旅游，坐长途汽车的时间特别长。我就在旅途上听"樊登读书会"打发时间。那天听的是《清单革命》这本书，当听到有灵感产生的地方，我就把这些想法用录音功能录下来，然后在每段录音上做个标题。一路上，《清单革命》听了两遍，联想也记录了十几段。比如《简单至上，简单能够量化吗？》《简单特点：可以量化，好操作》《简单特点三：习惯产生效果》《简单特点四：在关键点上找简单》。

马上录音的好处是，快速记录，灵感就不会转瞬即逝了。不足是：录音容易、转文字难。因为张嘴就录很轻松，但是要转录成文字，就很麻烦，很慢。所以潜意识总是不想录，老是拖延。手机里存的录音，去年的几十条听书灵感，一年多了，还没有转成文字。

第三阶段，会听会录会转文字。

大概是三个月前吧，我听说录音转文字的技术已经很成熟了，就尝试着把手机里保存的录音文件转换成文字。一试验，转不了。又试着将微信里的音频信息转换成文字。一试验，成功了。于是自创程序：1）将听书产生的灵感先在微信里录音；2）再用转换为文字的功能，马上转为文字；3）将转成的文字收藏；4）再将文字从微信收藏里转发到文件传输助手；5）复制到我的电脑里，并改正错别字。

我前天在快走运动时，边走边听"樊登读书会"的书。因为写一篇博文的需要，我再次听《清单革命》。边走边听，产生了灵感，马上停下来，用微信的音频录音后，随手转成文字，再收藏。

来看看转换的两段文字：

眼定的练习其实就是一张清单，就是第一步、第二步、第三步。左右中，三个步骤，循序渐进的步骤，这就是清单，这就是大道至简。

由手术清单联想到，我可以写演讲清单、沟通清单、教育孩子清单、演讲稿的写作清单、"珍珠"四论、演讲稿结构清单、"一简二活三诀四说"。

录音可以转为文字的功能，真方便，真好用！

比起年轻人对微信功能的开发与应用，我这三个阶段可能慢得可笑。但是对我而言，在听书过程中，不断探索、优化记录灵感的方法，使用的就是由浅入深的纵向到底思考法。在纵向思考的过程中，不断尝试，不断进步，得到的是"活到老，学到老"的快乐和喜悦！

（2）横向到边：思考有广度

就是尽可能用几个并列关系的思路解决同一个问题的思考方法。

例如，"幸福快乐的人生要做到三乐：自得其乐，知足常乐，助人为乐"。"自得其乐"，是指自己独处的快乐；"知足常乐"，是指对待金钱、名利的心态；"助人为乐"，是指和他人相处的行为。

这三个"乐"分属三个领域、三个角度，就是并列关系。通过并列的三个观点，说明什么叫幸福快乐的人生，就给人耳目一新的感觉。

再比如，我在课堂上讲微笑的好处。

微笑有四个好处："好听，好身，好脑，好运"，也是属于横向到边的思考方法。

好听，是说微笑了口腔打开，声音好听；好身，就是笑一笑，十年少，对健康好；好脑，就是微笑让大脑放松，不忘词；好运，就是微笑有亲和力，给自己带来好运气。这"四好"的观点，就是从声音、健康、脑科学、人际关系四个不同角度，对微笑的好处做了有力的论证。

当然，从哲学角度讲，横向到边是相对的，今天到边了，可能明天一看很幼稚，没有到边。横向永远不可能到边，我们只不过在有限的条件下要做横向到边的思考。

（3）纵横交错：深度与广度形成交集

我的演讲课分为两个部分，第一部分是演讲基础课，包括耳语练声法、"三定"练胆法、"双人舞"练情法、"一简二活三口诀"练识法。第二部分是演讲实战课，包括有稿讲话训练、提纲讲话训练、即兴讲话训练。

这两个部分都是按照纵到底、横到边的思维模式构建的。

就拿第二部分演讲实战课来说。

通过对各种演讲形式进行梳理总结，我概括出常用的演讲形式无非三种：有稿讲话、提纲讲话（包括 PPT 演讲）、即兴讲话。

只要把这三种演讲形式学好，就可以应对所有的演讲了。这三种概括用的就是横向到边思维。

然后再以纵向到底思维对这三种演讲形式分别进行训练方法的深入研究，总结出循序渐进的完整的训练步骤。

比如，有稿讲话，我分为四个训练步骤：

第一步：熟读稿件（对稿件内容的熟练把握）；

第二步：前读后看（前半句看稿子，后半句看观众，保证目光和观众交流）；

第三步：低开高走（读稿语气轻重缓急的处理方法）；

第四步：读稿礼仪（读稿人登台的仪态举止训练）。

提纲讲话我分为五个训练步骤：

第一步：写文字稿——将要讲的每一个字都写下来；

第二步：读文字稿——通过读，解决不顺畅、不上口之处；

第三步：背文字稿——培养出口成章的能力；

第四步：缩写提纲——带提纲上台，以备忘词；

第五步：课件彩排——按照正式上台要求进行排练。

即兴讲话我分为三个训练步骤：

第一步：心理准备——解决在什么场合要讲的问题；

第二步：文字准备——解决怎样讲好的问题；

第三步：条理准备——解决有条有理的问题。

这三种演讲形式的步骤安排，就是遵循自始至终、环环相扣的纵向思路，形成严密系统的训练方法。通过纵向到底、横向到边的交叉思考，让学员扎扎实实地掌握。

6. 思考最佳时段人人不同

深思熟虑需要有清醒的头脑，而头脑清醒不是 24 小时都能做到，它是有时间段的。

一天当中，哪些时间段属于思考的黄金时间？

生理学家研究发现，大脑在一天中有四个时间段最为清醒，这也是学习和思考的高效期。

第一个最佳学习时间：清晨起床后。

第二个最佳学习和思考时间：上午 8 点至 10 点。

第三个最佳学习和思考时间：下午 6 点至 8 点。

第四个最佳学习和思考时间：入睡前一小时。

当然，这是人们一般性学习和思考的黄金时间规律。具体到个人，各有不同。

◎ 黄金时间怎么安排

任正非说，他的一天是这样安排的：

现在我一天的时间，多数是游手好闲。早上我一般起得比较早，八点到九点时精神比较好，我就来公司改文件。

九点以后精神还行，一般都参加会议。

下午精神状况就要差一点，就找一些人来座谈，听听大家的反映。

晚上吃完饭以后散步，散步之后洗澡，洗完澡看邮件、回邮件。

然后刷网看新闻，有时玩玩抖音……大约一点，开始睡觉。

睡醒之后就起床，有时候晚上还睡不着，睡不着就又上上网。

从任正非的介绍当中可以看出，他的最佳思考时间是上午，而上午的最佳思考时间是八点到九点。这个时间段用来"改文件"，则把自己深思熟虑的结果变成文字。

我的一天当中，最有效率的时候是清晨和上午。

我的最佳时间分为思考和写作两段:凌晨四点到五点,是最佳思考时间。早上七点到八点,早餐后到中午十一点,是最佳写作时间。

　　凌晨四点到五点左右,假寐时间,就是似睡非睡。很多问题的思考结果都是在假寐状态中得到的。

　　例如,我要给民生银行广州分行的贵宾客户做演讲培训,这次培训的对象很特殊,是家长带着孩子一起上课。怎样让孩子更好地学习呢?我在假寐时,就想到了一个主意,孩子管大人。即现场练习环节,让孩子当每个练习小组组长,而不是大人。这个创新想法一用,效果出奇地好。孩子能管父母,特别认真又自律;父母看到孩子当了组长认真负责,特别开心。

　　我的写作时间特别固定,就是上午。我的头脑在上午最清醒,精力最旺盛,下午和晚上是我的非黄金学习思考时间,尤其是到了晚上,很容易瞌睡,根本思考不了问题。所以我下午做做锻炼,看看书,晚上看看电视,散散步。我的五本书,都是用上午时间写出来的。

不写不叫思考

　　厘清千头万绪,就从动笔开始。动笔后,才能达到深思熟虑。所以上课时我告诉学员:不写不叫思考!

　　任正非曾经说:

　　华为持续成功有三个要素。第一,必须有一个坚强、有力的领导集团,这个核心集团,必须听得进去批评。第二,我们应该有一个严格有序的规则、制度,同时这个规则、制度是进取的,以确定性来应对不确定性。第三,要拥有一个庞大的、勤劳的、勇敢的奋斗群体,这个群体的特征是善于学习。

　　任正非对华为成功的这三条总结,是随口说出来的,还是深思熟虑过的? 一定是后者。怎样才能做到呢? 就是写。在中央电视台某期《面对面》节目中,主持人董倩一上来就问任正非:

"非常感谢您把这个机会给了我们，但是我仍然非常好奇，您以前为什么不在电视上露面？"

任正非："我没有想明白为啥不露面，不上也没有问题。我觉得文字的穿透力更强一些，所以我会自己写文件。"

任正非讲的"文字的穿透力"，就是深思熟虑的同义词。为什么只有写后才能做到深思熟虑？

写才能宁静。经常写作的人都有体会，只有在独处时、宁静时，才能进入深度思考状态，老是被嘈杂环境打扰，无法进行。

写才能反复思考。对文字反复修改，反复推敲，实际上就是反复思考，也是思考日渐成熟的必经之路。只有对文字反复锤炼，才能写出深思熟虑的、经得起检验的文章。

写才能保存思考结果。好脑子不如烂笔头。脑子再好，记忆的东西早晚也会忘记，只有用文字记录，才能把思考结果保存下来。

那么应该怎样在写中思考呢？我常用的方法有六种：写火花法，写小结法，写点评法，先说后写法，写"一字悟"法，咬文嚼字法。

1. 写火花：积攒原始素材

用发散思维，先将与主题相关的素材、想法一股脑儿记下来，目的是为深思熟虑准备素材，让思考全面些。

◎ 想到什么记下什么

李洱的小说《应物兄》获得了茅盾文学奖。为了写这部小说，李洱也是先从火花写起。

《环球人物》杂志写道：

2002 年，小说《花腔》完成后，李洱开始琢磨写一部与中国传统文化有关的小说，具体写什么还没想好，只是着手做一些案头工作。读儒学方面的研究专著、人物传记、回忆录、访谈等，记下一些构思和细节，做了几十本笔记。

我的体会是，写一篇新的演讲稿，或者讲一个新课，写一本新书，都要从写火花入手。把想到的各种新思路、新想法、新例子统统记下来。像写这本书，我分别记录了"火花一""火花二""火花三"。"火花一"13万字，"火花二"10万字，"火花三"8万字。

2. 写小结：记住得与失

什么叫小结？就是对一个阶段工作、学习等的临时性总结。

为什么要写小结？

任正非对此做了透彻的阐述：

我年轻时候就讲一句话：一根丝线没有多大用处，打一个结，就是"总结"，现在叫"复盘"；过段时间再打一个结，打四个结就是一个格子，多打一些结就成了"渔网"；对"渔网"多次总结，认识到它的本质，你就有了一根"网绳"，这根"网绳"就是"纲"，纲举就目张。下面"渔网"就是"目"，网一提，目张开，就可以抓"鱼"了，那你就有了很大的思维灵活度。

人生就是通过不断总结，形成一个一个的网点，进而结成一张大网。不归纳总结，则像狗熊掰玉米，掰一个，丢一个，没有一点收获。

没有平时归纳总结所结成的各种思维的网，就无法随时解决出现的问题。

我写讲课小结坚持写了18年，正是通过一个个小结，总结出"定耳舞诀"教学法；写出一篇篇博客文章，再由博客文章写出演讲书……

那么，怎样写小结呢？

总结经验，找出不足，给出对策。

◎ 静下来，就不难

来看我的两次小结。

2010 年 11 月 10 日，到北京世纪慧泉公司录制当众讲话课光盘的小结。

经机械工业出版社《21 天掌握当众讲话诀窍》编辑孙磊推荐，世纪公司找到我希望出版光盘，题目最后定名为《口才百"练"成金——管理者21 天提升当众讲话魅力》。本光盘一共六讲，由市场策划总监赵泽祥负责。

第一讲：怎样提升管理者当众讲话的魅力？

第二讲：耳语练声法——管理者提升当众讲话魅力第一招

第三讲："三定"练胆法——管理者提升当众讲话魅力第二招

第四讲："双人舞"练情法——管理者提升当众讲话魅力第三招

第五讲："一简二活三口诀"——管理者提升当众讲话魅力第四招

第六讲："珍珠"四论——管理者当众讲话内容的创新方法

录制时间为 11 月 10 日，地点在北方交大门前一评剧团院内录播厅。一天录制六集，国美电器赵总派出 20 位店长做观众。录制过程非常顺利。

感受：

第一，困难就是机会。开始赵泽祥总监提出要我按照为管理者讲话的要求修改提纲，我感到难度很大，心生退意。转念一想，困难也是对自己的挑战。把这个讲座按照赵总的要求完成了，自己就会又多一个讲课课程，成为以后为管理者培训的模板。这样一想，就开始静下心来进行新课程的准备。

一旦静下来，仔细分析赵总的要求，发现并不困难，只是需要转变一下说法。比如，他要求讲提升管理者当众讲话的魅力，而自己将"胆声情识"讲话四个要素一变角度，就是讲话魅力的四要素。"定耳舞诀"就是提升讲话魅力四要素的四种方法，并不需要备新课，主要的工作是将面对大学生的案例变成面对管理者的。

第二，通过本次讲座录制，把当众讲话的魅力弄清楚了。

1）魅力就是吸引力。这种感觉只可意会不可言传。

2）感觉就是五感：听觉、视觉、嗅觉、味觉、触觉。当众讲话的魅力主要在两觉：听觉和视觉。

3）从感觉上讲，魅力体现在三好：好听、好记、好用。

4）可以进行理性划分："胆声情识"四要素。

5）提升魅力的方法就是"定耳舞诀"。这样一思考，就将当众讲话的魅力问题打通了。

第三，关于景、情、理的关系。

找到了讲故事为什么可以教育人的逻辑链条。

1）人的认识顺序是从感性到理性。

2）感性认识是从形象（景）来的。

3）故事就是景。结论是：触景生情，通情达理。故事就是景，有故事之景，生出共鸣的感情；通过认同故事中的感情，达到接受故事中的道理的目的。

第四，第一讲的脉络终于理顺了。开始想说的观点太多，一直穿不起来。后来按照对总题目进行词语切割的方法，一个一个讲关键词，解决了。切割成管理者、当众讲话、魅力、提升、练。体会是，语不惊人死不休。想不通，一直想，坚持到最后，潜意识就会来帮你。

第五，感恩。这次录制课程，主办方让我找现场观众。开始很为难，我在北京人生地不熟，上哪儿找啊。冷静下来，想到在深圳主持一次学习论坛时，认识了国美电器北京公司的赵总，我打电话向他求助，他爽快答应，派了20位店长来当观众。滴水之恩，涌泉相报。感恩赵总，铭记于心。

第六，拆字法。对概念的解释用拆字法好：

1）简单。领导，就是领而导之。领，带领；导，教导。

2）新鲜。不是传统地下个定义，而是拆字，听众感到很新鲜，这个方法可以坚持。

第七，对当众讲话的范围做了新的划分。从时间上分，从空间上分，从类型上分。

第八，讲课结尾部分加了实战三招，有针对性。怎样读稿？前读后看、低开高走，先彩排，再正式演讲。

第九，印度谚语："你讲过的，我忘记了；你表演过的，我记住了；你教我做过的，我学会了。"用得很有说服力。

第十，"一字悟"也可以不写就说。让学员想一想就说自己的感受。国美电器的学员没有写，直接讲，也讲得很好。能写就写，条件不允许写，就直接讲。

第十一，仰头。录完第一集，我在看回放时看到自己的头有点仰，和观众的眼神交流不够平视，后来在录制时有意识地改了。这就给我一个启示，以后录像时先试着录一段，看看有什么问题，再开始正式录制。

这篇小结的前十条，都是经验。不时阅读总结的这些经验，可以很好地指导以后的讲课实践。后来，我给中国教育电视台录制《领导者讲话艺术》节目，就参照了这次讲座的"六讲"结构。

第四条总结出的用关键词做开场白法："管理者、当众讲话、魅力、提升、练。"一直在按这个顺序讲课。

第十一条，仰头的问题。看回放的录制课程中发现了不足，并有了解决办法。以后录制节目时，都是先试录后正式录，保证了质量。

3. 写点评：内容的提纯

就是对学员演讲稿和练习心得进行文字点评，以此来锻炼自己的思维，进行观点的创新。

◎ 先写后讲是铁律

先来看我对清华学员演讲稿写的点评。

我今天的演讲主题是《自强不息》。

我是深圳市天腾物流有限公司创始人刘慧，今天我其实可以讲三个小时，如果有酒的话三天也行（观众笑）。由于时间关系，我只有三分钟，就简单讲一下改变我命运的两个男人吧！

一个是我的父亲。我读高一的时候父亲让我辍学了，我那时候很喜欢读书，成绩也很好，我在墙上写满了"我想读书"。但是父亲跟我说读再多书也是要出去打工赚钱，还不如早点去打工，并且给我找了一个表哥，带我出来打工。

我当时以为父亲是重男轻女，因为我还有一个哥哥、一个弟弟，还想过我是不是不是亲生的，是不是充话费送的。后来才知道我真的不是亲生的，我是我父母领养的。但是我不怨他们，我早已把他们当成我的亲生父母，我非常感谢他们的养育之恩！

第二个男人是我曾经的一个暗恋对象，他是我们公司的一个客户。2006年，我在上海一家物流公司做客服，喜欢上一个海归客户，他长得很像《蓝色生死恋》里面的男主角，我忘了叫什么名字。我当时鼓起勇气请他吃饭，并且向他表白，没想到他拒绝了我。他说他把我当妹妹，他要找的对象最低是本科学历，而且要有上海本地户口，而我只是一个小客服！

我很伤心，在外滩哭了一个晚上。我一直问自己，我要默默忍受命运暴虐的毒箭，还是挺身反抗无涯的苦难？我想，就算再过五年、十年，我还是一个小客服，或许从小客服变成了老客服。我不甘心我的人生就这样一眼望到了头，我要改变，我要挺身反抗……

第二天，我向公司递交了辞呈，回家参加了成人高考，以半工半读完成了三年的大学学习。这三年，我住过地下室，在西餐厅洗过盘子，在酒吧刷过杯子，在电影院卖过电影票，在电脑城卖过电脑……2009年，我毕业了，来到了深圳。我相信我的梦想就在深圳，我可以在这里找到自信，找到认可，找到成功。

从2010年23岁开始创业，有一段话一直陪我走到今天："故天将降大任于是人也，必先苦其心志，劳其筋骨，饿其体肤，空乏其身，行拂乱其所为，所以动心忍性，曾益其所不能。"我相信我所受的苦难都是为了让我变得更强大！去年我们公司的营业额做到了八千万！今年我的目标是一个亿！

最后，我用清华大学校训——引自《周易》的话来结束演讲：天行健，君子以自强不息；地势坤，君子以厚德载物。谢谢大家！

演讲结束后，我现场进行了点评，但是觉得不够严谨、不够系统、不够深刻，所以第二天我又写下文字点评。

1）写——演讲稿要从写稿子开始。刘慧通过两个男人的故事，讲了自己在苦难中变得更强大的主题。为什么主题集中，没有东拉西扯？就是因为先写后讲。

其实，只要是高中以上文化水平的人，都可以在演讲中讲得主题集中，结构严谨，逻辑清晰。因为在学校都受过记叙文、论说文的写作训练。

那为什么很多大学生、研究生，受过严格的语文写作训练的人，上台讲话还是东拉西扯，没有主题，逻辑混乱？就是因为在演讲前，没有写稿子。只要坐下来写稿子，每个高中以上文化的人，都能写出刘慧这样的演讲稿，都能保证你不会出现逻辑错误、主题错误、词语错误。

所以，先写后讲，是个铁律，必须遵守。你不写，再高的文化水平，都不叫水平。

2）净——演讲中语言流畅干净，没有一个废词，没有一句废话。我问刘慧，你是不是先写后背了？她说：是的，我写完后背了二三十遍。

写完之后背得滚瓜烂熟，上台才会出口成章。请大家记住，所有的出口成章，都是先出手成章，然后背得滚瓜烂熟的结果。

如果你写了稿子，在台上还是结结巴巴不流畅，说明你没有背稿子。背稿子的目的，就是让嘴巴参与，形成肌肉记忆。因为写稿子的过程，只是你的手和脑参与了，嘴巴没有参与。背的过程，就是嘴巴反复熟练每一句的过程。

如果你背了稿子，但还是不熟练，还是不能出口成章，说明你在背稿子上下的功夫不够。50遍不行，就背100遍；100遍不行，就背200遍。这就是《礼记·中庸》讲的："人一能之，己百之；人十能之，己千之。果能此道矣，虽愚必明，虽柔必强。"

通过写这个点评，我总结出两个观点：一是先写后讲，二是语言流畅靠背。如果我现场点评完就告一段落，没有课下写点评，就不可能产生这两个独到的演讲教学观点。

4. 先说后写：修补即兴表达

对听众、学员的提问，可以用先口头再书面的方式进行回答。

余秋雨说：在人文学科中，最重要的课题大多来自普遍人心。而且，每个人的最初疑问，都有可能直通最深的学问。

我在教学中也发现，学员的提问，往往就是演讲教学中他们普遍关心的问题。所以，每次上课，我一定会设置提问互动环节。

对提问的回答，因为时间短暂，往往不太严谨与全面。我就课后再认真思考，用文字作答一遍。这个方法，既帮助学员、读者成长，也让我的演讲理论和方法不断成熟。

◎ 学生发问，带来一个新课题

举个例子。

在总裁演讲班上，有学员提问：作为一位企业领导，如何快速提高下属的讲话水平？

这个问题，我过去没有认真思考过，当时就回答得比较简单。事后我觉得这个问题对参加培训的企业家来说，有普遍性，所以我就通过写，来对这个问题进行系统全面的回答，并将文字内容发到博客上。

学员：学了您的课程，作为一位企业领导，如何快速提高下属的讲话水平？

殷亚敏：为了准确回答这个问题，我首先想了解一下，你觉得下属在讲话中主要存在哪些问题？

学员：（想了想说）主要有三类问题吧：一是没观点，二是没案例，三是没条理。

殷亚敏：好的。那我就一个个来回答。

1）没条理怎么办?

第一，事先提要求，每人发言必须用"一、二、三"。开门见山先说：我今天讲两点，或者讲三点。

第二，必须动笔写成"一、二、三"提纲。

第三，开会前约法三章，必须看着"一、二、三"的提纲讲。没有按此方法做的，当场打断，改正后再发言。

2）没观点怎么办?

第一，事先提出要求，每次开会，大家发言，要先说观点，观点还要压缩成一个字。你可以把在课堂上学到的"一简"（一个字表达观点）先教给大家。

第二，按照"一简"要求写发言稿，每个观点必须浓缩成一个字。

第三，开会发言时，定规矩：做不到"一简"，不准发言。然后严格执行。凡是发言时没有先说一个字观点的，就让他停下来，先缩后说。让其他符合要求的人员先讲。这样做几次，大家就能做到观点清晰、开门见山了。

3）没案例怎么办?

第一，写"一字悟"。要求每位中层管理人员每周写一篇管理心得的"一字悟"。要求：一个字的观点，用本周的一件具体事例说明。怎样具体？观察要细致，有何时、何地、何人、何事、何果。

第二，讲"一字悟"。周会时，要求每位中层都要按"一字悟"的要求讲。不符合要求，马上打断，不准发言。符合要求了再发言。

训练下属讲话要注意三点：

1）身教原则。要求下属做到的，首先你自己要做到。

2）循序渐进。按照上面三点的顺序进行，不能变更顺序。先是条理训练，比较简单，坚持一个月。再是观点训练，也比较简单，坚持一个月。

最后是"一字悟"训练,这个比较难,坚持一个月。这样循序渐进,就不会觉得太难,也容易学会。

3)**贵在坚持**。学会这些方法之后,以后开会都按照它的要求,坚持一年,大家就会尝到甜头,形成习惯。

过去讲课,我只是想到解决企业家本人的问题,从没有想过他们学完之后如何教下属。这个学员的提问,给我提出了一个演讲教学的新课题。

我就是通过事后的文字写作,才对"企业领导怎样提高下属的讲话水平"做出了深入思考和系统回答。以后再谈这个问题时,自然应答自如。

5.写"一字悟":例子加持观点

◎ "一字悟"须从简

来看厦门工学院一位英语老师在听完我的讲座后写的"一字悟"。

放

殷老师在讲座中教我要放得开,释放自我。在做了《稀奇》《三乐说》一系列手势练习之后,我感觉自己之前的状态是放不开。现在我会有意识地面带微笑讲话,并且运用丰富的手势来表达感情。

教师,在某一方面就是一个演员!

怎样写"一字悟"呢?

就以这篇"一字悟"为例,来说明写"一字悟"的要求:

1)观点一个字。比如这篇"一字悟"的题目:放。

2)一句话解释一个字观点。比如"殷老师在讲座中教我要放得开,释放自我"。

3)举例说明。比如,"在做了《稀奇》《三乐说》一系列手势练习之后,我感觉自己之前的状态是放不开。现在我会有意识地面带微笑讲话,并且运用丰富的手势来表达感情。"——这段话就是通过例子,来说明"放"这个观点。

为什么写"一字悟"可以养成深思熟虑的习惯呢？

提炼观点。

思想体现在哪里？体现在讲话和文章的观点中。观点怎样好记？就是要用一个字表达观点。而"一字悟"中的一个字观点，就是对提炼思想的最好训练。

逻辑性强。

一个字观点是论点，举出例子是论据，二者结合就成了一个有理有据的论证过程。

所以天天写"一字悟"，讲"一字悟"，日积月累，就练就了深思熟虑的能力。

◎ 五个中心字

我们来看读者春菊坚持写了一个月"一字悟"后写的小结。

越

到今天为止，我练习写"一字悟"已有 30 天了，这一个月以来，每每想来都有种醍醐灌顶的感觉，练习写"一字悟"确实能达到一箭多雕的效果，这些天我学到了之前好多年都学不会的东西：不仅能提高讲话能力，锻炼写作能力，而且学会了对每天的工作、生活及时自省，培养了善于思考总结的能力。这段时间不知不觉中我挑战了好多以前看来不可能完成的目标，超越了自我。

试：抱着"试试看"的心态，练习写"一字悟"。

在殷老师指导下，我从 9 月 7 日开始，每天写 100~200 字的"一字悟"。刚开始动笔时，我心里非常抵触，因为我对写这类文字材料很不擅长。抱着"试试看"的心态，我写了第一篇《趣》并发给殷老师，没想到第二天殷老师就给予我贴切、到位的指导与鼓励，说这篇"一字悟"完全符合要求：一个字观点，一句话解释，然后举出一个例子，即围绕着向别人学习来写。通过兴趣，我找到了殷老师的书，坚持练习。

殷老师的谆谆教诲让我茅塞顿开：写"一字悟"并不像我想象中那样难。我的兴趣一下被激发出来，尝试着每天写一篇练习体会、工作或生活感悟并发给殷老师，请他指导，给出意见和建议。就这样，一个月下来，我竟一点儿没觉得累，反而很享受每天晚上写"一字悟"的过程。

省：通过每日自省，不断向上成长。

稻盛和夫说，能否经常进行反省，是人向上成长的关键。人要有自省意识，不断反思自己的不足是什么，才能不断进步。同样，我感觉自己这段时间的进步已经赶上之前好多年的进步之和。通过写"一字悟"，我及时对当天工作、生活复盘，也是对一天工作、生活的自省。这样做，当天发生的事情就像在脑子里过电影，哪些做得好，哪些不好，一目了然；做得欠缺的地方，我重点总结，到底是哪个环节出了哪样的问题，今后再遇到此类问题该如何做。如：

1）养成好习惯：早起，一日之计在于晨，一年之计在于春。我一般每天清晨 6 点半就到公司，对着办公室洗手间外面的大镜子练习 30 分钟：先练"引"字 10 分钟，再练"稀奇" 10 分钟，最后再用 10 分钟把昨天写的"一字悟"背熟。上班时再利用上下电梯的零星时间来练"引"字。这样的一天下来很充实。

2）开口之前先走心：由于有"说话不经过大脑"的缺点，我之前一些有口无心的话可能得罪了人，自己还不知道。写"一字悟"后，我将这个坏习惯可能导致的后果进行了详细记录与剖析，现在已经得到有效改正。

3）转换角度思考问题：我以前在办法行不通时不知及时转弯，转换角度；现在通过写"一字悟"专门总结，工作时注意提醒自己，要善于转变角度，尝试用不同方法来解决同一个问题，有些工作效率大大提高，如为参会专家开专家评审费发票就是一个很好的例子。

显：通过每日练习，出手成章效果初显。

通过这段时间的练习，我不仅喜欢上了写"一字悟"，我们部门的信息宣传报道和部门月度工作总结我也能写出来了。以前部门领导基本不安排我写信息报道、工作总结之类的材料，估计是部门主任见我这段时间写作积极性挺高，就有意安排我来写。每写完一篇，再由相关部门把关修改后发在省局内部网站，我特别有成就感，我的积极性就这样被彻底调动了起来。

善：通过每日练习，当众讲话能力初步改善。

以前，受困于"当众讲话"这个短板多年，平时在部门工作会发言时说上一番，同事们都不知道我到底想表达什么意思。现在无论跟领导汇报工作还是交流发言，我都能厘清思路，分"一、二、三"来进行汇报了。这就是我每天不间断练习写"一字悟"的效果，一个月量的积累已初步引发了质的突破。

丰：通过每日练习，耳语练习收获颇丰。

练习时间上，我充分利用出差途中、等待孩子放学的间隙等碎片时间来见缝插针地进行"引"字和"稀奇"的耳语练习，并通过写"一字悟"记录自己平时耳语练习时的点滴进步，我体会到持之以恒的耳语练习带来的"每天进步一点点"的喜悦，感觉自己越练越有劲儿。就这样，在练习过程中我不断给自己鼓劲儿，现在我每天耳语练习的时间累计能达到一个小时。

万分感谢殷老师这段时间一直耐心地给我启发、指点，使我在这一个月里不断成长、进步，才有了我的这些若干"从不可能变成可能"的喜人成绩，这段时间的练习对我今后的工作、生活都将产生深远影响；这让我对殷老师的当众讲话训练方法更加充满信心。我暗暗下定决心：一定要坚持每天写"一字悟"，把制约我自身发展的致命短板拉长，直至成为我的优势长板，彻底拔掉害怕当众讲话这颗毒瘤。

6. 咬文嚼字：别嫌弃"较真儿"

咬文嚼字就是对每个字进行细致分析，明白其中的字义和哲理，以加深对事物本质的认识。

什么是"成功"？一般的理解是做人做事得到自己想要的结果。

而马云通过咬文嚼字说，"成功"的"成"是成就自己，"功"是功德天下。你只有成就了自己，帮助了别人，你才会有真正的成功。所以大家想着自己的时候，也要想想将来自己能为别人做些什么。

马云对"成功"二字的认识，有如拨云见日，境界更高，见解更深。

我为什么想到了咬文嚼字法呢？是在读南怀瑾老师的书时受到的启发。

南怀瑾老师在讲解诸葛亮《诫子书》中说道：

"慆慢则不能研精"，"慆慢"也就是"骄傲"的"骄"字。讲到这个"骄"字，很有意思，我们中国人的修养，力戒骄傲，一点不敢骄傲。

而且"骄傲"两个字是分开用的：没有内容而自以为了不起是"骄"，有内容而看不起人为"傲"，后来连起来用。而中国文化的修养，不管有多大学问、多大权威，一骄傲就失败。所以孔子在《论语》中也提到过："如有周公之才之美，使骄且吝，其余不足观也已。"一个人即使有周公的才学，有周公的成就，假如他犯了骄傲和很吝啬不爱人的毛病，这个人也免谈了。

南老师的这段话我反复读过五十遍之多。一是提醒自己何时何地都不能骄傲，二是也从"骄傲"二字的差别中了解了中国文字一字一意的妙处。

此后，我慢慢养成了咬文嚼字的习惯，让自己认识问题有了一些深度。

我常用"两嚼"法：嚼两字法，嚼四字法。

（1）嚼两字法

就是对双音节词的两个字进行解析。

来看几个我自己咀嚼过的词。

什么是"经验"？经，是经常；验，是验证。经验就是被反复验证过的有效办法。

什么叫"明白"？要想让观众明，就必须白，讲大白话。演讲要让观众明白，就不能讲专业术语。

什么叫"精英"？精，是精益求精；英，是英才。只有精益求精，才能成为英才。

什么叫"体验"？体，是身体；验，是验证。自己身体力行，就叫实践出真知。所以我的演讲课教学一直贯穿练习，就是让学员进行体验。

什么是"影响"？影，是形象，是看的，是视觉影响；响，是听的，是听觉影响。演讲要想有影响力，就要视觉和听觉并用，缺一不可。

什么是"领导"？领，是带领，是身教；导，是教导，是言教。所以作为一个领导者就要既会做，又会讲。

什么叫"扬长"？扬，有两个意思，一是发扬长处，二是宣扬长处。长，就是长处。扬长，一是要在工作中把自己的长处做到极致；二是要宣扬，就是会演讲，把自己的长处讲给他人听。二者关系，是先发扬，再宣扬。怎样宣扬？下，传承徒弟要讲；横，让同行了解要讲；外，让外行了解要讲。

◎ 在修修改改中进步了

2020 年 6 月 23 号，我写了一篇博文《改进，改进，只有改，才能进》，记录了我通过咬文嚼字深化教学理念的过程。

演讲课，是技能课；技能课，不练习，就等于白学。但是真要落实这个理念，就需要不断改进，才能让理念完全落地。

比如，提纲讲话共分为五个练习步骤。一是写稿件，二是读稿件，三是背稿件，四是缩写提纲，五是上台前彩排。让这五个步骤全部在课堂上落地练习，我经过了三年的微调整。

刚开始，我只想到了第一步和第二步。一是在课堂上写。讲完"一简二活三诀四说"，马上让学员根据模板开始写稿件。利用午休两个小时，再加上下午上课后的半小时，写好演讲稿。二是在课堂上读。通过自己读，两人一组互读，在小组内读。然后各小组选一名代表，参加全班演讲会，以此进行课堂练习。

剩下的三个步骤，我觉得没办法在课堂上练习，美中不足，有些遗憾。教了一年左右，我又想到，第四步缩写提纲也可以在课堂上练习啊。我就把一篇范文缩写成提纲。

原文是这样的：

我是深圳和一公司的董事长吴泽刚，我们公司主营业务是工程服务，包括土建工程、机电工程、强弱电工程。

我们公司的服务特色就是两个字：精、诚。

一为"精"。就是做精品工程。我们公司施工的"湖南长沙顺天国际金融中心"刚获得了鲁班奖。

二为"诚"。即诚心做人。五年前，我们在中山古镇有一项工程已经竣工验收交付了，但由于客户自身原因，这项工程历经三年，换了三个投资人，使用时一些重要工程资料已经在不断转交的过程中丢失了。我们得知后，二话不说，帮助最新投资人解决了难题。诚心服务，打动了新投资人，现在我们有好几个项目都是这个投资人介绍的。

以上就是我们的服务特色：精、诚。

缩写后的提纲：

1）总说：精、诚

2）细说：精——鲁班奖

诚——中山古镇工程

3）总说：精、诚

然后让学员按照模板在课堂上缩写自己的演讲稿。这样，学员就对缩写提纲的记忆更深刻了。

说话中又过了一年，上周我在清华演讲班上课前，备课时又有了新想法：

一是第三步背稿件的练习有着儿了。现场来不及背，我就要求学员课后背50遍，背到滚瓜烂熟，在21天后下一次上课时，让学员脱稿上台还讲这次写的"四说"稿件，还可以写课件，加入图片和视频。

二是实现第五步彩排有了两个新办法。一个办法是，我找到了一个演讲中不熟悉课件的反例视频，放给学员看，以此说明课件不彩排就会闹笑话的道理。第二个办法是让学员在现场读稿件时互相拍视频，自己看视频，讲优点和不足。通过这两个办法就让第五步的训练也在课堂上落地了。

历经三年，小修小改，不断进步，一直改进，我终于让"讲完就练"的理念在提纲讲话的五个步骤中全部落地。课件更完美，训练更系统，学员的学习更加扎实有效，美中不足的遗憾没了，一种做教师的成功喜悦油然而生。

写到这里，突然悟到了"改进"二字中蕴含的哲理：改进，改进，只有改，才会进；不断改，不断进！

（2）嚼四字法

对四字成语进行咀嚼之后，得出新的思考成果。

比如，"声情并茂""有胆有识"，这是两个我们挂在嘴边上的成语。我在教学中，对这两个成语反复咀嚼，发现正好对应了当众讲话魅力的四个字：胆、声、情、识。

先说"声情并茂"。当众讲话一定要声音悦耳，气息通畅，这是指"声"的魅力；讲话声音要抑扬顿挫，富有感染力，让听众全神贯注，不会打瞌睡，靠的是"情"的魅力。

再说"有胆有识"。当众讲话最大的拦路虎，就是紧张、无胆，扫除了这个拦路虎，沉着自信地讲话，就是"有胆"；讲话内容有条理，思想深刻，观点新颖，说服力强，就是"有识"，有见识。

后来我在讲课中，开篇就说，学好当众讲话就是"胆声情识"四个字，请大家把这四个字分别组成两个成语。学员马上异口同声说："声情并茂，有胆有识。"

◎ 把坚硬的事物嚼碎了

我的一则备课笔记记录了"细嚼慢咽"四个字对当众讲话教学的启示。

"细嚼慢咽"四个字，蕴含着演讲学的深刻道理。"细嚼"是指演讲的内容，"慢咽"是指演讲的节奏。

一是"细嚼"，"细嚼"的本意，就是要把坚硬的事物嚼碎了。在讲话中，就是深入浅出呀，要把生涩难懂的内容掰开揉碎变浅变细。

具体说来，演讲"细嚼"有三个方法：

1）要有故事。围绕着观点讲故事，会让难懂的观点变得容易理解。在三五分钟里围绕一个观点讲故事，就是把干巴巴的理论变得形象生动，就是细嚼而不是狼吞虎咽了。

2）要打比方。任正非讲："上层砍手脚，就是高层不要陷在事务性工作中，要多动脑子。中层砍屁股，就是不要只坐在办公室，而是要到第一线指挥。下层砍脑袋，就是按流程办事，不要自作主张，随性发挥。"通过打比方，就让难懂的观点变浅显易懂了。

3）语言要通俗。如果用了很多专业术语，就像吃饭时老遇到硌牙的小石子，嘎嘣一下，嘎嘣一下，嘎嘣得多了，牙疼，心情也不好，没法去细嚼呀。

说完"细嚼"，再说"慢咽"。

"慢咽"的本意是指食物经过咀嚼后要慢慢咽下去。在讲话中，就是讲话的语速要慢不能快，让听众能较好地吸收演讲内容。

1）语速要慢，不能太快。太快，听众跟不上，无法消化。

2）要有停顿。停顿的两个作用：一是让听众对你讲过的内容咀嚼一下；二是让自己的脑子思考，想下面的句子。

3）总分细总的结构。通过对观点的重复，通过举例说明，让听众更好吸收，更容易记忆。

通过写下对四字成语咬文嚼字的分析，我原来似是而非的思考，更加深入和精细，给我的教学理论增色不少，也让我对中国语言文字的丰富内涵敬佩不已。

有效思考来自不断发问

爱因斯坦说：提出问题的能力比解决问题的能力更重要。当别人质疑你时，当你自己有了疑问时，其实，就已经离解决问题不远了。

1. 不回避问题才能解决问题

当别人质疑你时，一不发火，二不回避，要认真思考给予回答，往往会引发更深入的思考，得出新的答案。

◎ 我避免了教学中的片面性

有一次在大学演讲课的课堂上，我正在给学生讲站定练胆，一位同学突然发问："老师，为什么马云可以在台上走来走去地讲话，您却让我们练习站定讲话？"

我当时有点恼火，我正在讲课，你冷不丁提问，这是质疑老师的理论啊。后来一想，"传道、授业、解惑"，学生有惑，正需要老师来解呀。于是，我就做了一个简要回答。

下课以后，我思考这位同学的提问，其实很有普遍性，应该认真思考，进行回答，正好丰富自己的教学理论。我静下心来认真思考，并写成博文，后来又在课堂上专门对这个问题进行了回答。

请看这篇博文。

在台上走来走去的演讲，主要分两种形式：一种是自信地走，一种是紧张地走。

马云、乔布斯在台上走来走去是第一种，自信地走。演讲高手已经到了行云流水的地步，怎样讲都是对的，走也好，站也好，观众都买账：站着讲，观众认为是庄重；走着讲，观众认为是潇洒。

初次登台的演讲者是第二种走，紧张造成走来走去。因为紧张、恐惧、不自信，所以下意识地走来走去，或者身体不由自主地扭来扭去，透过肢体语言反映出自己的紧张情绪。做这些动作的时候，自己并没有察觉。但是观众看出来，这不是潇洒，而是紧张。

自信的走和紧张的走，我们从面部表情上就可以判断，一看脸，二看眼。

先说看脸。虽然都是在走，但是马云们，面部表情是微笑的，放松的，生动的；而紧张者，面部表情是绷紧的，僵硬的，没有变化的。

再说看眼。自信的走，是为了用眼神和不同区域的观众进行目光交流。而紧张的走，眼睛是不敢看观众的。

因为紧张而站不定，所以心就不定；心不定，思维就不清晰；思维不清晰，讲话就会结结巴巴，语无伦次。

站定训练，练什么呢？

1）站直，给人有精气神的感觉。

2）站定，就是到台上不要马上开口，而是数"一、二、三"，让自己站稳了，思维清晰了，再开始讲话。

3）放慢语速，就是每一句话数"一、二、三"，打断原来慢不下来的语速。通过这样的训练，演讲者学会停顿。通过停顿，换气充分，思维清晰，可以思考在先，张嘴在后，给观众带来自信的感觉。

当学员通过站定的训练，可以站如松，可以平稳气息，思维清晰之后，就进入收放自如的阶段了。根据不同场合，因地制宜，该站则站，该走则走，就能如行云流水，怎样讲都是对的了。

没有学生的质疑，就没有我对走动演讲和站定演讲的深入思考，从而得到一个相对有力的解释。正是因为有质疑，才能丰富和完善我的教学理论，并避免了片面性。

2. 自问自答：先求己再求人

我自己经常会自问自答，为了把教学中的问题弄明白。

在演讲教学中，我经常会遇到一种情况，就是有的学员不会走就想跑，张嘴就说要有自己的演讲风格。我只是从直觉上觉得这种说法不对，哪儿不对？我也没有想明白。

怎样厘清思路呢？我问了自己一个问题：什么叫演讲风格？

我先去查了什么叫风格，再问自己什么是演讲风格。

最后，我给演讲风格下了一个定义：就是一个优秀演讲者稳定发挥的演讲特点。

这个定义有两个核心要素：优秀，稳定。

第一是优秀演讲者。

一个优秀的演讲者，他的演讲会打动人心，引发关注，人们才会去谈论他的风格。例如，任正非的演讲，思想深刻，金句频出，我们才喜欢听，喜欢看，才会去评价和学习他的演讲风格。

第二是稳定，就是在多次的演讲中表现出来的同一长处。

要想形成自己稳定的演讲特长，不是一次演讲就能做到的，需要经过长期的、大量的演讲实践。任正非在 2013 年的时候说："我的 400 次演讲，只有一篇稿子是秘书写的，其他都是我自己写自己讲的。"澎湃新闻统计，2017 年一年，马云在国内外演讲了 100 场。

搞明白了演讲风格的定义，我就很明确地告诉学员，初学演讲者无风格。一个初学演讲者只有经过长期学习和训练，通过大量实践，他的演讲才可能形成"独特"而"稳定"的风格。

自问自答，有时候是很折磨自己的。当我把思路厘清，得出一个理想的、可以用在教学上的答案时，是很开心的。

3. 连问连答："为什么"要持续

我在网上看到了一段话："人的丰富的经验和知识，都是来自工作中的点滴发现和深入思考。"

我对这段话有强烈共鸣，于是通过对每一个词问为什么，思考不断深入。下面是我当时边问边回答的笔记实录：

◎ 逼问，让思考逐渐深入

什么叫"工作中"？

就是做，实践。实践出真知。只读书学习，不去工作实践，永远不可能有发现和思考，那叫空想。

怎样"工作"？

就是行动力要强。先敏于行，再勤于思。就像是吃饭。你不吃，永远不知道饭菜的滋味。张口吃，就是行动；在吃的过程中，才知道哪个好吃、哪个不好吃。空想和行动，肯定是要先行动。

50岁时，我给自己定的下一步目标是：到大学讲课。

有一天，我在办公室主任的桌子上看到一个邀请函，邀请我们台的一位主持人去北师大珠海分校广播站做讲座。这位主持人去不了。我马上说，我去。就是通过这次讲座，我和北师大珠海分校结缘，开启了我在大学兼职教课的生涯。

什么叫"点滴发现"？

简单说就是每天记录小结，只想不记录，不叫点滴发现。要每天都留心，将观察记录在本子上、电脑里，今天一点，明天一点，积累起来，会聚起来。

为什么要点滴发现？因为只有点滴发现才能汇成大江大河的思想洪流。我的"定耳舞诀"都是在点滴发现基础上总结的。先小结，再实践，再小结，再实践，反复验证，上升到规律。

怎样"发现点滴"？

就是每天要动脑子想，而不能只做不想。

尹建莉在《好妈妈胜过好老师》一书中就反复讲，对待孩子每天出现的问题，怎样处理，不要凭直觉脱口而出，而是先想一想再决定。这句话让我很受启发。

每天在工作中想到的点滴，还要记录下来。

为什么要记录？

一是好记性不如烂笔头。没有记录，想也是白想，因为时间一长，想到的再好的点子和经验，也会忘记。点滴就溜过去了。

二是为了聚沙成塔，集腋成裘。

我从大学讲课开始至今，每次讲课做小结，做了十八年。主持中国移动大讲堂，主持了四年，笔记小结做了四年；主持《珠海文化大讲堂》四年，小结做了四年。

为什么坚持得了？因为尝到了甜头。通过小结，教学法越来越成熟，教学效果越来越好；通过小结，出版了数本书。

怎样记录？

我在实践中总结出"三记"：看书用笔在书上记，清晨灵感用电脑记，随时想到的用手机录音功能记。

什么叫"深入思考"？

动笔写才叫深入思考。

为什么写才叫深入思考呢？

因为写作时需要外界环境的安静。安静了内心才宁静。心宁静了，才能致远，才能扩展思考的广度和深度。所以诸葛亮说，宁静致远。

什么叫"丰富的经验和知识"？

只有在长期的教学实践中才能积累出丰富的经验和知识。一次两次的实践，可能有偶然性在里面，只有长期的工作实践检验，才能证明必然性。

"丰富的经验和知识，都是来自工作中的点滴发现和深入思考"，我对这段话中的每一个词都在深入地逼问为什么，从而得到一个高水平的答案。

第七章

坚持，学习
演讲的核心词

本书前六章给大家介绍了六种行之有效的学习演讲与口才的方法和技巧，这就是所谓"捷径"。不过，离开了日复一日的坚持，再好的方法和技巧也是空谈。它们再好，也是别人的，你依然会在原地打转。

>>>>>>>>>>>>>

学习演讲，不是学知识，是学技能。学技能，就是一句老话"师傅领进门，修行在个人"。什么叫"修行"？就是练习，坚持练习。在本章，我用我的经验，和大家谈谈持之以恒的学习态度和方法。

坚持的好处是渐渐看到的

"坚持"先从字面解释："坚"，坚定不移；"持"，天天拿在手上，不间断。合起来就是把一样东西一直坚定地拿在手上。所以，坚持就是做任何事情都要持之以恒，才能做出成果。

我算了个一曝十寒和细水长流的对比账。

假如练习耳语时间一共十个小时。如果你一天不间断练习十个小时，以后再也不练习了，就没有效果，十个小时等于白练了。同样投入十个小时，但是把时间分散开，每天只练习 10 分钟，可以持续练习 60 天。哪个有效果呢？当然是第二个：每天练习 10 分钟，持续 60 天。同样的时间不同的分配，效果完全不同。

我们原以为李白是千年不遇的天才"诗仙"，后来我读到台湾作家张大春的《大唐李白》才得知，李白是持之以恒的榜样。为了学习写诗，他将《昭明文选》中上千篇诗文倒背如流，对每一篇模仿写作多次，这才有了"惊天地，泣鬼神"的生花妙笔。

天天读，天天背，天天写，就是李白的坚持。

天天练耳语、《人一之》、写"一字悟"……就是我的坚持。

为什么我们总要提"坚持"呢？

我为坚持的回报总结了六条：

坚持是道，坚持有乐，坚持使生命之树常青，坚持穿越周期，坚持有复利，坚持让"剩者"为王。

1. 坚持是道，具有普适性

道，就是规律。

自古华山一条道，你不从这一条道往上爬，就上不了山。成功也如此，离开坚持这条道，无法成功。从古到今，这是任何人、任何行业都要遵循的规律，这就是天道。

◎ 我是如何学会普通话的

小学一到四年级，我是在河南省开封市独乐岗小学读的。三年级的时候，我参加了全公社小学语文朗读比赛，得了第一名。

我为什么能得第一名呢？因为我遇到了一位语文老师，她姓王，是北京人，她的丈夫被打成"右派"，从北京下放到开封师范学院，她也跟着丈夫来到河南，到我们学校当了老师。我原来是满嘴的河南普通话，正是这位王老师教我说普通话。她推荐我参加公社的普通话比赛，帮我纠正语音，要求我反复练习参赛课文，反复背诵，背熟为止。

正是因为反复诵读，熟能生巧，比赛时，我用非常流利、非常标准的普通话朗读，在全公社十多所小学的学生中脱颖而出。

人生第一次获奖让我尝到了坚持带来的甜头，持之以恒带来的收获。这比过去我只是从书中读到的"铁杵磨成针"的道理更有激励作用。从此，坚持到底的习惯我一直保持下去，做任何事情都如此。

2. 坚持是一种高级的快乐

人生的快乐有很多，每个人对快乐的理解也不一样。有些快乐，一定有大众共同认可的标准，比如自得其乐。

那么，自得其乐的"乐"从何而来？坚持。做事半途而废的人，得不到快乐；因坚持到底而做出了成果，随之而来的快乐和幸福会感动自己。

坚持于我而言，是最大的快乐，一种高级的快乐。

◎ 坚持的辐射力

我在 UIC 教过的一位罗同学的作业给我留下深刻印象。

每天练习《人一之》二十遍，听起来真的不多，可是做起来相当有难度。人的惰性很强大，我们总是败在它手上。我坚持了大半个学期，可在一个周末，由于身体不适停下来一天。事后的感觉是，坚持下来的过程很艰辛，可是半途而废时更感痛心。我也后悔，可是时间不会倒流，这次就算是一次教训，记住它，记住持之以恒有多重要。

坚持，让我享受到职业的快乐和幸福。

我从 25 岁开始做播音员、主持人，一直到退休，在话筒前工作了 35 年。

因为坚持，我获得了"金话筒"奖；因为坚持，我拿到了中国新闻奖、中国广播新闻奖；因为坚持，我这个没有读过正规大学的人拿到了高级记者的正高职称。教别人讲话，坚持了 17 年，让上万名学生、学员学会了当众讲话的技巧，克服了上台讲话的紧张，我尝到了坚持教书育人带来的快乐和幸福。

12 年间，我写了五本当众讲话的书。每一本书的写作中，都有写不下去的挫折和苦闷，当我坚持到最后，终于看到一本本带着墨香的书籍时，那种幸福感是钱买不到的。

我的学员、清华影响力五期班的谭金彩也尝到了坚持的幸福。她说：

殷老师，通过您的指导，我每天坚持 40 分钟耳语练声法的重复练习，至今已坚持 8 个月，我个人的身心健康、精神状态，有了很大改变。

我想与您分享我的收获：

1）我是一名企业培训师，原来持续讲话两个小时，就会咽喉干、哑、痛，一两天内很难恢复，经常性的咽喉发炎，现在这种情况没有了。

2）我的低压原来总在40~43mmHg，经常发生眩晕。通过耳语法练声，低压已达到70mmHg，血压指标正常了。原来手脚冰凉，现在手脚都是暖的。

3）我原来演讲时，如果稿件中的语句过长，总会出现气短的现象，以至在演讲方面毫无特色。通过坚持用耳语练声，气短的现象也没有了，能流畅地读稿件了。

通过坚持，现在我的状态非常饱满、阳光和绽放，我也将学会的耳语练声法分享给我的孩子、家人和朋友。

殷老师，感恩遇见您！

3. 坚持使生命之树常青

56岁，我写完第一本演讲书《21天掌握当众讲话诀窍》；58岁，写完第二本演讲书《领导干部21天提升当众讲话魅力》；61岁，写完第三本演讲口才书《练好口才的第一本书》；66岁，出版了《练好口才的第一本书：进阶训练版》；我今年68岁，写了现在你看到的这本书。

为什么我一直在坚持？有句话鼓舞了我。

纽约西奈山医学院的蒙蒂·布克斯·鲍姆医生说：

衰老并不是导致大脑反应迟钝的原因，真正的罪魁祸首是缺乏使用它。人的大脑就像胳膊上的肌肉一样，如果经常使用，它就会变得更加强壮，更加敏捷。

笔耕不辍，我每天像锻炼肌肉一样锻炼大脑，我的记忆力没有退化，大脑反应依然敏捷。

学员都说我的身材、面庞都要比同龄人年轻十岁。为什么？我想，自己长期以来坚持做从头到脚的拍拍打打、揉揉搓搓、梳头搓耳等，这些日常锻炼一定起了很大作用。我已经坚持了 20 年，还将继续。

我坚持用冷水搓脸。早上洗脸时，用冷水搓脸，从下往上搓 100 次，每次用时就是两分钟，晚上睡觉前再来一次，加起来共四分钟。坚持三个月，就觉得脸部血液循环加快，脸上的小疙瘩没了，皮肤紧了，皱纹少了。我更加有信心了，到现在已坚持了五年。

睁闭眼练习，每天做 100 次需要 5 分钟。坚持练习三个月，原来松弛下垂的眼皮，神奇地又恢复到紧致的双眼皮。而且通过练习，眼部血液循环加快，人老珠黄的"黄眼珠"又变白了。

2019 年，我又学会了"三一二经络锻炼法"（"三"是三个穴位按摩，"一"是一个腹式呼吸，"二"是双腿深蹲），已经坚持三年有余，我的头发由近乎全白变为以黑为主的黑白相间。有学员开玩笑地说："老师，您这头发是高级灰啊！"

4. 坚持穿越周期

任何行业、任何人都有兴衰交替的周期。坚持下去，就能穿越周期。

◎ **延续了职业生涯**

我自己便收获了穿越专业周期的回报。

在地市级广播电视台做主持人，45 岁可谓到了一个分水岭，绝大部分主持人，无论男女，48 岁以后大都转岗做编辑、管理、行政了。像我这样既做管理又做主持，还能坚持到退休的，基本上是绝无仅有的。

正是因为对播音主持一辈子的坚持，所以到现在我还能活跃在播音、配音和主持的舞台上。2019 年初，我录制了全国职业技术院校古典文学有声教材；2019 年 7 月，我主持了中欧国际工商学院深圳校区 20 周年庆典音乐会；2019 年国庆期间，我应邀为中央人民广播电台 70 周年大庆诗歌专题节目录制了两首诗——郭小川的《致年轻公民》和臧克家的《有的人》；2020 年和 2021 年，我连续两年主持了凤凰卫视主办的华人教育家颁奖大会。

5. 复利效应

复利原本指一种计算利息的方法。按照这种方法，除了会根据本金计算利息，新得到的利息同样可以生息，因此俗称"利滚利""驴打滚"或"利叠利"。复利就像滚雪球，时间越长，雪球越大。

复利的特点是坚持越久，收益越大。复利下，本金的增长不是一加一再加一，而是不断地翻倍增值。

◎ 跻身最优秀的大学

我也得到了 18 年坚持演讲课教学的复利。

2004 年，我在三本大学北京师范大学珠海分校开始讲演讲课。

2006 年，我升级到一本大学暨南大学珠海校区讲演讲课。

2009 年，我应邀到北京师范大学－香港浸会大学联合国际学院教演讲课。

2013 年，我应邀到华南理工大学 MBA 班讲课。

2014 年，我应邀到清华大学深圳研究院培训中心为企业家讲演讲课。

2017 年，我应邀到清华大学国际研究生院为工信部中小企业领军人才班、北京大学深圳研究院女子学堂、武汉大学总裁班讲演讲课。

2018 年，我应邀为浙江大学、厦门大学总裁班讲演讲课。

2019 年，我应邀为华为大学、中欧工商学院、长江商学院讲演讲课。

2020 年，应邀为马云公益基金会讲课。

2021 年，应邀为北京大学汇丰商学院教师讲课。

这 18 年的坚持，我的课越讲越精，受邀讲课的学校、单位的层次也越来越高。如果我当年在北京师范大学珠海分校因为每堂课的讲课费仅200元而放弃,怎么敢想象今天的成绩。

6. 王是剩者

坚持一半者已少,全胜者更寡。把"胜者为王"改为"剩者为王",也许更能准确描述成功与坚持的关系。

只有坚持下去,我们才知道,这一路上有多少事情需要实干,有多少东西需要学习。随着时间的推移,同行者会越来越少,坚持才会成功,能走到终点的人其实不多。

◎ 5% 规律

我在一篇博文中写道:

我发现一个5%规律。在我的演讲培训课上,课后长期坚持练习的学员不超过5%。

今天,学员媛媛发来微信,她是我在深圳市税务局办讲座时认识的。她告诉我,她已经进行了两天的耳语练习。练习内容是我那天讲座结束前演示的三个内容《人一之》《引》《春》,她自己列了张打卡表,准备坚持练习21天。在深圳市税务局参加培训的四十多位学员中,据我所知,她是唯一一位课后坚持练习的学员。

由此我萌生一个想法:统计一下从2017年到现在坚持课后练习的情况。

回想起来,每个班基本都是40到50人,课后能坚持21天练习的有一半以上。但是21天之后还能继续的就不超过5%了。有例为证:

上海敦众书院口才特训营20位学员中,只有张娟同学坚持练习570天。她每天用耳语练习100遍"阿弥陀佛",一直到现在。她的收获是,减肥成功,声音悦耳通透。

清华大学研究生院工信部中小企业领军人才17期二班的肖行政同学,

坚持练习了 290 天。他说，练习的结果就是当需要演讲的时候，你可以胸有成竹，口吐莲花，颇有大家风范。

浙江大学工商管理班胡孝军同学坚持练习了 220 天。当我问他为什么能坚持，他微信回答：

1）我练习"速度、力量、激情"，希望自己的动作更有力！

2）发布两分钟的练习视频，每天照着视频练下去！计划坚持练习一年。

3）每天都在家里房间或者出差的酒店练习，我每天晚上都是忙完工作，睡觉前去做！

练习过程中，我读了您的书，非常通俗易懂，而且我领悟到，坚持做一件小事情虽很难，但是如果坚持不懈地将这件小事做下去，那么我遇到其他问题的时候就可以通过坚持去优化自己，从而养成越来越多的好习惯，成为一个越来越自信和努力的人！我觉得是内心强烈的求知欲和对生活的强烈热情让我持续坚持！

4）因为每天坚持运动，坚持做俯卧撑，坚持看书，坚持学习，我越来越自律，对自己的要求越来越高，很多生活方式都发生了改变！当我上台讲话的时候，便有了更多的自信！

殷老师，感谢您的课，它对我的未来有着非常深远的意义和影响！

深圳清华大学研究院总裁演讲 19 期的同学中，到目前坚持练习 78 天的有三位同学：李秀军、贾明杰、孙金友。

深圳清华大学研究院总裁演讲 17 期中，坚持练习的同学最多。坚持耳语练习 97 天的学员有：徐海岚、何爱群、张秋香、江昱霏、黄书庆、林建雄。这个班参加练习的人数达到了 15%，非常难得！

坚持"一字悟"写作的同学只有一位：贾明杰。每天写二百字左右的"一字悟"，已经写了 75 篇，仍在坚持，并坚持发给我让我提意见。

我曾经在一家企业看过一句口号："成功路上并不拥挤，因为坚持的人不多！" 今天在励志网上找到了这篇文章：

"成功路上并不拥挤，因为坚持的人不多。成功的历程的确很艰辛，在心理、心态包括体能上，都需要付出很多时间和精力去训练。在这个过程中自然就会淘汰80%。剩下的20%中，中途因学习不够淘汰一些，恐惧失败淘汰一些，受消极负面影响淘汰一些，体能不支淘汰一些，自以为是、中途改道淘汰一些，粮草不足淘汰一些，团队关系危机淘汰一些，又淘汰掉80%。因而，我们会看到，被淘汰的越来越多，失败者的队伍越来越拥挤，实际被淘汰的高达96%之多。"

我今天统计的5%左右的练习率，和"实际被淘汰的高达96%之多"，不谋而合。

◎ 一份坚持的清单

我这一生在讲话这个点上能够取得小小的成功，靠的就是坚持！

2019年，当年部队师宣传队的战友在武汉聚会。一见面，我们的老队长就说："40年啦，对你印象最深的就是恒心。我记得当年让你在话剧《万水千山》中演教导员，每次上场前都看到你在后台背台词。"

太太和我谈恋爱时，看到我每天不间断地到湖边练习绕口令等基本功，觉得我很勤奋。坚持成了我恋爱成功的因素。

2017年，一位老同事问我："你的'瞪眼睛'，还在坚持吗？"我说是的。他说："2007年我们同车去深圳学习时，你说天天练习'瞪眼睛'，一晃十年，你还在坚持，我最佩服你的恒心。"

写博客十年，最后靠整理博文出版了第四本书《练好口才的第一本书：进阶训练版》。

我练习耳语已经17年。实际上，我每天只需要在走路、坐车或坐飞机时，花费十分钟左右练习，每天十分钟就能让我的声音保持洪亮悦耳、富有穿透力的最佳状态。

没有兴趣的坚持易夭折

我这一辈子始终做一件事：讲话。我热爱它，喜欢它，不厌烦并沉醉其中。我日思夜想的都是怎样提高它、精进它。

我将坚持分为三种：兴趣坚持，理性坚持，先兴趣后理性的坚持。

1. 兴趣坚持是自发行为

诺贝尔物理奖获得者丁肇中说，他经常不分日夜地把自己关在实验室里，有人以为他很苦，其实这是他的兴趣所在，他感到"其乐无穷"的事情，自然有毅力干下去了。

50 岁时，我到北京师范大学珠海分校担任兼职教师，那时只是业余兴趣。每次上课都是晚上七点到九点半，一节课 200 元，路途远，讲课费用少，当时很多和我同去兼课的同事只教了一两年就不教了，我给大学生开演讲课愣是坚持到退休。

为什么？喜欢，这门课于我是真爱啊。有学生在期末总结中写道："从殷老师的演讲课上收获了自信，收获了成长，一学期的课程让我终身受益。"当看到这样的话，我经常感动得流泪。

在一天天、一年年循环往复的坚持中，我在事业上有了作为，这又促使我投入更多的激情和努力。

扬出我的长处。我的声音有磁性，我的普通话很标准，我的表达富有感情，这些优点在我还是小学生时就显现出来，给了我自信。

我清楚记得，我第一次为开封市人代会做现场文件播读的照片登在了报纸上，太太在市中心鼓楼广场的报纸栏里看到后，回家就夸我，亚敏好棒啊！

有成就感。由于有语言这个特长，25 岁从部队复员后，我凭借这个特长成为开封电台播音员，我的声音传到了千家万户，能找到这样一份工作，当然开心。

学员说："殷老师讲课，亲身示范，激情洋溢，调动了全场的气氛。"

太太总说："你一站在讲台上，精神焕发；一回到家，蔫了，没话，像换了个人。"

我为什么一上讲台就来劲儿？就是喜欢，热爱。面对台下的学员讲课，看着他们由害怕讲话到敢讲话、会讲话，我会被那种成就感鼓舞和激励。

2. 理性坚持，持续拓展能力边际

就是对这件事没有兴趣，但是理性判断很有必要，要坚持做下去。

◎ 与自己搏

我教演讲课，第一课就是耳语练声法，教学员如何练出好声音。要让学员练出好声音，老师自己不能是公鸭嗓吧，所以我自己坚持每天练习，方法就是，把十首熟悉的诗歌每天用耳语背一遍，坚持了 10 年。

时间一长，产生厌烦情绪，耳语练习就停了一个月。这一停，问题就来了，因为年龄大了，声带肌肉松弛，不勤加练习，嗓子开始岔音沙哑。

怎么办？不想练也得练，再把耳语练声法捡起来吧！于是，又恢复了用耳语背诗歌。硬着头皮，每天十首诗歌还得用耳语背一遍，不背完，不上床睡觉。

这一坚持，又是八年。学员常说，殷老师的声音有磁性，光听声音，就是个年轻人啊！

我这后八年的耳语练声，就是理性坚持。

3. 先理性后兴趣的坚持：过程催生"真爱"

开始做某件事的时候，并没有兴趣，只是出于理性而坚持，在坚持的过程中渐渐尝到了甜头，有了兴趣，从而自愿继续坚持。

◎ **恒心是一点一点攒下来的**

来看我在深圳大学教过的张同学的例子。

也不知道从什么时候开始我发现自己是一个没有恒心的人，日记写了两天就落下了，网上买的学习视频也是看看就丢了，说好英语六级考试前每天要背 100 个单词也常常被我抛在脑后。很多想坚持的事情我都坚持不下来，这让我非常苦恼，却又无可奈何。

直到殷亚敏老师让我们每天练习《人一之》，每周写篇"一字悟"，出于对老师的喜爱和尊敬，我认真完成了老师的课后任务。

一个星期过去了，一个月过去了，练习《人一之》和写"一字悟"成了我的习惯，哪天我没有完成，心里倒是不舒服。在这样潜移默化的练习中，我犹如醍醐灌顶，突然明白了什么是恒心！惊喜不已。

把一件事情不间断地重复三个月，想想自己一直以来确实缺少这样的经历。我想恒心就是这样一点一点培养起来的吧。我现在每天除了练习《人一之》，又加上背英文单词、写日记。我的单词打卡记录目前已经超过了 100 天，日记写了厚厚的一叠纸。每每看到这些，我都感动不已，庆幸当初选了这门课，并坚持下来。

这就是一个先理性后兴趣型的坚持者。

使坚持者止步的消极行为

我把做事无恒心、难以坚持的行为分为四类：走捷径、速成、烦躁、行动力匮乏。

1. 走捷径: 追求投机取巧

投机取巧就是不想付出长期的艰苦的劳动，只想靠小聪明快速成功。

其实，走容易的路，并不能走得远，还会越走越难。

我发现，演讲忘词的第一原因就是打腹稿不打文字稿。这就是拈轻怕重、投机取巧的表现。

因为懒，图省事，就不动笔。写东西费脑子，要想观点，要想词句，还要动手写。脑子里想一想，打个腹稿就上台讲，总幻想可以一气呵成，出口成章，结果往往在台上紧张，以致大脑不工作，多好的构思也忘得一干二净。这时还没有任何救命稻草可抓，除了不知所措，就是张口结舌。

要想演讲精彩，必须长期坚持先写后讲，拒绝打腹稿，实在无"巧"可取。我做了一辈子主持人，教演讲课 18 年，直到现在，上台讲话，做点评等等这些即兴发言，依然保有一颗敬畏的心，一定是先写后讲，这样能保证自己讲话时一不忘词，二不肤浅，绝不敢打个腹稿就开讲。

我在课堂上讲练习"胆声情识"的四种方法时，每讲完一部分，都会让学员用耳语加手势读"简单练到极致就是绝招"和"天才就是重复最多的人"，激励他们，后来我又加上一句"聪明人要下笨功夫"。

为什么加上"聪明人要下笨功夫"这一句？因为下笨功夫能做到不投机不取巧。

所以，聪明人一定下笨功夫。

◎ 小结写了百万字

白岩松是真正的聪明人。我在暨南大学听过一次他的演讲。他讲到，主持《新闻周刊》节目时，每期有八段主持词，每一句都是先写后背再讲。

我自认为不是聪明人，还算是勤奋人吧。所以教演讲与口才课 18 年，每次课后都要写小结，总结长处和不足。每次对学员的演讲点评，也都是先写后讲。这些年来写下的小结，超过 100 万字了。

2. 速成: 寄望于立竿见影

急于求成会破坏事物的规律，从而走向反面。

今天播种，明天就想收获。再急一点，恨不得立竿见影。仔细想想，立竿的确可以见影，但影子是什么?

一万个影子也叠不出一毫米的高度。竿子一撤，影子立马就没了。

孟子说过进锐退速，就是说，急于求进的人反而后退得更快。为什么呢?《朱熹集》注:"进锐者，用心太过，其气易衰，故退速。"因为一旦进的目的没有达到，就会快速地陷入灰心丧气，走到另一个极端。为什么不能急? 因为不合天道。春天播种、发芽、长叶、开花，秋天才能结果，这就是天道。

天人合一，人道也是如此。你看炒股票的人中，凡是立竿就要见影者，赚不了钱。俗话说，财不进急门。

◎ 外卖小哥的冠军路

怎样慢? 看个外卖小哥的例子。

在 2018 年《中国诗词大会》上，外卖小哥雷海为击败北大硕士，成为年度冠军。

人们一定会认为，他们背后的辛酸，常人无法想象。记者问雷海为:"你每天的作息时间是怎样的啊? 哪有时间看诗词呢? "

雷海为说:"不管工作和生活多么忙碌，时间挤一挤还是有的。送外卖其实有很多碎片化时间，这些时间用来背诗词是比较合适的。比如在商家等餐的时候，在马路上等红灯的时候。这些时间都可以拿来背诗，下午两点半到四点半这段时间，我回到住处换过电瓶，吃过午饭后，还有那么一个多钟头的时间休息。这个时间相对充足，可以坐下来好好读几首诗词。"

你看，等餐、等红灯、回到住处换电瓶休息的时候，背个把小时诗词。

辛苦吗? 好像也没有到挑灯夜战的地步。辛酸吗? 和你等红灯、坐地铁看手机其实是一样的。

正是这每日一小时的读与背，日积月累，让一个外卖小哥击败了一名北大硕士。

雷海为的故事，就是一个以慢胜快的例子，给我们两点启示：

慢。就是老老实实地播种、浇水、施肥、剪枝，不急不躁，静待开花。

静。宁静致远，心中一急，就不静，不静就致不了远。

我在写书的过程中就体会到，如果一看草稿，这儿也需要删，那儿也需要改，这里缺个例子，那里逻辑不通，就心乱如麻：怎么办啊？

一旦静下来，扭住一个地方开始增删修改的时候，心就静下来了，思路也顺了，写上半个小时，就完成了一段、一节，有自信了，越写越顺了，见到成果了。

◎ 贵在坚持，赢在执行

一位读者在来信中，给我讲了他学习演讲循序渐进、慢中见快的例子。

尊敬的殷老师：

您好！

我是您传授当众讲话的受益者。我忍不住要给您写这封信，向您汇报一下我的收获！

2010年底我在当当买了您的书，因为当时要在部门内部做个汇报。我属于当众讲话无胆的那种人，认真看了您的"三定"法，我上场时果然不紧张了，它着实给我带来很好的效果。

接着我又到您的博客进行学习。最近一个多月，我每晚坚持练习半小时耳语，从元旦练到春节后，现在仍继续。我打印了五张写着绕口令的纸，每晚用耳语法念两遍。最初很吃力，但坚持下来，我明显感觉自己的舌头灵活了，并且气息顺了！以前我的声音比较哑，读到一半就感觉很累，读不动了，现在这方面的困扰没有了。同事们也感觉到了我的变化，我告诉他们要用说悄悄话的方法来练习，并推荐了您的书。

对我而言，毅力不是问题，是方法。所以，我非常感谢殷老师传授给我们切实可行的有效方法。接下来，我要践行"一字悟"，因为在没有准备下发言，我的思路有些混乱。看了您的博客，知道解决的最好方法是坚持写"一字悟"。所以我要继续坚持！

真希望有同样困惑的学友们可以早点看到您的书，并身体力行，向殷老师学习，在方法正确的前提下，贵在坚持，赢在执行！

这位读者以不急不缓的心态和循序渐进的方法学习当众讲话，先用"三定"法练胆，再用耳语法练声，再写"一字悟"练习讲话内容，值得大家借鉴。

3. 烦躁：难耐重复练习

多数人喜欢新奇，多数人对重复的工作和学习不胜其烦，这是人的天性。既然重复和天性相冲，为什么还须耐得住烦躁，不断地重复？

因为重复是量变到质变的过程。先有量的积累，再有质的变化。

天才一定是重复最多的人。

我自己从重复练习中尝到甜头，所以在演讲课教学中，不断对学员强调"天才就是重复最多的人"。

想让自己由内向变外向，就加上手势练习"速度、力量、激情"，每天练习 100 遍，坚持 21 天，就是 2100 遍。2100 遍的练习之后，你讲话就会不由自主地手舞足蹈、眉飞色舞，语言就自然充满激情了。

想让自己由面无表情变为笑口常开，就每天练习"引"字 100 次，坚持 21 天，就是 2100 次，微笑就变成习惯了。

想让自己讲话的结构条理清晰，好听好记，就把自己写的"四说"结构作业背诵 100 遍，以后只要写讲话稿，你就自然会用"四说"结构。

网上有位作者在《意林·上学那些事儿》中讲到学习为什么要重复时说：

念书就是积累，念书就是重复，念书就是循环，念书就是铁棒磨成针的功夫，念书就是"宝剑锋从磨砺出"的磨砺，念书就是步入"会、熟、精、绝、化"的阶梯。

书念十遍谓之会，书念五十遍谓之熟，书念百遍谓之精。

将课本中的每一个句子积累，重复，循环一百遍，积土成山，风雨兴焉，犹若神笔马良，说话、下笔、答题如有神助。

"会熟精绝化"五个字，将重复过程说得特别到位。

会——基本掌握，熟——熟能生巧，精——精益求精，绝——美妙绝伦，化——出神入化!

这五个阶段，就是量变到质变的具体过程。

这也是一个人做事要达到的境界!

◎ 无声文字到有声语言

我自己对"会熟精绝化"五个阶段，有着切身体会。

海子的诗歌《面朝大海，春暖花开》，我已经重复背诵了1000遍。虽然不敢说精彩绝伦、出神入化，但是动作、表情、语言都已经长在了我身上。在任何场合下，我只要在朗诵前复习一遍，便可以打动每一位现场观众。

有一次，我在珠海某海景茶室聚会上朗诵这首诗。听后，主人说："情景交融，听得我浑身起鸡皮疙瘩。"还有一次，我在重庆大学领军人才班的结业晚会上朗诵，学员说："听了殷老师的朗诵，好想到海边再谈一次恋爱啊。"

我的好朋友蔡新华写的诗《霸王别姬》，我特别喜欢，背了有2000遍。所以在朋友聚会时只要一朗诵这首诗，就有各种评价：有的说"头皮发麻"，有的说"汗毛都竖起来了"。

经过三十年播音主持工作的锻炼，我具备了把无声文字快速变成有声语言的能力，可以达到读一遍稿子就能声情并茂地朗读。

有一年在北京讲课，课后我和几位喜欢朗诵的朋友在某茶馆小聚。一位朋友提议说，请殷老师给我们朗读一段作品吧。

正好凤凰卫视出版中心主任张林带来了他为河南登封法王寺方丈释延佛撰写的传记《俺娘》，我选了其中一段，默读一遍"母子衣食无着，住在破窑洞……"字句后，开始朗读，读完，朋友不禁落泪。

在场的凤凰卫视华人教育家大会总导演应承龙，听后马上邀我担任2020年凤凰卫视世界华人教育家年度颁奖大会的主持人，并由我来宣读颁奖词。

◎ 没持续，没水到渠成

在教学过程中，我经常会碰到两类学员：一类是用耳语法练习有效，一类是无效。

练习有效的会欣喜地告诉我："老师，我的声音现在有共鸣了，讲课再多嗓子也不哑了。"为什么这些学员用耳语法练习有效？答案都是：坚持练习，水到渠成。

而练习无效的都会问我："老师，我的嗓子怎么还是嘶哑的呀？"

我问："你坚持练习耳语了吗？"他说："我练了呀，我跟着班级的21天练习群练了呀。不过，后来一忙我就没有练了。"

我说："你的问题就在这里。投入产出成正比，如果你一直坚持练习，嗓子嘶哑问题一定可以解决。因为你只练了21天就中断了，所以效果也中断了。"

4. 行动力匮乏：身心被懒惰支配

脑子里总想得头头是道，恨不能日行万里，但因为没有行动而停在原地。这是行动力匮乏的表现，懒惰羁绊行动。

一位企业家上完我的课后写道：

今天的演讲训练，使我获益良多。老师对我的演讲点评时，提出三个问题：一是笑定不够；二是语言不够流畅；三是手势不够，比较拘谨。回想起自己的表现，这几个问题其实同出一辙，就是平时偷懒，写完稿子不练习，不够刻苦，准备不足。

怎样改掉有心无力、光想不练、懒于动手的坏习惯呢？可以从动笔开始训练自己，那怎么动笔呢？

先找一个最容易的点做起。

比如，怎样写出一篇逻辑严谨、说服力强的演讲稿呢？

写一篇最简单的"一字悟"。每天复盘，用三个"一"写出一天中感悟最深的事情：一个字提炼出观点，一句话加以解释，再举出一个例子。一百字左右，就像写一篇小微博。

来看个"一字悟"的模板。

练。（一个字观点）

好口才是练出来的。（一句话解释观点）

例如：我的痛点是：表情僵硬。我准备重点练习笑定，每天练习 100 遍"引"字。（演示）坚持练习 21 天，把微笑变成我的招牌表情。（一个例子）

做不到一天一篇，就一周一篇，坚持一年，写纸稿子成了习惯，你的演讲水平便稳步提升。

这样来化解难度，就能迈出艰难的第一步。

坚持者的素养

做事若想坚持下去，我总结出要具备的五条素养：目标、相信、专注、寻根、方法。

1.目标：订一份与未来的合约

坚持要有目标。我将目标看作当下的我与未来的我订下的一份合约，既然是合约，当然得按照契约精神认认真真完成。

一位读者在购买了《练好口才的第一本书：进阶训练版》后留言道：

不积跬步，无以至千里。殷亚敏老师在书中对如何讲话、如何讲好话提到了一个简单方法，简单到每天只要花五分钟。难吗？不难。能做到吗？很难。那就试试吧。将每天坚持五分钟朗读报纸杂志的小作业持续三个月，三个月后再回过头来看看你的表达能力、口齿流利程度以及讲话的专业性，与之前相比是不是有了一个飞跃。

我的教学目标是什么？让学员学了就能用，"学以致用"就应该成为学员追求的目标。怎样学以致用呢？就是练。听不如看，看不如练。

印度有句谚语说得好：告诉我的，我忘记了；表演给我看的，我记住了；我自己动手做过的，我记住了一辈子。

这句谚语中说的"我自己动手做过的"，就是练习。只有通过课上课下反反复复的练习，眼、耳、脑、手才能共同参与，记忆才会深刻。

所以，在18年的教学中，我紧紧围绕着"练"，课上带着学员练，要求学员课下练，在不间断的多样性练习中，让他们学会演讲，讲得精彩，真正做到学以致用。

◎ 听不如看，看不如练

一位上了两天课的学员写道：

上殷老师的课，谁都别想打瞌睡，因为练习贯穿始终。我大约算了算，两天课站起来练习不下60次，面对观众练习不下20次。就是在这种反复练习中，我的胆量不知不觉提升了，演讲技能不知不觉学会了。

演讲观点要口诀化，过去我只是给学员讲，但是缺少现场练，所以学员掌握得不牢固。怎么办？冥思苦想之后，我终于想出一个现场练习的办法——小组讨论法。来看我在南宁某总裁班讲课时的做法。

第一步，每个小组讨论出殷老师演讲课的三个特点，再把这些特点穿成一个常用词。第二步，各小组代表上台将常用词写在白板上。第三步，用总—分—总的结构向全班解释本小组总结的口诀。

各个小组的讨论十分热烈，集思广益，总结的口诀是五花八门。

第一组：殷老师的课是"运动会"：运，学会丹田运气；动，生动形象；会，易学易会。

第二组：殷老师的课是"风清扬"——风，风趣幽默；清，条理清晰；扬，学完之后神采飞扬。

第三组：殷老师的课是"基辛格"——基，第一天打基础；辛，练习辛苦又快乐；格，传道、授业提升我们的格局。

第四组：殷老师的课是"多动症"——多，教学方法多；动，互动、生动；症，对症下药，解决我们演讲中的实际问题。

第五组：殷老师的课是"精舞门"——精，精准解决演讲的痛点；舞，手舞足蹈、眉飞色舞；门，轻松打开演讲之门。

这样的小组练习是一箭三雕。一是通过现场训练掌握了提炼口诀的方法。二是各小组互相学习，开阔了思路。三是小组讨论激发和培养了大家的创新思维。

2. 相信：让执行力不缩水

为什么要提"相信"二字？因为你不相信的东西，绝不可能坚持。

老子将人分为三种：信、半信、不信。

第一种是信。《道德经》第四十一章："上士闻道，勤而行之。"意思是说有悟性的人听说"道"后深信不疑，而且没有一点疑惑，它就是这么回事，并且勤勤恳恳、坚持不懈地去习练它、运用它。

第二种是半信半疑。"中士闻道，若存若亡"，意思是说悟性不高的人听说"道"有时将它放在心上，有时却忘得无影无踪，并且半信半疑。既不全信又有些信，既不否定又心怀一定的疑问。

第三种是不信。"下士闻道，大笑之，不笑不足以为道"，意思是说完全没有悟性的人，一听说"道"就大笑不止，认为荒诞不经，所以大笑，表现出鄙视、讥笑，持完全否定的态度。

这三种人中，哪一种人能成功？第一种，因为信了，就会去干，踏实干，坚持干，这样才会离成功更近。

来看梁同学，因为相信老师教的理论和方法，就真学会了演讲的例子。

◎ **信了就好好练**

练习一个多月了，潜移默化中，它影响了我生活的方方面面。刚开始练习的时候，老师强调说，尽量对着镜子练，并且尽量做到面带微笑。最初，我并不清楚这有什么作用，但我还是老实地按照老师教的方法带着微笑去练习，慢慢地，我发现效果了。

上周日，我们乒协的新干事见面会上，轮到我做自我介绍。我全程面带微笑，表情、动作都很自然，介绍完得到大家的掌声。因为经过微笑练习，我特别自信、放松，说话也变得幽默了。我后来发现，是笑容让我表现得如此自信，全身散发出一种特别的魅力。由此看出，笑可以给我们的生活带来许许多多的积极影响。所以，嘴角上扬，多笑一笑吧！

梁同学开始并不清楚练习微笑会有什么作用，"但我还是老实地按照老师教的方法带着微笑去练习"。之所以"老实地练习"就是因为相信老师，而在练习中，他也"慢慢地发现效果了"。

3. 专注：为效果做担保

什么叫专注？专，是专一；注，是注意。专注是指人专心致志做某一件事情的心理状态。

在演讲基本功训练中，做到专注，才有效果。例如，耳语《人一之》的练习，主要是达到两个目的：一是练习气沉丹田，二是练习持之以恒。

我在多个 21 天练习群中看到，有的学员在课后练习中，每天也是练习 20 遍，也连续练习 21 天，却没有效果，为什么？因为没有做到专注，动作太快且无力，眼神飘忽，一看就是走过场。

怎样做能达到专注呢？拿练习耳语《人一之》来说。

想内容。"人一之，我十之；人十之，我百之。百折不挠，滴水穿石。"说哪一句，就想哪一句的内容。

手势有力。比如，做"百折不挠"的手势，左手从肩部往前打出去的动作要用力，不能软绵绵；手一旦用力了，脸上的表情自然就是坚定的，眼神中就会透露出一往无前的信心。这样做的练习，每次印象深刻，很有精气神，坚持下来，不光学会气沉丹田，而且会改变一个人的精神状态，不急躁，心平气就和了。

4. 寻根：搞清楚来龙去脉

搞清事物的来龙去脉是为了探究事物本质，找到正确方法，不至走上歧路。这个过程需要追根溯源、寻根问底，付出非凡的努力和坚持。

怎样寻根问底呢？我常用三个步骤：质疑、寻根、比对。以演讲中常见问题打腹稿为例。

（1）质疑

很多初学演讲者都把打腹稿视为高水平演讲的体现。在长期的教学实践中，我发现演讲中出现卡壳、忘词等尴尬的现象，都是打腹稿惹的祸。我对"打腹稿"的行为产生了怀疑。

（2）寻根

我特意上百度，找到了"腹稿"二字的出处。

百度的解释：

腹稿，是内心酝酿成熟以供表达的诗文构想。源出自《新唐书·王勃传》："勃属文，初不精思，先磨墨数升，则酣饮，引被覆面卧，及寤，援笔成篇，不易一字，时人谓勃为腹稿。"意思是说，王勃在动笔写作之前，就是先研墨数升，再酣畅饮酒，然后以被蒙面而卧，思索一段时间，忽然坐起，挥笔疾书，一气呵成不改一字，被称为腹稿。

（3）比对

我将"腹稿"的典故出处与演讲打腹稿做对比，得出三点看法：

体，文体不同。王勃打腹稿，不是为讲话，是为写诗文。演讲打腹稿，是为了当众讲话。这二者有什么区别？写诗文打腹稿是个人创作，无须面对观众，所以不紧张，也不担心忘词；讲话则要面对众多观众，紧张不可避免，一紧张便忘词，只有腹稿会加剧忘词。

写。王勃打腹稿，是为写而做的前期准备，最终还是要落笔成文字。而演讲打腹稿，干脆取消了文字写作，单靠大脑粗略构思，遣词造句无法修改打磨，难以做到结构严谨、层次清晰，语言表达也就无法准确流畅。

长。王勃的腹稿准备时间长，从准备笔墨纸砚、饮酒、睡觉到写作，最少要半天，认真严谨。而上场前匆忙打个腹稿，缺乏充分的时间和严谨的态度。天才王勃还需要半天来酝酿构思，初学讲话的人登台，既无足够才华，面对观众又有压力，单凭一份看不见摸不着的腹稿，怎么可能一气呵成？

经过这三个步骤的寻根问底，我就更加坚定了"初学讲话者一定要先写后说，不能只打腹稿"的观点，并运用在演讲教学实践中。

5. 选对方法靠多试

古人说，得其法者，事半功倍;不得其法者，事倍功半。如果方法不对，坚持做下去，浪费了资源，除了事倍功半，还会南辕北辙。

大多数人做事无法坚持。为什么? 我在演讲教学中发现，其中一个重要原因是缺好方法。好的方法来自哪里? 唯有多试，不断地试。

先有正确的方法，再说坚持。而正确的方法来源于不断地尝试，试得越多，便积累了足够的实践信息，哪一个更好，哪一个差一点，自会辨出，适合自己的方法便找到了。

学习演讲也是如此，方法正确是第一。所有大学的播音主持专业教用气发声都是用胸腹式联合呼吸法。但是这个方法过于学术且很复杂，学生很难掌握。我当年在北京广播学院学了一年，后来经过十年的练声实践，也没有完全掌握。直到我发明了耳语练声法，才找到了练声的最佳方法，让学生能一听就懂、一学就会。

厦门工学院一位教师听了我的课后写道:

一直以来我都为自己平时讲课因不会发声而造成嗓子干哑这个毛病感到苦恼。在网上、书上找了很多方法，很难掌握。今天殷老师介绍了一个特别好的耳语练声方法，教会我如何气沉丹田，掌控好自己的发声，对我很有用。这也是我一直寻求的方法，受益匪浅。

我在本书第一章"学演讲要有大道至简思维"里，全面介绍了学习演讲简单有效的方法，读者可以参看那一章，先学习方法，后坚持练习，一定可以收到好的效果。

◎ 我的脂肪肝消失了?

四十多岁时，我得了脂肪肝。看到资料说，运动可以消除脂肪肝。我先是游泳，坚持了十五年，但是一体检，脂肪肝依旧。又听说快走可以消除脂肪肝，我又走了五年，还是不行。

2019年5月，我接触到了双腿下蹲练习。这是一位叫祝总骧的经络学家提出的，他说这个练习除了锻炼腿部肌肉，还预防心肺疾病。我照着做了一年。第二年看到体检报告，过去年年存在的轻度脂肪肝消失了。

我跑去问医生："是不是搞错了？"医生回答得挺干脆："没错，你现在没有脂肪肝啊。"

为什么我的脂肪肝在不知不觉中消失了？我想是经过长久的下蹲训练，让我的体重减轻五公斤。身体负重小了，腹部脂肪就少了，肝上的脂肪也随之减了，脂肪肝就自然消失啦。是不是这个逻辑？

游泳、快走能够消除脂肪肝，方法都没错，但不适合我，再坚持也不会有效果。而下蹲练习这个运动正适合我，无论晴天雨天，室内室外都可以做，20个一组，每天只做5组，用适合自己的，才是有效的坚持。

亲身体验，让我明白了方法正确是第一位，坚持是第二位。反之，坚持就是白白浪费时间。

恒心的锤炼之敏于行

学员赖同学说：

恒心是最让我头疼的一个问题。我的父母都说我是三分钟热度，什么都学不完整。小时候学电子琴学到六级放弃了，学书法学到一半不想学了，学习学到一半跑去打游戏。我一直都没办法耐下心来好好将一件事做完。

记得曾经有个老师和我说过："你最大的弱点就是没有恒心，如果不改掉，你永远也成不了大器。"我很清楚，很明白，可就是做不到。

老师、家长都能看出来问题，但给不出解决方法。我在18年的教学实践中，总结出一套培养恒心的方法，90%的学生、学员都行之有效。

我与大家来分享这些方法。

坚持的方法，从大方面来分，就是两类：敏于行、恒于行。

孔子说：勤于思，敏于行。只有"敏于行"，"勤于思"带来的思考才能落地，不会成为空谈。

1. 为什么要敏于行

（1）免忘：人是健忘的

很多事情，不马上做，一放一搁置就扔到了一边。例如，我的微信经常收到学员发来的学习收获，有照片有文字。我看到可以作为讲课用的，就马上放在微信收藏里，但仅此而已。之后，我并没有将它们补充到课件中，甚至一年后，很多好案例还一直留在微信收藏里。

我发现这是缺乏"敏于行"，行动力不够，便着手改进。现在只要发现好案例，马上充实到课件里，再也不等不放了。

有一次，汕头澄海高级中学的一位教英语的丁老师上了我的课，坚持练习耳语21天后，把练习效果发给了我。

坚持练习下来，我惊喜地发现平时说话声音都变得响亮清澈了些！作为一名英语老师，特别明显的感觉是，我竟然发现自己不再像以前那样上课一直靠吼了。哈哈，原来不知不觉地我学会了用腹部力量支撑气息，即便我连续讲完两节课，也不会像以前那么累啦！

当时，我正要去湘西沅陵县为当地某小学的老师上一节公益演讲课，看到这个案例，正合适且用得上，便开始行动，把丁老师发来的照片和练习效果文字放到课件中。以老师的案例来告诉老师，讲课时效果喜人。

（2）先敏后恒：总有量变的时候

敏于行和恒于行是因果关系，没有敏，就没有恒。所谓恒于行，就是马上开始练习的日积月累。

◎ 培养"马上行动"

在某个为期两天的短期培训中，我根据上午所讲内容布置了午休时的作业：每人进行五次眼定练习。

我开玩笑说，咱们做个"对赌"协议：全班人人都练了，下午上课，我首先为大家朗诵一首诗，如果班里有一个人不练，我就不朗诵。

这么一"对赌"，学员的积极性就被调动起来了，他们先完成了我布置的练习，再吃午饭。下午上课，我当然兑现承诺，朗诵了苏东坡的词《水调歌头·明月几时有》。

第一天的课程结束时，我又布置了课后练习：对照自己的演讲难点，选一个有针对性的课上练习内容，回家后继续练习，第二天上课人人在小组做汇报演示。

上完课不紧接着做课后练习，课上效果就会大打折扣，浪费了时间。我留作业的目的，就是让学员养成马上行动的习惯，天天重复"马上行动"，一年后回头看，不就实现恒于行了嘛。

（3）自己轻松：做了才能放下

冯唐在《在江湖上混要养成的10个好习惯》中写道：

第八个习惯是执行。万事开头难，所以见到事儿就抽手立办，马上开头。不开头，对于这件事儿的思绪要占据你的内存很多、很久。见了就做，做了就放下了，了无不了。

这话的意思就是，老是想着就是不做，心里就会老挂着这件事，心烦意乱，心里不清静。而你马上去做，做完了，心里就清静了、轻松了。

比如，我每天要用耳语背诵十首诗歌，每天想到就练，早练完，早轻松。晚上躺在床上一想，今天的练习都做完了，睡觉都踏实。如果该练的内容没练习，心里就老牵挂着这件事，就会自责自己，精神上老是被一个包袱压着。

2. 外力推动是被动改变

人人都有惰性，有时候是需要用外力推动减少惰性，再逐渐形成内力的自觉性。比如，布置作业法、马上建群法、做表率法、看视频法，这几个方法都是借助外力推动自身的行动。

（1）布置作业法

夸奖他人是有效的人际沟通法，我的学生开始持不信的态度。我把《夸三人》作为作业，要求人人去夸三个人，并记录下来作为作业上交，学生不得不硬着头皮去做了。

◎ 逼出来的作业

来看唐同学的例子：

我是一个不善于表达自己感情的人，特别是对他人的赞美之情。中国人谦虚的优点同样也将我们带入一个误区，那就是，赞美别人就是奉承。所以，我们开始藏起自己的好话，说出的好话也未必出自真心。这是可悲的。殷老师告诉我们只要坦诚地说出好话，就能给自己也给别人带来快乐。

起初我是不信的，但由于老师布置给我们的作业就是记录说好话的经历和体会，我只好"霸王硬上弓"，试着对周围的三位朋友说好话。结果我顺利地完成了这次作业，因为我发现这的确是个"双赢"的行为。我学到的是原来简单的一句赞美就能带给两个人快乐，我改变的是自然坦诚地说出自己的赞美。

虽说是被老师逼着"霸王硬上弓"，毕竟马上行动了。这一行动，尝到了甜头，坚持下去就容易多了。

（2）马上建群法

一般两天的演讲课程结束前，我都会让学员马上面对面建立 21 天微信练习群。每人交 210 元，练习 21 天。每天必练内容《人一之》，20 遍耳语，21 天练习结束，坚持练的全额退钱，少练的一天扣 10 元。

为什么要马上建群，马上交钱？为了趁热打铁。如果当时不建群，下了课，大家各奔东西，再建群就很难。一入这个 21 天练习群，当天就开始做课后练习，大家互相监督，互相比较，就容易坚持下来。根据我的统计，90% 的学员都能坚持到最后。

这个方法有什么好处呢？来看清华总裁演讲班黄同学的体会。

◎ 好面子不全是坏事

从第一次上殷老师的课程到今天有两个月了。刚开始练习《人一之》的时候，因为有 21 天的硬性作业要求，并且同学们都交了完成作业的押金，一天没有完成作业就要被罚款，所以不敢偷懒，完成了 21 天的练习作业（偷笑）。

这两个月，我完全是从被动练习转换到主动练习，到现在我每天晚上还要坚持练习 15 分钟的耳语和《人一之》，主要原因是自己收获了练习带来的好处。

在这里我总结为"三好"，分别是好心情、好精神、好自信。下面我再来介绍一下什么是"三好"：

好心情。因为练习"引"字，每天脸上都保持笑容，心情自然就开朗，别人看到你的心情不错，也愿意和你亲近，人与人之间的心情是可以相互影响的。

好精神。我之前每个星期基本上会有一次 30 到 50 公里的单车骑行运动。因为要工作，每个星期只能骑行一次，二者在时间上还经常冲突。但是耳语练习可以每天练，随时随地练，我发现现在每天练 15 分钟的耳语和过去一个星期做一次三四个小时的运动对比，我的精神更好了，腰围也瘦了一寸左右。

好自信。练习《人一之》，还是锻炼说话吐字清晰的好方法。我的家乡口音很重，别人经常听不明白我的普通话。有次碰到一个几个月未见面的朋友，他却赞扬我的普通话进步了：吐字清晰，说话有力道。朋友特别咨询我用了什么方法。被别人发现进步真是件开心事，所以我的自信心越来越强。

21 天练习群法为什么有效?

黏性。靠 210 元钱把学员黏在一起。如果不交钱，只是嘴上说一说，即便建了群，很多人也做不到马上就练，无法制约。而 210 元钱一交，谁要想不练，扣钱会心痛；若去要钱，又不好意思，所以就勾着他坚持下去。

面子。每天打卡，就是个面子问题。每天群里打卡的目的，就是公示一下谁练了，谁没练。练了的为自己的坚持骄傲；没练的，就觉得丢了面子而惭愧。

人人希望自己被人夸，不愿意被别人看成是无恒心的。别人有恒心你没有，就很没面子，自尊心很受伤呀。自然就逼着自己天天练习，按时打卡。

从 2017 年到现在，我在课后建立了大约六十个 21 天练习群，95 % 的学员都能坚持练习 21 天。

（3）做表率法

一般来说，父母等一些长辈是做事敏于行的人，孩子就会敏于行。为什么? 因为耳濡目染，身教重于言教。

◎ 母行子效

我在清华总裁班讲课时，东莞一位幼教集团的董事长告诉我，父母身教法对培养孩子的恒心非常有效。

她列了一张"突破自我练习表"，规定每天练习《人一之》20 遍，表上的空格是让十岁儿子每天签字。每天练习时，儿子在身边监督，练习完则签上自己的名字。

母亲练习了三个月，儿子签字三个月，也跟着练习了三个月。

这三个月，母亲从未强迫儿子和她一起练习，但是孩子天天站在边上看母亲做练习，出于好奇心，孩子便不知不觉地和母亲一起练习了三个月。

母练子监督法的好处很多：孩子练习耳语后，学会了用气，声音好听；和母亲一起度过了共同成长的快乐时光。这对孩子来说，是一个很巧妙的外力推动法。

以命令方式让孩子练习，出于逆反，他不一定会练习，而让孩子管父母，孩子就很乐意。他天天站在你身边监督你，也乐此不疲，孩子在不知不觉中受父母影响，养成持之以恒的习惯。这就是身教重于言教的魅力。

为了培养孙子敏于行的习惯，我就注意给他做身教的榜样。

比如，孙子四岁，看中国历史和人物的绘本时，看到铁拐李这个人物，他就问，为什么叫铁拐李呢？我也答不上来，就对孙子说，知之为知之，不知为不知，是知也。爷爷也不知道，我现在就让手机来告诉我。当着孙子的面，我用手机查铁拐李的来历，查到后，马上给孙子读资料。

我为什么要马上查资料？一是及时解答孩子的疑问，二是为孩子树立虚心好学的榜样。大人也有不懂的知识，没有问题，我们可以向网络请教。孩子以后遇到了不懂的知识，也会马上向书本或者网络请教。

我坚持马上做马上查，就是在不知不觉中培养孩子的敏于行。

◎ 复印机和复印件

学员明杰在自己的微信公众号里分享了身教带动孩子行动的心得。

小女儿在幼儿园参加了英语兴趣班，老师经常要求她们每天读英语，并上传语音或视频到班级群，不过不是强制要求。

有时，我工作或家务一忙，就想偷个懒，没有给她录音频或视频。

今天我跟孩子爸爸聊天，我说我坚持每天学习英语有 120 多天了，语感提升很多。

孩子听了，对我说："妈妈你好优秀啊，我也想像你那样坚持学英语。你要抽时间帮我录音上传到班级群。"

我马上道歉，说："以前妈妈没有重视，很抱歉。"

孩子很认真地教育我："清华老师都教你了，'简单练到极致就是绝招'，'天才就是重复最多的人'。"

她的意思就是练习很重要，要多练习。我笑了，问："我的老师教的东西你怎么会记得？"她非常得意地说："你在练习的时候我也在跟着练习，我也会背了呀。"

父母是什么？是复印机；孩子是什么？是复印件。你的行动力强，耳濡目染，孩子自然就复印了你的行动力。

（4）看视频法

我在讲完耳语练声法时，为了调动学员马上练习的积极性，就播放了王德顺老人的一个视频。老人通过常年坚持健身和游泳练腹肌，80岁的时候还可以一身肌肉赤裸上身走T台。

深圳创维商学院的李同学看过视频写感想："我在演讲中的这些问题，都是可以通过坚持练习而改变的。台上一分钟，台下十年功，从容的背后是无数次坚持。每天坚持五分钟练习，坚持21天，这样就能养成一个好的小习惯，改变就从此刻开始。王德顺老人80岁依旧最炫，何况正当壮年的自己！"

◎ 换个方法

小孙子三岁的时候，我让他练习绕口令《八百标兵奔北坡》，他开始觉得新鲜，可是练了几遍背不下来，就不再练了。我用了一个看视频的办法。

我把《中国第一刀》的视频放给他看。这个视频讲的是解放军三军仪仗队领队李强刻苦练习插刀动作。其中有一个细节：为了在三秒钟内完成将指挥刀从拔刀到插刀的完整动作，他白天蒙着眼睛练，晚上关着灯练，手经常被刀尖扎破，半年扔掉200双被血染红的手套。

看到这个场景，小孙子感动得流下眼泪，不等我开口，自己就连着练习了20遍《八百标兵奔北坡》，背得滚瓜烂熟。

3.内力推动是自我更新

内力推动是自己主动求变、主动行动的方法。我用的内力推动法主要为试一试法，就是抱着开放的心态，对新生事物勇于尝试。

◎ 体验和感受决定下一步

有一次和朋友聊天，他说有一种治疗颈椎痛和肩周炎的方法非常有效，我说好啊，演示一下。

他就开始给在座的朋友示范。站立，双脚与肩同宽，双手在腰两边自然下垂，然后抬后脚跟，同时双手从下往上甩，一直甩过头顶，重复100次。有的朋友只看不动手，而我跟着练习了100遍。

一体验，发现这个动作有一箭多雕的效果：一是从下往上甩手，反向思维，对肩部、臂部的锻炼效果明显，比我过去从上往下甩手效果好；二是抬脚后跟让腿部得到了锻炼。

我尝到了甜头，就开始自觉练习，到现在坚持了两年多，明显缓解了我的颈椎疼痛。练习时间比过去节省了一半，效果则好了一倍。

而那些不肯当场跟着练习的朋友，就是因为缺乏这种"试一试"的开放心态，没体验，没感受，自然会错过一个好方法。

我的一些创新演讲教学方法都是抱着试一试的心态调试出来的。

在"双人舞"练情法教学中，怎样让学员体会到这门课对辅导孩子的朗读有帮助呢？有一天我在读朱自清的散文《春》时，发现"坐着，躺着，打两个滚，踢几脚球，赛几趟跑，捉几回迷藏。风轻悄悄的，草软绵绵的"这段文字特别适合加动作。我就想在"双人舞"教学中放上这段文字并配上动作，学员学会动作之后回家还可以教孩子。

冒出了这个想法，行不行呢？我也没把握。转念一想，没关系，先试一试再说。拿到课堂上，让学员自己加上动作练习，结果人人手舞足蹈，气氛热烈得停都停不下来。

试验成功了。

4. 微行动，变难为易

万事开头难。很多人不肯开始行动，一想这个太难了，还是算了吧，就拖沓，总不肯开始。如果把"开头难"变成"开头易"，行动力就会大大增强。

要想恒于行，先要敏于行；要想敏于行，先要微行动。

为什么要微行动在先？

通过微行动能减轻压力，把"开头难"变成"开头易"。

具体来说，微行动法的好处是：不难、不怕、不惰、不苦、不小。

不难。微小行动，很容易做到举手之劳，就做成了。

微行动人人可做。这个世界上，意志力强的人总是少数。所以，微行动，就是为大多数人准备的行之有效的方法！

比如，小学生学习感恩的微教育行动"感恩情，尽孝心，温情微行动"，分为"查查看、做做事、捶捶背、洗洗脚、拍拍照、说说话、写写文"，这样细分到每个孩子都可以做到，尽孝心行动就很容易落实了。

微行动容易做，还可以从人人看手机来反证。为什么现在的人一个个拿起手机便放不下？就是因为手机中太容易找到有趣的东西。过去没有吗？有，但是在书中，在报纸上，在电视里，书、报纸、电视机不会总在你身边，不容易马上得到，也就很难上瘾。而现在，手机时刻跟着你，随时随地，你的手指一点一滑，就看到一个有趣的内容，再一点，又一个有趣的，特别容易。就在一点一滑的微行动中，你被一个接一个的有趣内容吸引而上瘾，抱着手机不撒手就成了习惯。

不怕。微行动可以有效克服畏难情绪。

南怀瑾老师说：

说到写文章，我曾和年轻的同学们谈到，为什么写不好文章：开始面对稿纸，就已经害怕了一半，手里拿起笔又害怕了一半。笔和稿纸齐全了，却一个字都写不出来。原因是在自己心里老想"我现在写文章了"，那就写不好。其实写文章没有什么道理，拿到纸笔先不要当作自己写文章，当自己放屁好了，爱放什么尽管放，想到就写。

完稿以后，放下笔，自己再看，对与不对再作修正。就像房屋中的家具一样，椅子放得不对，把它搬一搬，桌子的位置不好，搬一搬，几次一搬就对头了。

南怀瑾老师讲的这个比喻"话糙理不糙"，目的就是让你降低期望值，放下包袱，克服畏难情绪。

◎ 火花要的不是条理和结构

对南老师讲的这个道理，我也确有体会。我的五本书就是这么写出来的。我写书的第一步都是先写"火花"。比如写这本书时，我先写"演讲思维偏方思考火花"，围绕着主题，想到哪儿写到哪儿，没有条理，没有结构，都是点状思考，全部记录在"火花"里。等这些思考的火花记录了近百万字，再进行梳理、分类和修改。

这种写法，如闲云野鹤，轻轻松松，没有压力，人就在无拘无束中思维开阔，灵感频发。

不惰。微行动会带来新惯性！打破惰性。

我在研究中发现：惯性即惰性。比如，晚上不想睡，是白天一直在动的惯性。早上不想起，又是睡了一夜形成的静的惯性。而要打破这个惯性，就是马上行动不犹豫。晚上到点就躺下，早上一到点马上坐起来，一躺一坐，惯性就被打破了。

再比如，我的胃口很好，吃饭经常吃到撑。为什么会撑得慌？因为我坐在桌前一直不起来。不起来，顺着惯性就会一直下筷子。等感觉到饱，已经吃过头了。

怎样克服？吃到七八成饱就站起来，打断继续吃的惯性，稍停一会儿，就不会想吃了。

不苦。在微坚持中容易体会成功的快乐。

微行动的依据，老子两千年前都已经告诉我们了：天下大事，必作于细，天下难事，必作于易。这个"易"，就是微行动呀。

从容易的事情高高兴兴地开始做。每天的微目标、微行动，就是最好的"易"。坚持每天的"易"，最后就能把"天下难事"做成。写书是个难事，但我每天坚持写500字，是"易"，是微行动，坚持一年，书就写成了，难事就做成了。

一位美国学者说："以完成一些事情来开始每天的工作是十分重要的，不管这些事情多么微小，它会给人们一种获得成功的感觉。"

这种感觉无疑有利于激发毅力。

不小。大和小是相对的，一天是微小，但是日积月累，就是巨大。

同一个地点，一只蜗牛每天向前进步1%，一只蜗牛每天向后倒退1%，试问一年后，它们相距多远？

你肯定会说，才前进了1%，最后还不一样？

事实上呢？

一年的光阴，努力一点点的蜗牛取得的成就为37.8（1.01的365次方），退步一点点的蜗牛成绩为0.03（0.99的365次方），努力是退步的1260倍！

人不是蜗牛，但是我们应该学习每天前进1%的"蜗牛精神"。一年下来，十年下来，进步是巨大的。

我总结的微行动方法包括微时间法、微目标法、微动作法、化整为零法、滴水穿石法。

（1）微时间法

刚开始行动时，将每天坚持练习的时间设置得短一点，就会没有压力，容易开始。

◎ **摸索自己能承受的微时间**

宋同学：

从坚持练习《人一之》和写"一字悟"中我学到了恒心。有了恒心，就没有所谓做不到的事情。

开始练习《人一之》时，确实很难坚持，于是我就给自己减轻压力，每天只需要做五分钟练习就算完成目标了。就这样，每天五分钟，我坚持练习两周后，轻轻松松就把练习变成一种习惯，我再不需要刻意提醒自己该练习了。洗澡时，《人一之》是我的"背景音乐"。准备睡觉时，《人一之》又成了我的"睡前牛奶"。

五分钟练习法，让我学到，有恒心不是那么难。通过练习《人一之》，我收获最大的不是掌握了如何发声的方法，而是在坚持的过程中，那份令人感触良多的经历。

每个人对微时间的承受力不一样。宋同学是5分钟，而胡同学是20分钟。

胡同学：

不知不觉中，《人一之》的练习已经持续了四个星期。即使每天仅仅花费20分钟，但乘28就变成了整整八个小时。

如果在这门课开始之前告诉我，要将这一单调的声音、动作、表情、气息的练习重复八个小时，我肯定第一时间就放弃了。但是每天只需要20分钟，28天坚持下来，我丝毫没有觉得厌烦、浮躁。相反，心态更加平稳了，上课、写作业专注的时间也稳步增加。老师说将简单重复到极致就是成功，除了熟能生巧的道理之外，练就一颗平稳的心也是我的重要收获之一。

这就是微时间的妙处：如果说需要重复练习八小时，就被吓到了；而说每天只需要练习20分钟，其实是殊途同归，在轻轻松松中练习了八个小时。

（2）微目标法

给自己每天定的目标要小，不宜太大。

◎ 目标太大易折

一位网友曾给自己定下一个宏大的减肥目标，却难以实现。

网友：

减肥不是一天两天的事。我是很馋的人。我曾经节食失败，饿一天就挺不住了，第二天暴饮暴食，还不如不减；运动减肥失败，第一天很累，第二天都不爱起床了。

总结经验就是不要把自己逼得太紧了，制订一个长久计划，慢慢来。比如，吃饭的时候，告诉自己"少吃一口"，出门的时候"多走两步"，看似很简单，但是把这些做到了，我一定会慢慢改变。

我让学生写"一字悟"作业，也是用的微目标法。

一个学期中，学生每周只需要写一篇耳语练习的感受作业：一个字观点，一句话解释观点，一个例子说明观点，100个字左右就可以了。目的是通过写"一字悟"来检查学生是否每周练习，同时训练学生的"一简二活"写作能力。

正是因为字数少，学生写起来不吃力，轻轻松松坚持了一个学期，累计有十四篇"一字悟"，积累了十四个观点、十四个例子，写作能力和表达能力得到很大提高。

（3）微动作法

把需要坚持练习的动作简单化、细小化，不要复杂化。

◎ 动作要好学好记

演讲课中的"双人舞"课后练习中，我设计了两个加手势练习的内容。

一个是"成功"："成功就像一个气球。你要想让这个气球又大又圆，就要一直不停地吹气。一旦停止吹气，气球就会慢慢撒气，直到把气撒光。"

另一个是"速度"："速度、力量、激情。"

我让学员自选，他们会选哪个？

几乎所有学员都选了"速度"的练习。为什么？就是因为简单，只有三个词、三个动作，好学好记。跟踪的结果显示，"速度"练习的效果非常好。

华南理工大学 MBA 班的一位学员，坚持练习三个月，告诉我，现在讲话时动作有力，富有激情，整个人的精神面貌都改变了。

清华大学工信部领军人才班的学员肖超，过去说话少气无力，没有气场。坚持练习"速度"后，当他把第 400 天的练习视频发给我时，我看到了一个面带微笑、气场强大的全新形象。

学员的反馈让我明白：动作要好学好记才好开始。后来我就干脆取消了"成功"练习，只保留了"速度"练习。

（4）化整为零法

把大目标分解成小目标。

德国诗人歌德说："向着某一天终于要达到的那个终极目标迈步还不够，还要把每一步骤看成目标，使它作为步骤而起作用。"

这是什么意思？就是把终极目标分解成一个个小目标。

半俯卧撑是我练习上半身肌肉的方法。什么叫半俯卧撑呢？我觉得在地上做俯卧撑太累，就降低目标，在阳台的栏杆上做俯卧撑，觉得这样比较轻松。每天多少次？100 次。为了不给自己压力，我就把这 100 次分成两段。上午写作任务完成后，我在阳台栏杆上做 50 个，晚上睡觉前再做 50 个，每天 100 个的任务一点儿不费力。

三个月下来，我的胸肌、臂肌、肩肌都明显结实发达了。讲课时，我穿着合体的西装，学员经常会感叹：老师的身材太好了！

◎ 攻克单词难关

张同学通过每天耳语练习《人一之》20遍，带来的收获是，将雅思单词化整为零来背诵，攻克了单词难关。

为了获取自己心仪大学学习硕士课程的机会，我必须要通过雅思考试。雅思的最难处恰好又是我的薄弱环节——词汇。背英语单词的过程枯燥、无聊和单调。之前也尝试过，但每次都是半途而废，无功而返。

可是这一次，情况改变了。我把需要背的单词化整为零，每天只背10页。结果，在不到一个月的时间我就"攻克"了一本厚厚的单词书。我做到了，我坚持住了，我胜利了！

现在，我已经养成坚持的习惯，练就了恒心，懂得坚持到底就是胜利！无论枯燥与否，我都要朝着自己的目标一步步走下去。

（5）滴水穿石法

每天投入的时间和精力很少，但是久久为功，终能见效。

◎ 我如何成为"声优"

开始练习耳语，我会每天坚持练习一个小时，经过三个月，气沉丹田已经变成了习惯，再往后，每天只需要拿出十分钟练习耳语，就可以一直保持气沉丹田的状态。现在，每次讲课之前，我只需要三五分钟的耳语练习，马上就气沉丹田，上课一开口洪亮的声音先抓住学员的耳朵。

创维商学院的一位学员在课后心得中写道："从今天殷老师上课开口第一句话，就让我顿然敬佩，简直就是传说中的'声优'，居然在现实中遇到了，那声音深深吸引了我！"

老子说："天下难事必作于易。"从易到难，从寸开始—得寸—进尺—得尺—进丈—得丈……在小的开始中，你看到进步的喜悦，就会一点点坚持到底。

恒心的锤炼之恒于行

说完了敏于行，这一节再来说说恒于行。

恒于行的方法很多，我常用的有：

定量坚持法、定时练习法、给甜头法、趣味练习法、利益交换法、公开宣示法、举一反三法、自断退路法、两个坚持叠加法、榜样激励法、咬牙坚持法、提醒坚持法，读者可以从中选择适合自己的，结合实践练习。

1. 定量坚持法

定量，就是定数量。我的数量基本都是每天 100 次。

为什么要 100 次？

100 次才够量的积累。每次练习十遍八遍，蜻蜓点水，重复的次数少，记忆就不深刻，日积月累也不会有效果。

古人讲：人一能之，己百之；百炼成钢；书读百遍，其意自见；百折不挠。我分析，古人为什么把"一百次"作为坚持的数量？开始应该是实数而不是虚数，不是随口说说，一定是在实践中验证过，提炼总结出来的。只是后人用得多了，才变成虚数。我自己也是在每天 100 次的重复中，验证了"一百次"的效果。

比如，每天凌晨四五点钟睡不着的时候，我就会练习"引"字。只有练到 100 次的时候，才会眼泪直流，哈欠连连，很快就入睡，效果最佳。

便于计算。给自己定一个 100 次的练习数量，清晰具体，便于心中计数。

2. 定时练习法

就是每天都在相同时间段练习。

定时练习因人而异。温同学则是把《人一之》的练习安排在早餐之前。

德国诗人席勒说："只有恒心才能使你达到目的。"殷教授在课上也教导我们："练时要有恒心，简单练到极致就是绝招。"

每天二十遍《人一之》的练习中，最大感受是对恒心的考验。为了提醒自己自始至终坚持不懈地用耳语练习《人一之》，我特别把每天的练习安排在早餐之前，从开学时强迫自己一定要练习《人一之》之后才能吃早饭，到学期末时，已经很自然地成为我的一个生活习惯。

恒心的背后是忍耐和坚持，诚然有时枯燥无味，有时也想偷懒放弃，但这一切最终都不能动摇自己坚持下去的信念。通过一学期的《人一之》练习，我真正体会到了怎样用丹田发声，第一次被朋友称赞说话不再像"林妹妹"那样细声细语了。那一刻，我收获的不仅是技能的蜕变，更重要的是恒心。

3. 给甜头法

我虽然算是一个持之以恒习惯比较好的人，但有时也感枯燥。怎么办？先做枯燥的事情，然后给自己一些甜头。

我很喜欢在家里看电视剧、电影。我就给自己规定：每天上午先完成写作任务（包括写书和讲课小结，修改课件等），下午才允许看。上午写作时，想着下午就可以看电影放松了，心里就好开心，工作起来也很有劲头。坚持把工作做完，往电视机前一坐，给个自我奖励，无比愉悦。

再如，为了坚持读经典书籍，我就许诺自己一个甜头：先看枯燥的书，再看有趣的。每次外出讲课，坐船坐车坐飞机时，我都带两本书，先看南怀瑾的《生活与生存智慧》（这是我的安身立命之书，已经读了30遍），再看《环球人物》杂志，或者人物传记等有故事情节的书。

4. 趣味练习法

听着音乐时，打着节奏时，做饭时，背英语单词时，开车等红绿灯时等等，这些时候都可以用来练习耳语。将耳语练习和自己认为有趣的事情结合，就减少了练习中的单调和乏味。

◎ 打通任督二脉

朱同学说：

最近到了期中考试阶段，每天都是早出晚归地上课，到图书馆复习，身心俱疲。

为了消除身心疲劳，我就试着练习《人一之》。用耳语练习，觉得气息通畅了，加上手势练习，就像打拳做操一样，活动了筋骨，打通了任督二脉，好舒服啊。于是自己的心定了下来，像是充了电，又开始精神抖擞地复习功课了。

一动一静，相得益彰，有趣又有效。

从此以后，每当学习疲惫时，我就开始练习《人一之》。就这样《人一之》的练习一直坚持下来，恒心不知不觉培养出来了。

5. 利益交换法

利益是动力的驱动器。利益互换使每个人的利益最优化。利益交换法分为"现货"交换和"期货"交换。

（1）"现货"交换法

我给你一个利益，你也要给我一个利益，通过交换利益达到坚持的目的。

教小孙子朗诵诗词，我和他奶奶用的就是"现货"交换法。

◎ **捉迷藏和练朗诵**

小孙子很喜欢诗词朗诵，六岁时，听说广东省朗诵协会举办朗诵大赛，他自己要报名朗诵毛主席的词《沁园春·雪》。

虽说是自己主动报名，可是真到了一遍又一遍练习朗诵时的手势、眼神、语气时，他不想练了，觉得很枯燥。

怎么办？利益交换。奶奶知道他喜欢和我们俩捉迷藏，就说："那我们先捉迷藏再练习诗歌，好不好。"孙子一口答应："好。"于是我们仨就先玩儿三十分钟的捉迷藏。

时间一到，孙子自己说："爷爷奶奶，我们开始排练吧。"这时候的练习，孙子认真又专注，不厌其烦，练到满意。比赛中，他拿到了幼儿组一等奖和最佳表演奖。

（2）"期货"交换法

我在 UIC 教了四年演讲与口才课，为了保证学生天天坚持耳语练声，学会气沉丹田，在每学期开学后的第一节课上，我都会公布一份期末"免试协议"：哪位同学能够坚持每天耳语练习《人一之》20 遍，期末的口语考试可以免。

这所学校是全英文教学，我的课是少数中文教学课程之一，学生一听可以免试，简直是天上掉馅饼啊。结果，班上的同学全部报名。

坚持到最后的有多少呢？这四年我一共教了八个班，其中两个班 100% 坚持耳语练习，六个班 90% 的同学坚持。当然，为了学生能坚持，我也采取了一些保障措施。比如，参加免试的练习者每人要宣读一份"诚信承诺书"，期末还要上台宣读"承诺兑现书"，每周写一篇练习笔记，平时上课我还会抽查。

期末免试，就是我给学生的远期利益；学生每天练习 20 遍《人一之》，就是和我交换的条件。

6. 公开宣示法

就是向众人公布，我要坚持做一件事啦！

◎ 诚信的力量

钟同学在"一字悟"中写道：

战

不知不觉中，我的耳语练声已经持续了整整三个星期。现在，这个练习已经成为我每天必做的功课。

说实话，在心里我一直很感激殷亚敏老师给我这么一个机会来挑战自己。一直以来，我都觉得自己是一个极其缺乏毅力的人，做许多事情都只凭着三分钟热度，刚开始热情高涨，后面遇到困难了，我往往会寻找各种理由来逃避，甚至放弃。

但是，自从在众人面前宣读了《免试申请》后，在全班同学面前说出的那段话一直在我的耳边回响，并一直在鞭策我，让我不敢再偷懒，更不会选择放弃。我每天用耳语练声，因为那是我对自己许下的一个承诺，更是对自身毅力的一个挑战！

宣读《免试申请》后，我下决心要将耳语练声进行下去，它不只是一套简简单单的练声法，更是一股挑战自己的力量源泉，它关乎承诺，更关乎信仰！

钟同学真的兑现了自己的承诺，《人一之》练习一天没有少，坚持到了最后。

7. 举一反三法

因做成一件事尝到甜头，受到鼓励，收获自信，在其他事情上也有了坚持下去的勇气和决心。

深圳大学梁同学通过一件事的坚持，尝到了甜头后举一反三，在其他事情上也学会了坚持。他在"一字悟"中写道：

持，持之以恒的"持"！耳语练声已经历时两个多月了，不敢相信我居然可以将一件简单而重复的事坚持那么久。而这份坚持又影响到我学习和生活的其他方面。

我现在参加的机械创新设计大赛，我们的项目组时不时会遇到各种困难，有时候我几乎要放弃了，可是想到自己两个月来每天的耳语练声都坚持下来了，这点小困难也难不倒我！一次次这样想，又一次次地坚持，直到现在，回头看看走过的路，很为自己感动！

8. 自断退路法

对于在无意义事情上上瘾的人来说，痛下决心自断退路，也是在正事上坚持到底的有效方法。

◎ 把游戏清空

UIC 的张同学通过自删游戏的举措做到了自断退路。

殷老师在课堂上常说，"持"对于人的各方面都很重要，但对于我来说，"忍"也是个很重要的东西。我天性好玩儿，对于玩儿以外的东西几乎不感兴趣。所以，持久练习对我就比较困难。

为了坚持练习《人一之》，我删掉电脑里的大部分游戏，可谓是天天忍痛练习啊！练习结束之后，我才会打游戏。却发现能玩的时间所剩无几，因为第二天早上八点我要上课。我不得不减少游戏时长，以至我每天都强忍着对游戏的激情与渴望。到目前，我坚持练习《人一之》已经三个月了，我很自豪地说："我成功啦！"

9. 两个坚持叠加法

什么叫两个坚持叠加法？就是先在一件自己喜欢的事情上坚持，形成习惯，然后再叠加另一件要坚持的事情，就很容易。

来看清华大学国际研究生院工信部中小企业领军人才班肖同学的做法。

我为什么能够坚持练习耳语？因为我将练习和晨跑有机结合在一起。从去年7月到现在，我一直坚持晨跑，晨跑结束后放松个5到10分钟，顺便练习一下耳语发音，增加了肺活量，跑步更轻松了。

肖同学的叠加式坚持法给我们两个启示：一是从自己喜欢的事情开始，容易坚持。因为喜欢跑步，就容易将跑步坚持下去。二是叠加的内容和原来坚持的事情相得益彰。就像他所说："晨跑结束后放松个5到10分钟，顺便练习一下耳语发音，增加了肺活量，跑步更轻松了。"练耳语和放松相结合，练习气沉丹田的同时，增加了肺活量，肺活量的增加又对跑步有好处。

10. 榜样激励法

鲜活的榜样，远胜于空洞的说教。

（1）正向激励法

人人都可以成为激励的榜样，对于一个积极向上的人来说，蜘蛛也可以成为榜样。

一位经济学家讲过一个以蜘蛛做榜样的故事。

雨后，一只蜘蛛艰难地向墙上已经支离破碎的网爬去，由于墙壁潮湿，它爬到一定高度，就会掉下来。它一次次地向上爬，又一次次地掉下来……

第一个人看到了，他叹了一口气，自言自语："我的一生不正如这只蜘蛛吗？忙忙碌碌而无所得。"于是，他日渐消沉。

第二个人看到了，他说："这只蜘蛛真愚蠢，为什么不从旁边干燥的地方绕一下爬上去？我以后可不能像它那样愚蠢。"于是，他变得聪明起来。

第三个人看到了，他立刻被蜘蛛屡败屡战的精神感动了。于是，他变得坚强起来。

第一个人不能够自己激励自己，看到的都是失败和无望，因而失败。第二个人和第三个人同样是看这只蜘蛛，但是因为能够在任何情况下都激励自己，所以他们感受到的是蜘蛛坚持所带来的希望。

所以，自我激励非常重要，有时候你会泄气，有时候你会委屈，有时候你会觉得好像要放弃，这些都是非常正常的。如果这些感觉控制了你的情绪，就会影响你的坚持，所以一定要学会不断地自我激励。

◎ 再努力走几步

张同学通过《人一之》内容的练习，激励自己在坚持不下去的时候，还要努力再坚持一下。

在最开始的几周，我都可以每天练习二十遍，甚至超过二十遍。然后，每周四很有感触地写下本周练习《人一之》的"一字悟"。在这个过程中，我也明显感觉到自己在进步。

可是在坚持了一个月以后，在每天要练习时，开始有很强的惰性侵入我的脑子。有时觉得一天的课程已经把自己累得都说不出话了，哪儿还有力气练这个。然而，每次还是被《人一之》的内容打败，是《人一之》的内容鼓励我要坚持，因为要想有更多的突破就要坚持。于是，我坚持了下来。

这也让我在做其他事情的时候比别人多了一份珍贵的心态，那就是恒心。人和人的差别是微小的，而分出高下的就在于有无恒心。

（2）反向激励法

其实，别人的批评、讽刺、挖苦都可以转化为自己坚持下去的动力。

我刚到开封广播电台做播音员时，非常勤奋，练习用气发声吐字的基本功，练习播消息、播通讯、播电影解说等各种稿件。有一次我在播音室里练习播新闻稿，播音室外坐着两位老播音员。

一位说："新来的小殷真勤奋啊。"另一位说："刚来都一样，过了新鲜劲儿就不勤奋了。"

这俩人的聊天正好被我听到。我就在心里对自己说："骑驴看唱本，咱们走着瞧。"以后，每当自己想懒惰的时候，我就会想："我就要给你看看，看我能勤奋多久。让行动证明你这句话说错啦。"以此激励自己在专业练习上继续勤奋和坚持。

现在回过头来看，正是别人这句有点带刺儿的话成了激励我坚持的动力之一。这一坚持就是一生。

（3）互相影响法

人与人之间的情感距离越近，越是会互相产生作用力，形成互动。

◎ 身边的都在坚持

刘同学：

记得小时候曾上过很多特长班，钢琴、舞蹈、声乐、美术、书法……虽多，却没有一样学到精，多数都半途而废。

很多教过我的老师都说，这个女孩子啊，脑袋挺聪明，可就是没有毅力，没有恒心。

上第一节演讲课时，老师就布置了几个简单又艰巨的任务——每周一篇"一字悟"，每天对着镜子练习《人一之》20遍，练习"引"字100遍。我以为很容易，那才几个字啊，太简单了。时间越久越发现这不是个轻松的活儿啊，特别是当我对它们的新鲜感消失后，就会感到枯燥乏味。

当看到身边的同学们都在坚持，我也要咬牙坚持。过了这个过渡时期后，整个情况就发生了逆转。我不仅不腻不烦，还享受着每天做的这些事，它们已经成为习惯。

与此同时，我发现自己变得有耐心，再繁杂的事情我都很有耐心地完成，而不是虎头蛇尾。当我管理起自己的网店时，更深刻地体会到这一点。相信这次成长对我的学习和生活，乃至以后的人生都会有很大帮助。

刘同学写得非常生动和真实。演讲基本功练习，开始是新奇容易，便很有兴趣，新鲜感一过，就想放弃了。这时，正是因为"身边的同学们都在坚持"，受到感染和鼓舞，也就坚持了下来。

11. 咬牙坚持法

任何坚持，都不会顺风顺水，遇到困难是常态。古罗马诗人奥维德说过："忍耐和坚持虽是痛苦的事情，但能渐渐地为你带来好处。"

我把咬牙坚持分为四种：开始阶段咬牙、中间阶段咬牙、结尾阶段咬牙、全程咬牙。

（1）开始阶段咬牙

练习太极拳，要从基本功——站桩练起，这份功枯燥单调，需要咬牙坚持；练习瑜伽，开始练习的时候浑身疼痛，起不了床，需要咬牙坚持；练习演讲也是这样。

当咬牙度过了最困难的开始阶段，一切就会慢慢变得轻松，习惯渐渐养成了。

◎ 坚持需要经营

曾同学说：

一开始练《人一之》，对着镜子我总会觉得很别扭，很困难，嘴上练着，心中却缺少那份激情。然而，当坚持两个星期以后，特别是每天早上起来的练习，让人一天都精神抖擞，学习起来就更有动力。大三的课程明显增多，很多时候，一天忙下来浑身都散架了，但是我懂得滴水穿石。当自己松懈而别人在奋斗，当自己想偷懒而别人又新添一个技能，倘若我选择放任，那将会落后得越来越多。

这并不仅仅是嘴巴在动、手在挥舞，而是对自己心灵的一种拷问与敲打。以前坐在书桌前却很难坚持学习，现在会慢慢静下心来，好好经营学习。有时候看着整页密密麻麻的英文会很烦，现在也开始一段一段认认真真琢磨。人生中的每一件小事都息息相关，调整好心态，打理好身边的每一样东西，生活也更愉悦。

（2）中间阶段咬牙

我的两位学生在《人一之》的练习之初都有新鲜感，信心满满。随着时间的推移，枯燥期到来了，他们开始有些动摇了。

◎ 渐渐看到坚持的好处

张同学：

每天练习《人一之》已经四周了，半个学期过去，经历了最初的新鲜、焦躁、不情愿，到随后的枯燥乏味，我靠着咬牙坚持，慢慢将这个练习变为一种习惯，走在路上，上下楼梯，茶余饭后……"人一之，我十之……"都会不知不觉脱口而出。

科学研究证明，21 天养成一个新习惯。果不其然，我正在经历养成这个习惯的周期，即将进入稳固与升华的阶段。

越发感觉到，开学之初殷老师所说的那个"恒"的难能可贵。看似寻常之举，只有坚持到底，其结果才弥足珍贵。

周同学：

这周我的"一字悟"是《毅》，坚毅的"毅"。

终于迎来"五一"七天长假，度过了愉快的旅程，但也正是这个假期，让我差点中断了《人一之》练习。

外出旅游的第三天晚上，我猛地想起前两天忘记练习了，但又想起老师说过，中断了两天还是可以补回来的，我的内心陷入挣扎。旅途的疲惫提醒着我，哪来那么多的精力练习？此时应该抓紧时间休息。而且已经中断了两天，那种坚持的感觉仿佛已离我远去，我就这样犹犹豫豫地看着镜中的自己。

一番挣扎后，我咬着牙开始了练习，20遍过后，我仿佛拥有了新的能量，我为自己没有放弃而感到信心满满。

他们就靠着中间这一程的咬牙坚持，笑到了最后。

（3）结尾阶段咬牙

做事愈接近成功愈困难，更要认真对待。古语说，九十九里百里半。意思是走一百里路，走了九十九里只能算一半。这句话常用于勉励我们做事务必善始善终。

◎ 已经坚持 17 年了

我自己在练习瞪眼的过程中，也体会到了九十九里百里半的道理。练习瞪眼三个月时，下垂的眼皮明显地恢复到双眼皮状态。我觉得眼皮恢复到原来的形状，可以刀枪入库马放南山，不必再练了。于是停止练习一个月，结果眼皮又开始松弛，往下耷拉。我要功亏一篑啦！于是赶快恢复瞪眼睛练习。到现在，我已经坚持了17年，还在每天坚持。

（4）全程咬牙

在做一件事的全过程里，开头咬牙、中间咬牙、结尾咬牙，全程咬牙！

◎ 一天也不敢歇

耳语练声时，我深知这个道理，要想让自己的声音保持干净洪亮，耳语练习就一天都不能停。所以，自从我发明了耳语练声法，17年来，我没有一天停止过练习耳语，自己也一直能保持最佳状态：气息通畅，声音悦耳。

12. 提醒坚持法

主观上想坚持，但是有时容易忘记，就可以用提醒坚持法。

提醒法的关键是要把提醒自己的物品放在醒目位置。

我和太太每天早餐坚持吃核桃，但是开始时总是中断。因为每次吃完早餐后，太太就把核桃瓶子收到柜子里，第二天就忘记拿出来。后来，我建议把核桃瓶子放在餐桌上，吃早餐的时候自然看见，就不会忘了。

比如，为了提醒自己耳语练习《人一之》，可以在手机屏幕上写《人一之》的内容，这样打开手机，就会看到提示。

…………

四十多年前，我在开封电台做播音员，那是我以"说话"为职业的起点，后来我在开封电视台做了第一任主持人，到珠海电台做主持人，到中央电视台《新闻调查》做主持人，又回到珠海电台、珠海电视台做主持人……直到退休，换了几个单位，好在始终没有离开广播、电视的主持专业。我这数十年的实践和积累，换来了一定的成绩和能够帮助他人的经验。

我们做一件事，要坚持多久？我想说，坚持的长度与每个人的生命长度一致。

这就是一场长跑，在看不到尽头的过程中，我们要接受打击，更要咬牙全程挺住。

演讲基本功之
"定耳舞诀"的训练

>>>>>>>>>>>>

"三定"练胆法

即通过笑定、眼定、站定练胆，用我们的俗语讲人前要有精气神。精气神从哪里来？从你的微笑，从你的眼神，从你的站姿。不会微笑，声音小，人不由自主地晃，这些外在的肢体语言暴露了你的内心。从哪儿能看出自信？用微笑和眼睛与观众交流，声音洪亮，说话语速适中。"三定"练胆，就是内病外治，通过改变外在肢体语言，内心也在不知不觉地改变。

1. 笑定训练

对着镜子，面带微笑用耳语说"引"字，嘴角上翘，8 颗牙齿露出，舌头放松，边说边加入向上的手势：手的动作从左肩膀起，往下到丹田，再从丹田往上挑，到头顶结束，一个完整的打钩动作。每天 100 遍。去除紧张和说话带哭腔，学会眉开眼笑。

2. 眼定训练

（1）盯住一个点

盯住眼睛上方的一个小黑点，一睁一闭，早晨练习 100 次，晚上练习 100 次。

（2）"左右中看人"法

先看左边人的眼睛说"各位领导"，再看右边人的眼睛说"各位同事"，再看两个人的眼睛说"大家好"。每天 20 遍，一个月后，你的眼睛就会和观众交流了。

3. 站定训练

要站如松，让别人从远处看你时是一个整体。练习时，面对镜子挺直腰、双腿并拢，用微笑看镜中自己的双眼。每天三分钟。

耳语练声法

耳语练声，是练声不出声，即用说悄悄话的方式，快速掌握用气发声的练习法。

1. 百炼成钢

"百""炼""成""钢"正好是声音的四个声调，用悄悄话练习"百炼成钢"，久而久之，不仅可以气沉丹田，还可以让声音有抑扬顿挫之感，你说出的话就会字正腔圆。

"百"，右手做打钩的动作。从左肩起，下到丹田位置，再往上扬到右边头顶的位置；

"炼"，右手做下坡手势。从左肩起，斜着下到右大腿根儿位置；

"成"，右手做上坡手势。从左大腿根儿起，斜着上拉到右肩膀位置；

"钢"，右手从左肩平着拉到右肩位置。

2. 绕口令

练习绕口令可以让你的舌头更灵活，说话时嘴里不拌蒜。

四是四，十是十，十四是十四，四十是四十。谁能说准十四、四十、四十四，就请谁来试一试。

八百标兵奔北坡，北坡炮兵并排跑；炮兵怕把标兵碰，标兵怕碰炮兵炮。

耳语练习要注意两点：第一，气息量要小，你的声音越小，肚子的控制力度就越强；第二，脖子要直，不能弯，弯了以后，气息是不通的，所以脖子要伸直。

3.《人一之》

人一之，我十之；人十之，我百之。百折不挠，滴水穿石。

对着镜子，用耳语，带上微笑和手势。

"人一之"，左手伸一根食指在胸前；

"我十之"，右手握成一个拳头在胸前；

"人十之"，左手再握成一个拳头在胸前；

"我百之"，两手握成拳头在胸前；

"百折不挠"，左手出拳往前打；

"滴水穿石"，右手握拳砸到左手掌上。

这二十个字练习气息、口和手的配合，以及激情和恒心。说这二十个字的时候，心里想的也是这二十个字。手势要有力，双唇要有力，眼神坚定不乱飘。

"双人舞"练情法

通过手势调动内心的感情。讲话时做到手舞足蹈、眉飞色舞，这样的讲话才有感染力，从而吸引台下观众。

1. 练习激情——速度、力量、激情

说"速度"时，右手做尖刀状，从腰部起，快速从后往前穿插；说"力量"时，两臂抬起，两手握拳，肌肉收紧；说"激情"时，两手从胸前向斜上方挥动，两臂伸展，五指张开。

2. 练习形象——《望庐山瀑布》

日照香炉生紫烟，遥看瀑布挂前川。飞流直下三千尺，疑是银河落九天。

右手伸出指向朝阳，徐徐斜照到山峰上，眼睛随着手势移动。

日照香炉（双手缓缓托起袅袅青烟，双眼看着青烟）生紫烟。

（右手搭在额头上，双目远望瀑布）遥看瀑布（双手从高到低做挂帘子的动作，眼睛随双手移动）挂前川。

（双手代表瀑布，从高到低湍急而下，眼随手走）飞流直下（右手伸出三根手指，眼睛看着下方的深潭）三千尺。

（双手对着天空，眼睛看到银河）疑是银河（双手代表银河，缓缓从高到低移动眼睛随着银河往下移动）落九天。

要点：要先手后口，也可以根据自己的习惯来设计动作。

3. 练习条理——《三乐说》

幸福快乐的人生要做到"三乐"。什么是"三乐"呢？这第一乐叫自得

其乐，第二乐叫知足常乐，第三乐叫助人为乐。

（双手抚胸，面带微笑）幸福快乐的人生，（右手伸出三根手指）要做到"三乐"。

（双手摊开，眼睛问观众）什么是"三乐"呢？

（右手伸出一根手指）这第一乐（双手抚胸，闭眼，摇头晃脑）叫自得其乐；

（右手伸出两根手指）第二乐（作双手捧珍宝状，眼睛看着手中珍宝）叫知足常乐；

（右手伸出三根手指）第三乐（双手做搀扶老人的动作）叫助人为乐。

"一简二活三口诀"练识法

无识的讲话，第一，没有条理和逻辑；第二，内容和观点他人记不住；第三，讲话不能打动他人，缺乏说服力。

简，观点用一个字；活，讲完观点，接着就举例子；口诀，用口诀将讲话中的观点穿起来，比如学生将我的课总结为"大内高手"，幸福快乐的"三乐说"，中医治病的"望闻问切"……这样朗朗上口的观点，听者就能过耳不忘。

1. "四说"结构训练

运用总说—分说—细说—最后总说的结构写稿件。

总说——开门见山先亮明口诀化的观点。

分说——把穿起的几个"一简"的口诀化观点按照先后顺序一一表达。

细说——运用"二活"的事例来说明每个观点。

最后总说，就是将几个"一简"的口诀化观点再重复一次，让听众加深印象。

2. 条理训练

将讲话的小观点按照逻辑关系排列成"一、二、三",讲话观点不过三。

将讲话的小观点,按照逻辑关系排列成"一、二、三"。学会按"一、二、三"顺序讲话,听起来就是有条有理。例如,学习当众讲话要用三招:仿招、练招、创招。

第一是仿招,就是模仿。老师怎么教你就怎么练。

第二是练招,课后练习要持之以恒。

第三是创招,就是熟练掌握演讲技巧后,做创造性的运用。

3. 写"一字悟"

"一字悟"写作是对概括能力和观察事物能力的训练。意即观点一个字,解释观点一句话,用一个例子说明。全文 100 字左右。

雕(一个字观点)

耳语练习可以一箭双雕。(一句话解释)

用耳语加上动作练习《人一之》,我发现除了练习发音、呼吸,还挺锻炼手臂的! 20 遍练习,边走边说,小腹收紧,手臂还有些微酸呢。(一个例子说明)

练习要求

1. 用笑手镜的方法练习。面带微笑,面对镜子,用耳语,练习"双人舞"。

2. 天天练习"引"字、百炼成钢、绕口令……21 天左右就可以形成肌肉记忆,养成讲话生动形象的习惯。

3.每周至少写一篇《一字悟》。

4.每说完一个字或一句话后，停留（默数）三秒，换气并养成语句之间停顿的习惯，改变语速快的毛病。

上面的练习都非常简单，你只要每天练，每天利用自己的碎片时间练，日拱一卒，不求速成，持之以恒之下，每个人都可以练出跟老师一样的好声音。

图书在版编目（CIP）数据

练好口才的第一本书.2 / 殷亚敏著. －－ 北京：北京联合出版公司，2023.7
ISBN 978-7-5596-6905-6

Ⅰ．①练… Ⅱ．①殷… Ⅲ．①口才学－通俗读物 Ⅳ．① H019-49

中国国家版本馆 CIP 数据核字（2023）第 086916 号

练好口才的第一本书 2

作　　者：殷亚敏
出 品 人：赵红仕
责任编辑：夏应鹏
特约编辑：刘程程　肖　瑶
封面设计：鹏飞艺术
版式设计：王苗娟

北京联合出版公司出版
（北京市西城区德外大街 83 号楼 9 层　　100088）
三河市延风印装有限公司印刷　新华书店经销
字数 304 千字　640 毫米 ×960 毫米　1/16　22 印张
2023 年 7 月第 1 版　　2023 年 7 月第 1 次印刷
ISBN 978-7-5596-6905-6
定价：49.80 元